KB261485

한·중·일 사회에서의 소수자가족

한·중·일 사회에서의 소수자가족

한·중·일 사회에서의 소수자가족

초판 발행   2014년 1월 29일 1쇄

지은이   최연실, 권용혁, 이우관, 이민호, 이진원, 한승완
펴낸이   박민우
기획팀   송인성, 김선명
편집팀   박우진, 박영숙, 김영주, 김정아, 최미라
관리팀   임선희, 정철호, 김성언, 라영일
펴낸곳   (주)도서출판 하우

주소   서울시 중랑구 망우로68길 48
전화   (02)922-7090
팩스   (02)922-7092
홈페이지   http://www.hawoo.co.kr
e-mail   hawoo@hawoo.co.kr
등록번호   제306-2004-22호

값 10,000원
ISBN 978-89-7699-953-5   93330

이 책은 저작권법에 따라 보호받는 저작물이므로 무단전재와 무단복제를 금지하며,
이 책 내용의 전부 또는 일부를 이용하려면 반드시 저작권자와 (주)도서출판 하우의 서면 동의를 받아야 합니다.

한·중·일 사회에서의 소수자가족

최연실 | 권용혁 | 이우관

이민호 | 이진원 | 한승완

도서
출판
夏雨

이 책은 2009년도 정부재원(교육과학기술부 학술연구조성사업비)으로 한국연구재단의 지원을 받아 연구되었습니다(KRF-2009-328-B00033).

한국을 중심으로 해서 중국과 일본 사회에서 소수자로 살아가는 사람들을 가족 단위로 접근해서 살펴보고자 하는 이 책은 몇 가지 의의를 갖는다. 우선, 세계화의 시대에 주역으로 부상하고 있는 동아시아의 3개국에 초점을 맞춘다는 점에서 주목을 받을 만하다. 둘째, 이 3개국의 과거 역사에 연유하여 얽혀 있는 소수자 문제를 살펴봄으로써 국민국가의 한계를 뛰어넘는 논의가 필요하다는 환기 작용을 한다는 점에서 의의를 가질 수 있다. 셋째, 한 국가의 국민이 다른 국가에서는 소수자의 위치에 있게 됨을 바라보면서 지국 내에서 소수자로 존재하는 사람들의 사회 인정 질서를 반성적으로 성찰하게 한다는 점에서 새로운 시도를 한다고 볼 수 있다. 넷째, 가족을 중심으로 정체성의 형성과 인정 형태를 살펴보면서 "동아시아에서의 다문화가족의 미래상에 대한 한국형 대안"을 도모함으로써 독자적인 가족이론모델의 정립을 위한 초석을 기획하고자 했다는 점에서 의미를 지닌다고 할 것이다.

이 책은 동아시아에 대한 관심을 지니고서 수년 간 연구작업을 함께 해오던 연구팀의 성과가 기본 모태가 되었지만, 결정적으로는 한국연구재단에서 지원하는 사회과학 지정주제사업의 일환으로 추진되었다. 2009년도부터 2년에 걸쳐 '한국 사회의 다양성과 공존'이라는 연구의제 하에 '한국 사회의 소수자·다문화가족 분석: 한·중·일 비교를 통한 '사회적 인정 질서'의 반성적 재구성을 중심으로'라는 제목으로 추진된 연구의 1차년도 결실이라고 할 수 있다. 총 6명의 연구자가 공동으로 참여한 이 연구 프로젝트는 한국, 중국, 그리고 일본 사회에서 대표적 소수자라고 할 수 있는 집단을 선정하였는데, 이러한 선정 근거에서는 한국을 중심으로 살펴보고자 하는 의도가 깔려 있었다. 즉, 한국에서는 화교, 중국에서는 조선족, 일본에서는 재일 코리언을 소수자

집단으로 선정하여 살펴보고자 하였다. 이를 통해, 한국 사회에 대한 관심을 기본축으로 하여 한·중·일에서의 사회적 소수자의 실태와 경험, 이들을 바라보는 다수자의 의식과 태도를 분석하는 작업을 지향하였던 것이다. 이는 역사적 여건과 현실적 토대를 고려하면서 궁극적으로는 한국 사회에서의 발전지향적인 다양성과 공존 질서를 모색하고자 하였던 문제의식을 반영하는 것이다.

이 책의 구성은 다음과 같다. 먼저, 제1장은 이 연구 프로젝트의 성격과 내용을 개괄적으로 소개하는 장이라고 할 수 있다. 한·중·일 소수자 가족 접근을 통해 '사회적 인정 질서'가 어떻게 탐색되고 분석될 수 있는지를 주로 방법론적인 논의와 연구의 함의를 중심으로 내용을 전개한다.

제2장은 이 연구 프로젝트가 접근하는 단위인 가족에 대한 초점에서 출발한다. 서구 가족사를 조감하는 것으로부터 시작하지만, 이를 한국 근대가족의 논의로 연결시켜 한국 가족의 특수성에 대한 철학적 논의를 시도한다. 이에 덧붙여, 보론으로서 한국의 화교가족을 중심으로 한 소수자가족 정체성을 심층면접 자료를 기초로 논함으로써, 이러한 연구 시도가 궁극적으로는 21세기 한국 가족의 역동적, 복합적 민주주의 모형을 구상하는 기초작업의 의미를 가질 수 있음을 제기한다.

제3장은 한국 사회의 대표적 소수자집단이라고 할 수 있는 화교를 다문화주의의 시각과 관련하여 살펴본다. 국가와 민족의 엄격한 경계가 약화되고 있는 초국가적 이주의 세대에 국민국가의 틀 내에서 차별 받는 이방인으로 살아온 화교의 문제를 다문화사회에서 누려야할 시민권의 문제와 연동시켜 살펴봄으로써 화교들이 한국 사회에서 타자가 아닌 완전한 시민으로 살아갈 필요성을 모색한다.

제4장은 중국 사회의 여러 소수민족 중 특별히 우리와 깊은 연관이 있는 조선족의 문제를 다룬다. 과거 역사부터 거슬러 올라가 조선족의 이주 역사를 살피고 그 과정에서 이들의 정체성이 어떻게 유지되고 변화하고 있는지를 분석한다. 조선족들은 해방 전에는 디아스포라 정체성을 지녔다가, 그 이후에는 '조국'과 '모국'이 분리된 이중정체성을 유지했으며, 개혁개방과 한·중 수교를 거치면서는 정체성의 혼돈을 겪는 과정을 거치며 오늘에 이르고 있다. 그 결과, 현재 그들이 어떠한 정체성을 지니고 있는지를 심층면접 자료를 통해 보여주고 있다.

제5장은 일본 사회에서 소수자로서 다수의 위치를 점하고 있지만 사회적 차별과 무

시의 대상이었던 재일 코리안의 문제를 조명한다. 재일 코리안이 형성된 과정을 살펴봄으로써 그 역사적 성격을 분석하고 그들의 아이덴티티 문제에 접근한다. 일본 사회에서 살아가는 '특수한 소수자'로서 재일 코리안의 위상을 살펴보면서, 심층면접, 인구통계, 선행연구 자료를 기반으로 '민족 공동체', '정치 공동체'로서의 재일 코리안들의 의식과 인정 투쟁에 대한 논의를 제시한다.

제6장은 주로 한국 사회의 문제에 초점을 맞추고 있으면서, 다른 장과는 다소 다른 독특한 시각을 견지한다. 한국 사회의 가장 근본적인 존재 조건인 분단을 염두에 두면 통일 문제는 모든 사회적 논의에서 빠질 수 없는 핵심적인 사항이다. 그런데 통일 논의와는 상관없이 진행되어 왔던 세계화 담론, 다문화담론의 맥락 속에서 전개된 한국 국민정체성의 성격과 변형을 통일론과 결부시켜 사고해 볼 것을 제안한다.

당초 이 연구 프로젝트가 기획했던 방향과는 다소 차이가 있고 완성도를 제고시키기 위해후속적인 연구 작업이 지속적으로 시도될 것이기는 하나, 우선 현재 시점까지의 연구 성과를 묶어 하나의 책으로 출판할 용기를 내고자 하였다. 부족한 연구 성과이기는 하지만, 이 분야의 연구가 활성화되는 데 있어 밑거름 역할을 할 수 있었으면 하는 바람이 작용하였다.

언제나 그렇듯이 너그러운 마음으로 출판 제의를 수락해주신 도서출판 하우의 박영호 사장님과 바쁜 일정에 끼어 든 우리 연구팀의 작업을 마다 않고 정성 들여 보살펴 준 최미라 팀장님께 심심한 감사의 말씀을 전한다.

2014년 1월
연구진을 대표하여 최연실

| **차례** |

Chapter 01

한·중·일 소수자가족 접근을 통한 '사회적 인정질서'의 반성적 재구성

-방법론적 제안과 연구의 함의-

최연실 상명대학교 가족복지학과

Ⅰ. 들어가며

　한국 사회에 대한 관심을 기본축으로 하여 한국, 중국, 일본의 사회적 소수자가족의 실태와 경험, 이들을 바라보는 다수자의 의식과 태도를 분석하는 작업은 한·중·일에서의 '사회적 인정질서'에 대한 성찰과 재구성을 시도하고, 궁극적으로는 역사적 여건과 현실적 토대 위에서 발전지향적인 한국 사회의 다양성과 공존 질서를 모색하는 데 있어 상당한 의미를 갖는다.

　세계화·지역화의 맥락에서 전개되는 초국가적인 이주와 그에 따른 다문화가족의 형성과 양적 증가는 우리 사회의 인구학적 지형을 변모시켜 왔고, 이에 따른 정치적·경제적·사회적·문화적 파장도 수반시켜왔다. 이러한 세계화·지역화의 상황에서 한국 사회를 보다 심층적으로 분석하기 위해서는 한국과의 관련성 속에서 중국과 일본을 포함하고, 현재를 과거와 미래와의 연관성 속에서 파악할 수 있는 일종의 시계열적 관점과 3국 내에서 소수자가족, 그리고 각 사회에서 이들을 바라보는 다수자의 시각을 함께 다루는 작업이 필요하다.

　소수자가족은 한·중·일 3국에서 과거의 역사적 관계와 시대적 조건에 의해 형성되었지만, 그들의 존재와 의미는 현재 증가하고 있는 다문화가족을 바라보고 대응하는 시각이나 태도와 밀접하게 연동되어 있다. 따라서, 소수자가족에 접근하는 연구 작업은 3국내에서 다문화가족과 관련된 현실의 변화를 수용하고 검토하는 데 있어 국민국가적 틀 내에서의 한계와 문제점에 대한 반성의 계기를 제공하고, 미래의 방향을 정립해 나아가는 데 있어 하나의 준거점을 제시할 수 있을 것이다.

한국과 더불어 중국과 일본에서 중심적 위치를 점하는 다수자가 상대적으로 주변적 위치에 머물러왔던 소수자가족에 대한 시각과 의식이 어떠한지를 함께 살펴보는 작업은 한·중·일에서 모두 접근할 필요가 있다. 이는 3국에서 모두 주변인 집단에 대한 배려나 다양성의 수용에 비교적 익숙하지 않았던 현실을 자각하고, 차이의 연대를 위한 사회적 여건의 변화나 의식을 형성하면서 차별과 배제를 넘어 사회적 통합을 이루어 나아가는 데 소수자와 다수자를 함께 다루는 것이 필요하다는 인식에 기초하고 있다.

한편, 소수자가족, 그리고 이들을 바라보는 다수자의 의식을 살펴보는 과정에서 다수와 소수의 관계를 조명하는 '사회적 인정질서'의 개념의 도입은 이들 문제를 바라보는 데 있어 유용하고도 의미있는 분석틀을 제공한다. '사회적 인정질서'란 인간의 부류를 나누고 이를 정당화하는 특정한 기준을 일반화하고, 인정과 무시행위를 통해 특정한 사람들을 중심부에, 이에 반하는 사람들을 주변부에 배치시키는 사회적 질서를 가리킨다(호네트 저, 문성훈·이현재 역, 2000; Taylor, 1993). 한 사회 구성원들 사이의 유대 관계 형성은 이러한 특정한 종류의 통합과 배제를 통해 비로소 가능해지는 것이다. 각 사회 구성원들이 서로를 해당 사회의 완전한 구성원으로 인정하는 '우리'와 그렇지 않은 '그들'로 경계를 설정하는 것은 특정한 공동체의 구성원들 사이의 유대 자체를 구성하는 필수적 계기이다. 가족은 한편으로는 국가나 사회에 그 영향력을 미치기도 하지만, 다른 한편으로는 중심부에서 형성된 주류 지배이데올로기의 영향력에서 자유로울 수 없는 위치에 있으며, 따라서 가족은 바로 이러한 사회적 인정질서가 일상생활의 차원에서, 그리고 심리정서적 차원에서까지 선명하게 경험되는 기본적인 단위집단이라고 할 수 있을 것이다.

한국과의 관련성 속에서 중국과 일본의 소수자가족 분석을 통해 '사회적 인정 질서'에 따른 '사회적 배제와 통합 구조'의 국민국가적 구성적 성격과 그 구조 변동의 추이를 밝히고 이해하는 데는 학제 간 연구가 유리하다고 할 것이다. 또한, 한국 사회에 대한 관심에서 문제의식이 출발하는 것은 중요하지만, 한국 사회를 반성적으로 대하는 비교 거점을 통해 한국을 바라보는 작업도 중요하기 때문에, 중국이나 일본의 지역학 연구도 이러한 문제를 접근해 가는 데는 유용하다. 이러한 맥락에서 현재·미래 시점에서의 한국과의 관계 긴밀성 차원에서 중요한 의미를 갖는 중국과 일본 사회에서의 사회적 인정질서도 관심의 대상으로 포섭하는 것이 필요하다고 보인다.

따라서, 동북아를 포괄하는 세계화·지역화의 맥락 내에서 소수자가족에 대한 접근을 통해, 사회가 어떤 사람들은 동등한 사회구성원으로 인정하는 동시에 외부에 대해 경계를 설정함으로써 어떤 사람들은 배제하는지, 그리고 정치적·경제적·사회적 영역에서 정당한 것으로 승인되는 상호 관계를 어떻게 전개시키는지 그 양태에 대해 분석할 수 있다.

요컨대, 소수자가족에서의 가족관계 내·외적 일상 경험이나 정체성의 규명이라는 학문적 작업은 한 국가 내에서, 혹은 국가 간의 경계를 넘어서서 이들 가족을 둘러싸고 작동하고 있는 역사적·정치적·경제적·사회적·문화적 조건들과 쟁점들을 '사회적 인정질서'를 통해 사회과학적으로 분석하고 인문학적으로 성찰하는 학제적이고 종합적인 기획이라고 할 수 있을 것이다.

한·중·일 사회에서의 소수자가족 접근을 다루는 이 글에서는 방법론적 논의와 이러한 연구가 갖는 의의에 초점을 맞춘다. 특히 이 글에서는 한국을 중심으로 하는 시각을 취하여, 한국이 중국과 일본의 관계에서 소수자가 되는 체험을 통해 사회적 인정질서를 반성적으로 성찰해 보는 것을 목적으로 하고 있기 때문에, 한국에서는 화교, 중국에서는 조선족, 일본에서는 재일 코리안의 연구를 제안해 본다. 다음에서는 이러한 연구의 필요성을 제시하고, 지금까지 진행되어온 연구동향을 파악한다. 그 이후에는 이러한 주제에 접근하는 방법론적 절차를 제시하고 이러한 접근방식이 갖는 연구의 함의를 제시하고자 한다.

Ⅱ. 한·중·일 소수자가족 연구의 필요성

1. 왜 한·중·일, 그리고 동아시아를 보는가?

한·중·일 3국에 대한 학제적 협력 연구를 통해 얻을 수 있는 일차적인 의의는 이를 기반으로 한국 사회 및 다문화 현상에 대한 객관적인 처방 방안을 제시할 수 있다는 점이다. 이는 특히 아직도 폐쇄적이며 집단주의적인 한국 가족 및 사회의 개방도 및 민주적 소통의 척도를 실체화할 수 있는 방안을 구성하는 매우 중요한 작업이 될 것이다. 이러한 작업은 우리 사회의 21세기 통합형 민주주의의 가능성을 구체화, 제도화하기 위해서 요구되는 연구로서, 그 터전인 가족의 통합적 모형을 구성함으로써 우리 사회에 미만해 있는 차별과 배제를 넘어서 평화적으로 공존할 수 있는 협력 방안을 구체적인 현장에서 추적한다는 것을 의미한다. 이런 방식으로 접근하는 연구가 성공적으로 수행될 경우 그것은 우리 사회의 지속적인 통합과 발전을 가능하게 하는 가장 기본적인 토대 연구로서 자리잡게 될 것이다.

한·중·일 3국의 사회적 인정질서의 공통성과 차이점에 대한 비교분석과 이에 대한 성찰은 국민국가 차원에서의 민주주의의 심화에 도움을 주는 데 그치지 않는다. 이는 세계화의 시대에 어울리는 동아시아 3국의 국민국가적 차원에서 이루어지고 있는 기존의 인정질서를 넘어서 동북아시아 전체를 포괄할 수 있는 보다 보편적인 규범적 질서 체계를 모색하는 데도 중요한 이론적 기초를 제공할 것이다. 이는 개별 국민국가의 틀을 넘어서는 포괄적이고 보편적인 규범적 질서의 구성은 궁극적으로는 세계화 시대에서 동아시아 3국의 평화로운 공존 질서를 모색하는 작업의 핵심 기초로서 자리매김 될 것이다.

특히, 이러한 학제적 연구를 한국의 연구자들을 중심으로 수행하는 것은 보다 중요한 의미를 갖는다. 만약 이 결과물이 규범적인 비교분석을 통해서 보편적인 규범적 질서를 구성해 낼 수 있다면, 이는 소수자가족 문제를 넘어서 "동아시아에서의 다문화가족의 미래상에 대한 한국형 대안"으로 제안될 수 있을 것이다. 이는 우리의 인문사회적 환경에 기반을 둔 독특한 가족 모형으로서, 그 성과물은 동아시아 학계뿐만 아니라, 세계 학계에서도 새로운 논의의 대상으로 제시될 수 있다. 이 학제적 연구가 제시할 연구 결과의 독창성과 학문적 기여도는 이런 점에서 높게 평가될 수 있을 것이다.

2. 왜 소수자가족을 연구하는가?

사회적 소수자 문제가 등장하는 것은 '사회적 인정질서'가 동시에 '사회적 배제의 질서'로 작동함으로써 이들을 바로 기존 인정질서에 대한 갈등과 저항의 원천인 주변부 세력으로 만들어 버리기 때문이다. 오늘날 소수자 문제는 집단적 정체성의 인정과 문화적 생활방식에 대한 동등한 권리부여라는 차원에서 전 세계적으로 핵심 쟁점이 되고 있으며, 한국이나 중국, 일본도 예외가 아니다.

세계화 시대의 개막으로 인해 인력, 재화, 자본 간의 국제적 교류뿐 아니라 이들의 배경이 되는 문화적 교류 역시 확장되고 있다. 이에 따라, 각국은 서로 다른 정체성과 생활방식을 지닌 이질적 개인이나 집단이 자국 내 소수자로 등장하는 것을 막을 수 없게 되었다. 그러나 각 국가가 타 국민을 인종적인 혹은 문화적인 이유에서 자국의 중심부에서 배제시키고 주변부화 시킨다면 이른바 정체성과 생활 방식을 둘러싼 갈등은 피할 수 없으며, 그것은 궁극적으로는 사회적·정치적 갈등으로 전화될 수밖에 없다. 마찬가지로 한국 사회(혹은 중국이나 일본 사회)가 자국 내에 이질적인 생활 방식과 정체성을 지니고 있는 집단들을 배제하는 구조를 갖고 있다면, 세계화 시대의 흐름에서 커다란 문제점에 직면하게 될 것이다. 물론 이런 현실적인 이유에서 보더라도 우리 사회 역시 소수자 문제를 다각도로 검토하는 연구를 활성화시켜야 할 것이다.

소수자가족은 각 사회의 중심에서 배제된 주변부를 형성한다는 점에서 중심부가 어떤 인정기준 하에 스스로를 통합하고 여타의 개인과 집단을 배제하는지 그 메커니즘을 밝혀낼 수 있는 있는 핵심 매개체이다. 다시 말해 '사회적 배제'라는 극단적인 경우에 해당 사회의 일반적 인정기준이 보다 간명하게 표현될 뿐 아니라 여기에 해당 사회의 통합을 저해하는 핵심 요인이 내재되어 있다는 것이다. 국가와 국가사이의 상호 의존도가 높아가고 사람들 사이의 이동과 교류의 폭이 확장되는 세계화의 환경 속에서 기존의 배타적이고 폐쇄적인 민족주의와 국가주의에 기초한 사회적 인정질서는 이제 커다란 한계에 직면하고 있다고 할 것이다. 그러므로 기존의 사회적 인정질서에 대한 연구와 이에 대한 학문적 반성이 요구된다.

한·중·일 소수자가족 연구는 과거의 역사적 관계와 조건에 의해 형성된 한·중·일 3국의 사회적 인정질서의 특성을 경험적으로 연구·조사하여 이를 비교분석함으로써 이들 사회의 인정질서의 공통성이 무엇인가를 추출할 수 있게 한다. 따라서, 이러한 작업은 비교연구를 기초로 해서 각 국가에서 관철되고 있는 기존의 사회적 인정질서를 반성하는 것과 연결될 수 있다. 이런 반성 속에서 우리는 궁극적으로 한국 사회에서 다양한 인종적·민족적 집단들이 현재와 미래에 다수자들과 서로 공존할 수 있는 보다 바람직한 대안적 사회적 인정질서를 모색해볼 수 있을 것이다.

Ⅲ. 한·중·일 소수자가족 연구의 배경

민족적 정체성과 민족의식에 기초하여 시민의 권리와 의무의 보장이나 인민의 자결로서의 민주주의의 원칙을 실현하는 틀로서 인식되어온 근대의 국민국가는 세계화의 시대에서 점점 더 많은 어려운 점에 노출되어 있다. 동아시아 3국이 세계화가 제기하는 거대한 도전에 직면하여 다른 민족의 문화적 고유성을 배제하고 억압하는 폐쇄적이고 공격적인 민족주의적인 경향을 나타낸다면, 동아시아에서 개방적이고 미래지향적인 협력 관계를 모색하기는 어려울 것이다. 일본에서의 민족주의의의 부활 흐름, 중국의 통일적 다민족국가론의 확산은 그런 점에서 아주 염려스런 현상이다.

동아시아 3국에서 나타나고 있는 폐쇄적인 민족주의적인 흐름의 대두는 세계화의 진전 속에서 나타나는 사회적 통합력의 약화, 국가의 영토적 경계 약화, 그리고 문화적·인종적 동질성의 약화 등으로 인한 기존의 국민 국가적 정체성의 위기 상황에 대한 대응의 한 방식이다. 그리고 공격적이고 극단적인 민족주의적인 정서의 표출은 그 집단 내에 있는 다양한 형태의 소수자집단을 희생양으로 삼고자 하는 폭력적인 억압을 동반하고 있다. 그러나 이런 경향은 대단히 위험하다. 왜냐하면 이런 경향은 국민국가 내에서 다양한 민족적·문화적 차이에 대한 존중과 옹호로 귀결되는 것이 아니라, 타민족이나 타문화를 배척하거나 억압하려는 태도로 귀결될 것이기 때문이다.

근대에서 형성된 국민(민족)국가의 국민은 원칙적으로 국가 영역 내에 거주하는 인민의 총체를 의미하는데, 근대 국가는 이런 인민의 집단적 통일체에 활력을 불어넣기 위해 지배적인 민족적·문화적 집단이 이질적인 민족적·문화적 소수자 집단을 동화시키거나 배제하는 강제적인 방식을 사용하였던 것이다. 그러므로 소수자가족의 문제는 바로 근대의 국민(민족)국가의 형성과 밀접하게 연결되어 있는 현상임이 드러난다. 이와같이, 소수자가족의 문제는 근대 국민(민족)국가의 내재적인 한계를 드러내 주는 중요한 영역이다. 근대의 국민(민족)국가의 형성 과정에서 발생되었고 세계화의 흐름 속에서 전면적으로 등장하고 있는 다양한 형태의 소수자가족 문제는 근대 국민(민족)국가의 배타성과 차별성을 넘어서서 정치적·문화적으로 다양한 소수자의 '차이'를 긍정하고 소수자들에게 자신들의 긍정적인 정체성의 형성을 가능하게 하는 새로운 삶의 질서를 모색하는 문제와 불가분하게 결합되어 있다.

지금까지의 논의를 배경으로, 이 글에서는 소수자가족으로서 한국에서는 화교 가족, 일본인처 가족, 중국에서는 조선족 가족, 일본에서는 재일코리안 가족에 대한 접근을 제안한다. 한·중·일 각 국가가 소수자가족에 대해서 공식적으로 표방하는 태도는 서로 다르다. 다음에서는 이 글에서 초점을 맞추고 있는 이러한 각국의 소수자가족들에 대한 내용을 개략적으로 살펴보고자 한다.

1. 한국에서의 화교 가족과 일본인처 가족

한국 사회에서 살아가는 화교에 대한 한국인들의 배타적인 태도와 뿌리 깊은 편견은 유명하다. 한국에서 화교가 본격적으로 정착하기 시작한 지 벌써 한 세기가 지나갔음에도 불구하고, 화교는 우리 사회에서 소수자로서 어려운 상황 속에서 살아가고 있다. '차이나타운이 없는 나라'라는 표현은 차별과 배제 속에서 우리 사회에 제대로 정착하여 살고 있지 못하는 화교의 어려운 상황을 웅변적으로 보여주고 있다(이윤희, 2004).

화교가족은 한국 사회 내의 대표적 소수자가족이라고 할 수 있다. 한반도에서 화교사회가 본격적으로 형성된 것은 19세기 말 이후이다. 중국에서의 전란이나 경제적 어려움을 피해 산동(山東) 등지의 중국인들이 조선으로 대규모 이주하게 되면서 일제 강점시대 말기에는 화교 인구가 8만 명에 이르렀다. 그러나 1945년 해방과 그 후의 남북 분단으로 인해 남한의 화교 인구수는 만 2천 명 선이었다. 화교는 1972년에 3만 3천 명 정도까지 증가한 후 현재까지 지속적으로 감소하고 있다. 현재 우리 사회에서 살아가는 화교의 수는 대략 2만여 명에 이르는 것으로 알려져 있다. 이들의 주된 분포 지역은 서울과 수도권, 인천, 부산, 대구 등 대도시 지역이다. 이들 화교는 현재 우리 사회에서 갖가지 제약과 차별 속에서 살아가고 있을 뿐 아니라, 인구의 감소와 화교공동체의 약화, 그리고 이에 수반하여 발생하는 집단적 정체성의 위기라는 이중, 삼중의 어려운 상황 속에 처해 있다(박경태, 2008). 현재 한국화교들에게 종족 정체성의 상징으로 간주될 수 있는 공동체가 겨우 그 명맥을 유지해가고 있는 상황이다(장수현, 2001, 2002, 2004).

한편, 일본 식민지배 이후 이루어진 결혼으로 한국에서 살게 된 일본인 아내들이 다수 존재했다는 사실은 많이 알려져 있지 않다. 그들은 한국 사회에 있어서의 "올드 커머들(old comers)"이라고 할 수 있는데, 그들의 비참한 생활상황과 심각했던 한·일관계로 인해 불행히도 그들에 관한 공적인 통계자료는 거의 부재하는 편이고, 다만 소수의 연구자들(金應烈, 1983; 小林孝行, 1986; 總谷智雄, 1998; 谷富雄 編, 1996; 山本がほり, 1993)이 남긴 연구에 의해 겨우 그 존재가 파악되는 실정이다.

1945년 전후부터 한국에 거주하게 된 재한 일본인 처들은 1960년대 초기에는 1,300~2,000명 정도가 있었다고 추정되는데(小林孝行, 1986), 그들은 '내선

일체(內鮮一體)’의 정책에 따른 결혼이라는 배경도 있었지만, 대부분이 일본에서 조선인 남성과 만나 자유연애한 후 결혼하였다. 그들의 형성요인은 첫째, 전후 일본에 있던 조선인이 종전에 따라 아내와 같이 한국에 돌아온 것, 둘째, 1945년 이전 조선에 체류하던 일본인이 한국인과 현지에서 결혼하고 종전 후에도 일본에도 돌아가지 않고 남아있었던 것, 셋째, 종전에 따라 중국에 있던 일본인이 한국을 경유해서 일본에 가려 했으나, 가지 못하고 한국에 거주하면서 한국인과 결혼한 것 등이다(金應烈, 1983; 小林孝行, 1986).

재한 일본인 처들은 전후 샌프란시스코 조약 발효 후 본인의 생각과 상관없이 국가로 인해 일본국적이 박탈되었는데, 한국국적을 취득한 사람들의 경우, 일본 호적으로는 미혼으로 기재되어 있었고, 한국동란 시 피난민을 가장해서 임시국적을 만들고 한국국적을 취득한 결과 이중국적자가 된 경우도 있었다. 재한 일본인 처들은 일본사람이라는 것을 감추고 생활하는 경우가 많았고, 한국어 의사소통 문제나 생활습관의 차이, 한국민의 배일감정에 따른 차별, 남편가족으로부터의 배제나 이혼 등으로 고통을 겪었으며, 특히 1950년 한국동란에 의해 그들의 빈곤은 더욱 악화되었다. 한·일 국교가 정상화된 1965년 이후에 그들 중에는 영구귀국한 사람들도 있었으나 가족, 특히 자녀를 위해 한국에 잔류한 사람들이 많았는데, 남편을 사별하거나 신체활동이 부자유스러운 일본인 처들의 노후문제는 더욱 심각해졌다. 남편과의 사별로 고립된 상태에서 자녀들조차 학력과 소득수준이 낮아 부양을 받을 수 없는 처지가 대부분이었으므로 그들에 대한 노후대응책이 절실하였지만(미즈카미 치사에, 2002), 그들은 우리 사회에서 별다른 주목과 관심을 받지 못하고 철저히 잊혀진 소수로 존재하였다.

2. 중국사회에서의 조선족 가족

한국과는 달리 중국은 무수히 많은 다민족 국가로 이루어져 있고 비교적 다양한 민족들이 공존하고 있음에도 불구하고, 중국 역시 소수민족의 자치 운동 등과 같은 문제들이 여전히 존재하고 있는 실정이다.

중국의 소수자가족을 조선족을 중심으로 살펴보면, 그들은 약 200만 명의 인구 규모로서 지린성 연벤 자치주를 중심으로 랴오닝성과 헤이룽장성 등 주로 동북 3성에 거주하였다. 이들은 중국 55개 소수민족의 일원으로 강한 민족적 정체성을 유지한 채 생활해왔다. 하지만 소수자가족으로서 한계를 절감하면서 한족의 외연에 존재하는 주변부에 머물러 있어야 했다. 이처럼 '주변부'로서의 조선족 사회에 커다란 변화가 일기 시작한 것은 1992년의 한·중 수교 이후이다(장공자, 2003; 최우길, 1999).

수교 이후 많은 한국 기업의 중국 진출에 따른 인력 수요와 한국 정부의 제한적인 한국 입국 허용 등의 영향으로 동북 3성의 농촌에서 벗어나 한국과 한국인이 많이 밀집해있는 대도시 지역으로 대규모의 인구이동이 이루어졌다. 이러한 변화는 조선족들의 경제적 성장 가능성을 제고시켰다는 점에서 긍정적인 작용을 한 것도 사실이다. 반면, 조선족은 한족 중심의 중국사회에서 차별과 배제의 대상이 되었다. 한·중 수교 이전 까지만 하더라도 중국의 조선족은 그들만의 독립된 자치공간을 가지고 있으면서 '정치적 소수자'일지는 모르지만 '사회적 소수자'는 아니었다. 그러나 한·중 수교와 중국 정부의 개방화 정책에 의해 한국으로 오거나 베이징, 상하이와 같은 대도시로 진출하면서 '사회적 소수자'로 변모하였다. 이들은 중국의 '한족'뿐만 아니라 재중 한국인들로부터 차별과 배제의 대상이 되고 있다. 그리고 많은 조선족이 한국 사회에 진출하여 새로운 가족을 구성하여 생활하고 있지만, 그들은 여전히 그들 자신에 대한 정체성에 의문을 지니고 있으며, 한국 사회의 그들에 대한 시선도 '인정'과는 거리감이 존재하는 것도 사실이다. 중국의 조선족은 40여 년 이상 외부와 단절된 공간에서 집단생활을 하다가 한국에서 밀어닥친 자본주의 문화와 접촉하면서 그들 고유의 문화적, 혹은 민족적 정체성에 혼란을 경험하고 있다.

3. 일본사회에서의 재일 코리안 가족

일본에서는 소수자에 대한 차별이 없다고 공언하는 사람들이 존재하지만, 재일 코리안에 대한 각종 유·무형의 차별과 배제는 그런 공언이 한낱 수사적 표현에 지나지 않음을 잘 보여주고 있다.

일본에서의 소수자가족 중 재일 코리안의 역사는 상당히 오래 전으로 거슬러 올라간다. 재일 코리안이 일본사회에서 본격적으로 형성된 것은 식민지 하의 일본정부에 의한 강제징용 및 연행에 의해, 그리고 한반도 내 지역적 차별·신분차별의 존재, 경제적 빈곤을 이유로 일본으로 건너감으로써 형성되었다고 보고 있다. 그들은 일본 사회에서 대표적인 '올드 커머들(old comers)'을 형성하였다. 1960년대 이후 일본경제의 부흥기를 접하면서 일본사회에서 주류를 이루고 있는 재일 코리안 3, 4세의 경우에서는 조선인으로서의 정체성이 점차 약화되는 경향을 보이는 것으로 알려져 있다.

종래 재일 코리안은 외국인으로서 지문을 날인(1992년 폐지)하는 등 차별적인 재일 한국·조선인의 지위가 형성되어 관리와 감시의 대상이 되었으며, 취업 기회를 포함한 모든 생활자원을 획득할 사회적 기회로부터, 그리고 법률적 권리 형태로부터 철저하게 배제되어 왔다. 재일 코리안은 일본인과 똑같은 사회적 의무는 지면서도 이에 상응하는 당연히 받아야 할 각종 혜택은 물론이거니와, 취직하는 데 차별을 받아 왔다. 따라서 생활고를 이유로 매년 3, 4천명이 일본인으로 귀화하는 것으로 나타나고 있다. 또한 문부성은 1982년 이후 일본의 후세교육을 외국인이 담당하는 것이 바람직하지 않다고 하여 외국인이 교원 되는 길마저 폐쇄하였다. 사기업인 일본기업의 경우도 12%정도만이 재일 코리안에게 개방되고 있는 실정이다(최영호, 2008).

이와 같이, 일본사회는 세계의 다변화에도 불구하고, 재일 외국인, 특히 재일 코리안에게 정치적, 법률적, 사회·경제적 영역에서 차별을 강제화하는 이질적 성향이 강한 사회이다. 정치권력자라든가 우익세력이 자신의 권력 유지를 이유로 소수자가족, 특히 인원수가 60여 만 명으로 가장 많은 재일 코리안을 차별해 왔기 때문에, 재일 코리안은 일본 사회 내에서 법률적 차별과 사회적 편견으로부터 자유로울 수가 없었다. 그동안 재일 코리안들은 대표적인 소수자가족으로서 역사성을 지니며, 일본 사회내 차별과 배제, 그리고 이에 대한 반차별 운동 등 법률적 권리 회복운동을 지속적으로 전개해 왔다.

Ⅳ. 한·중·일 소수자가족 연구의 방법론

1. 연구방법론

한·중·일 소수자가족 연구는 그 학제적 성격상 세 가지 연구 작업을 동시에 요구한다. 먼저 한·중·일 3국의 소수자가족 현황에 대한 구체적이고 경험적인 현장연구가 필요하며, 이러한 사회과학적인 자료 분석을 바탕으로 하는 비교연구와 인문학적 반성작업의 성격을 갖는 규범적 연구가 요구된다. 그리고 이 세 작업은 그 성격상 서로 분리될 수 없는 유기적인 성격을 가지고 있다. 인문학적 반성이 전제되지 않고서는 현장연구의 목적이나 범위가 설정될 수 없으며, 사회과학적 견지에서 구체적인 자료 분석이나 내실 있는 비교연구가 제공되지 않으면 이에 기반을 둔 인문학적 반성이 이루어질 수 없을 것이다.

1) 경험적 연구

한·중·일의 소수자가족에 대한 연구는 현지에서 다각적인 '현장연구(field research)'를 통하여 얻은 경험적인 자료들을 지속적이고 체계적으로 축적하는 것을 요구한다. 이를 위해 한·중·일 3국의 소수자가족을 대상으로 한 '심층면접(in-depth interview)'과 다수자를 대상으로 한 '설문조사(survey)'를 실시해야 한다. 소수자가족에 대한 심층면접과 다수자에 대한 설문조사는 한·중·일 3국의 개별적 사회인정질서에 대한 경험적 조사를 위해 수행되며, 조사의 주된 내용은 (1) 정체성 형성 과정, (2) 정체성의 위기와 분열, (3) 인정 형태 등을 중심으로 구성된다.

(1) 소수자가족의 정체성 형성 과정

소수자 문제에 있어서 '자아정체성(self identity)'은 핵심적 쟁점이다. 소수자는 기존의 사회질서 내에서 끊임없이 정체성의 위기를 경험하기 때문이다. 한 사회 내에서 "소수자는 자신의 정체성을 어떻게 형성하는가?", "소수자의 자의식(self-consciousness)은 어떻게 발생하는 것인가?", 그리고 소수자는 어떤 이유로 정체성의 위기에 빠지게 되는 것인가?" 하는 이러한 물음들에 대해서는 미드의 이론적 통찰을 활용하는 것이 가능하다.

미드는 사회화 과정들이 자아가 출현하기 위한 선행 조건이라고 주장한다. 그는 "내가 특히 강조하려 하는 것은 논리적으로 볼 때 자기의식적인 개인에 앞서 이미 사회화 과정이 존재한다는 것이다. 다시 말해, 자아는 세계에 앞서 존재하는 것이 아니라 세계 속에서 나타난다. 자아가 발생하는 과정은 집단 안에서 이루어지는 개인들의 상호작용을 전제로 하는 사회화 과정이다"(Mead, 1934)라고 밝히고 있다.

개인의 자아와 정체성이 사회적 상호작용을 통해 형성된다고 한다면, 사회적 삶의 재생산은 사회적 행위자들 간의 상호 인정이라는 근본원리(imperative) 아래서 수행된다. 그 이유는 개별 주체가 자신의 정체성을 획득하고 자신의 행위를 수행하기 위해서는 오직 자신의 상호작용 상대자들이 가지고 있는 규범적 관점을 통해 자신을 이해할 수 있어야 하기 때문이다. 따라서, 미드의 이러한 통찰에 기초한다면, 소수자의 정체성 문제를 사회적 상호작용의 차원에서 분석하는 작업이 가능하다고 할 것이다.

(2) 소수자가족이 경험하는 정체성의 위기

정체성의 분열은 무엇보다도 자아 내부에 존재하는 모순적인 두 가지 측면에서 발생한다. 한 사회 내의 개인은 '일반화된 타자(the generalized other)'를 받아들임으로써 자아를 구성한다. 그러나 우리가 일상적 경험에서 볼 수 있듯이, 우리의 정체성이 단지 타자에 의해서만 만들어지는 것은 아니며, 능동적 측면도 존재한다(Mead, 1934).

미드는 자아에 수용되는 일반화된 타자를 '객관적인 자아' 즉 'me'로, 그리고 이 같은 객관적인 자아를 수용하고 반응하는 기능적인 자아를 '주관적인 자아' 즉 'I'로 부른다. '주격 나'는 타인이 나에 대해 가지고 있는 어떤 상(像)이나 기대를 인지하면서 '목적격 나'에 대한 상을 얻게 된다. 그러나 사회적으로 규정된 또는 기대된 '목적격 나'와 대상화되지 않는 어떤 자발성으로서의 '주격 나' 사이에는 긴장 관계가 있다. 자기정체성은 이 두 관계의 긴장 속에서 형성된다. '주격 나'는 사회적으로 규정된 '목적격 나'와는 다른 어떤 부분을 인정받기 위해 투쟁한다. 또한, 이 투쟁을 통해 사회적 주체들이 눈앞에 그리는 것은 자신의 정체성 요구가 완전히 인정된 이상적 공동체이다.

개인의 자기정체성이 문제가 될 때, 이의 인정을 위한 투쟁은 전 사회 영역으로 확산된다. 특히, 부당한 '목적격 나'를 강요받을 수밖에 없는 소수자가족의 경우는 더욱 심각한 자아정체성의 위기와 분열을 겪을 수밖에 없으며, 이는 인정을 위한 투쟁의 형태로 전 사회영역으로 확산되며, 그 형태 또한 집단화되고 조직화된다.

(3) 인정 형태

헤겔과 미드는 사회적 재생산의 특수한 영역들에 각각의 상이한 인정 방식들을 설정하고 있다. 헤겔은 자신의 정치철학에서 가족, 시민사회, 국가를 구분했고, 미드는 구체적 타자에 대한 원초적 관계와 일반화된 타자의 두 가지 상이한 현실화 형태, 즉 법적 관계와 노동 영역을 구분하고 있다. 이와 같이, 사회생활의 영역을 세 가지 상호작용 영역으로 구분하는 것은 설득력이 있다. 이에 따르면, 사회통합 형태의 구별도 그것이 정서적 유대, 권리의 인정, 공동의 가치 지향의 관점 가운데 어떤 형태로 실현되느냐에 따라 이루어진다. 사랑, 권리, 연대라는 세 가지 관계 유형은 인정의 형태들로서 서로 구별되며, 이 관계 유형들은 인정의 매체, 자기 관계의 양식, 도덕적 발전 잠재력이라는 측면과 관련해서 각각 독자적인 유형을 구성하고 있다(호네트 저, 문성훈·이현재 역, 2000)(<표 1> 참조).

<표 1> 상호 주관적 인정과 무시의 유형

타자에 대한 태도 \ 정체성 차원	욕망과 감정을 지닌 자연적 존재	도덕적 판단력을 지닌 이성적 존재	특수한 능력과 속성을 지닌 개성적 존재
인정	사랑과 배려	권리 부여	가치 부여를 통한 연대
무시	학대 및 폭행	권리 부정 및 제한	가치부정을 통한 배제

인정 투쟁은 인정의 유보나 불인정의 상태를 염두에 둘 때 더욱 분명하게 드러난다. 자유로운 정서적 욕구의 분출과 충족을 가로막는 신체에 대한 폭력, 법적 권리의 유보나 불인정, 사회적 연대에서의 배제는 해당 당사자에게 '무시'나 '모욕'으로 이해되며, 이는 '분노'라는 심리적 반작용을 일으키는 데 그치는 것이 아니라 사회적 투쟁을 추진하는 심리적 동기가 된다. 또한, 사회적 무시나 모욕은 각 개인의 정서적 욕구나 도덕적 판단 능력, 고유한 개성에 대한 부정이기 때문에 해당 당사자는 자신에 대해 긍정적 관계를 갖기가 어려우며, 자기정체성을 형성하는 데 심각한 장애를 일으킨다(호네트 저, 문성훈·이현재 역, 2000).

2) 비교분석 연구

(1) 자아정체성의 이념형 비교

자아는 그 본질상 사회적인 것이며, 자아는 전체 사회과정의 일부로 간주되어야 한다. 자아는 사회에 의하여, 그리고 다른 자아들과의 상호작용에 의해서만이 존재할 수 있는 것이다. 즉 자아는 미시적, 거시적 사회환경에 관련하여 존재하는 것이다. 앞에서 언급한 바와 같이 개인의 정체성은 '목적격 나'와 '주격 나'의 긴장관계를 전제한다(Mead, 1934).

개인의 자아정체성은 '상호인정'이라는 사회적 상호작용의 형태를 통해 형성된다. '인정'은 인간이 자신의 삶을 성공적으로 실현시킬 수 있는 사회적 조건이자 각 개인이 자신에 대한 긍정적 관계, 즉 긍정적인 자기의식을 가지게 하는 심리적 조건이기도 하다. 타인에게 부당하게 대접받고 있다고 느끼는 사람들이 자신을 묘사할 때 '모욕'이나 '굴욕'과 같은 개념적 범주들을 사용하고 있다. 이와 같이, 모욕이나 굴욕과 같은 무시의 형태, 또는 부정된 인정의 형태의 경험에서 드러나는 명백한 사실은 그것이 각 개인이 상호 주관적인 과정에서 획득한

'자기정체성(self identity)'을 훼손한다.

위에서 언급한 자아의 두 측면인 '주격 자아'와 '목적격 자아'에 대한 '인정'(긍정)과 '무시'(부정)의 두 차원을 교차할 경우, <그림 1>과 같은 자아의 이념형(ideal type)의 구분이 가능하다.

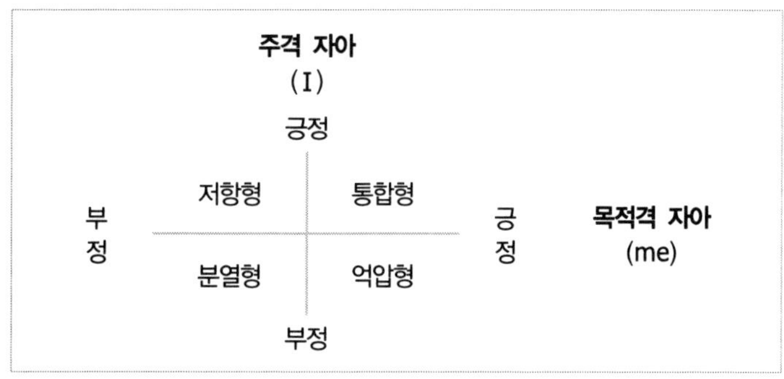

〈그림 1〉 정체성의 이념형적 유형

한·중·일 3국의 소수자가족 연구는 자아의 이러한 이념형적 구분에 기초하여 소수자가족들의 정체성 유형을 비교하는 작업이 유용할 것이다. 여기서 유의할 점은 이념형은 비교분석을 위한 개념적 구성으로 현실의 실재와 동일한 것은 아니라는 점이다. 그런 점에서 현실에서는 이념형과 다른 다양한 변이가 존재할 수 있다. 따라서, 심층면접을 통해 경험적 자료를 수집하면 이러한 현실적 변이를 관찰할 수 있을 것이며, 이를 토대로 이론적 해석 작업이 가능할 것이다.

(2) 사회적 인정 유형 비교

사회적 인정 형태에 대한 구별에 착안하여 한·중·일 3국 소수자가족의 사회적 인정 질서에 대한 비교분석이 가능할 것이다. 한·중·일 3국은 각기 상이한 문화적 전통과 사회정치적 제도를 가지고 있고, 그에 따라서 소수자가족에 대한 사회적 인정에 있어서 각기 다른 방식과 특징을 가지고 있다고 가정할 수 있다. 이러한 연구가설에 입각한 비교분석을 위해서는 한·중·일 각국에 있어서 소수자가족에 대한 사회적 인정의 방식과 특징을 파악해야 한다. 한·중·일 각국에서 나타나고 있는 사회적 인정의 방식이 파악될 경우, 이를 비교함으로써 한·중·일 3국에 있어서 소수자가족에 대한 사회적 인정질서의 특징적 유형을 파악할 수 있을 것이다.

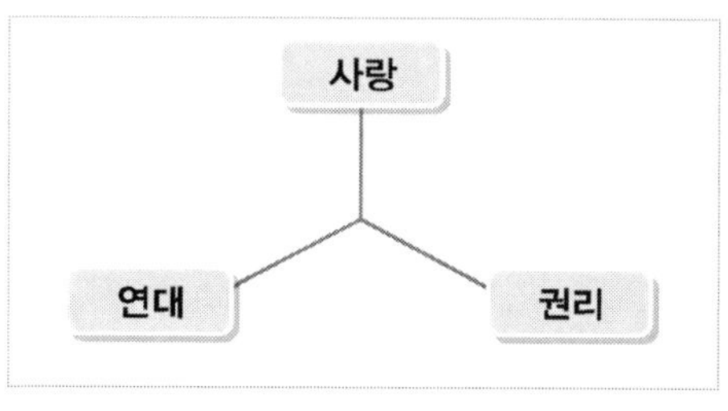

〈그림 2〉 사회적 인정 유형

<그림 2>에서 보는 바와 같이 한 사회 내에서 소수자들의 사회적 위치는 사회적 인정의 다양한 형태의 조합에 의해 특징지어진다. 사회적 인정의 세 가지 형태, 즉 사랑, 권리, 연대 등의 정도를 경험적 연구 방법을 통해 측정할 경우, 한·중·일 3국에 있어서 소수자가족의 사회적 위치를 3차원의 좌표상에 위치시킬 수 있다. 이러한 작업을 통해 사회적 인정의 세 형태들 간의 관계를 파악한다. 사회적 인정의 세 형태는 밀접한 연관을 가지고 있으며, 따라서 특정한 형태에서의 인정의 방식과 정도는 다른 형태의 인정 방식에 영향을 미칠 것이다. 따라서, 이러한 세 가지 사회적 인정형태들 간의 관계를 파악할 경우, 그 사회 내에서의 소수자가족의 사회적 위치 및 소수자의 사회적 존재 형태를 경험적으로 연구할 수 있을 것이다. 그리고 이러한 연구 작업을 통해서 한·중·일 3국에 있어서 소수자가족의 사회적 인정 유형을 비교할 수 있을 것이다.

3) 규범적 연구

규범적 연구의 방향은 소수자가족이 바로 근대의 민족국가적 틀 내에서 민족정체성 이후의 정체성을 예비하고 있다는 생각에서 출발한다. 규범적 연구는 한·중·일의 소수자가족의 정체성에 관한 경험적, 분석적 연구를 통해 획득된 결과로부터 한·중·일의 지배적 다수자 정체성과 소수자 정체성 간의 전체적 윤곽을 확인한다.

나아가, 규범적 연구는 정체성의 이념형적 요인과 세 가지 인정형태에 대한 경험적, 분석적 연구에 기초하여 한·중·일의 민족국가 단위 내부에서 소수자가족의 정체성과 타자에 대한 인정질서의 기본 특징을 확인한다. 특히 소수자가족의 긍정과 부정 유형 및 정서적 태도, 사회문화적 규범, 제도 등의 차원에서 분석되는 인정 질서는 기존 민족국가의 인정 질서가 보여주는 포용성의 정도를 가늠하게 할 뿐 아니라 그 한계를 전망할 수 있는 시각을 제공할 것이다.

마지막으로, 그 내부의 가장 취약하고 위협받는 소수자 정체성을 통해 확인한 한·중·일의 지배적 정체성의 기본 구조 및 타자에 대한 인정질서의 특징에 대한 3국간 비교분석을 바탕으로 하여, 규범적 연구는 동북아 지역에서 민족정체성을 뛰어넘는 지역정체성과 보편적 인정질서를 모색한다. 특히, 규범적 연구에는 정체성의 이념형적 유형 중 '통합형'의 측면과 사회적 인정의 유형인 사랑, 권리, 연대의 '포괄형'이 기본 축으로 이용된다.

2. 연구방법 및 절차

1) 연구대상

한국을 포함하여 중국, 일본 등 동아시아 3국에 있어서 민족과 인종에 따른 사회적 차별의 문제를 사회적 인정질서의 개념에 입각하여 분석하는 연구는 구체적으로 대표적인 사회적 소수자라고 할 수 있는 소수자가족과 그들을 둘러싼 다수자에 대한 접근을 통해 실현된다.

여기에서 '소수자' 란 "사회의 제반 영역에서 성, 인종 및 민족, 종교, 사상, 경제력, 성적 취향, 지역, 또는 그 외의 다양한 이유로 지배적 기준 및 가치와 상이한 입장에 있어서 차별과 편견의 대상이 되는 사람들"(윤인진, 2000)을 가리킨다. 소수자는 인구 규모에서 일반적으로 열세이지만, 이보다 중요한 것은 정치적·경제적·사회적 열세이다. 이와 같이, 소수자를 규정함에 있어서는 생득적 조건들과 차등적 권력 관계의 중요성이 함께 강조된다고 할 수 있다.

한·중·일 3국에서 소수자가족 연구는 역사적으로 다수자와 어떤 관계를 설정하고 있는지를 파악하는 작업도 중요하다. 다른 민족, 다른 인종에 대한 차별의 문제는 세계화 과정 속에서 국가 간의 장벽이 허물어지고 교류가 활발해지면서 점차 사회적 문제로 등장하고 있다. 세계화는 각각의 국가들로 하여금 필연적으로 자국 국민들과는 이질적인 정체성과 생활양식을 가진 개인이나 집단을 사회구성원으로 맞이하도록 하고 있다. 그러나 한·중·일 3국에서 소수자가족은 현재 진행되고 있는 세계화 추세 속에서의 반응과도 다른 경험들을 갖고 있는 집단이라고 할 수 있을 것이다. 이 글에서는 소수자가족에 대한 연구를 한·중·일 3국에서 서로 역사적으로 상호연관되는 집단에 주목하여 제안하였다. 아울러, 이 글에서는 다수자와의 관계 속에서 소수자가족 문제를 바라

보기를 제안하였는데, 그 이유는 한 사회에서 소수자는 다수자와의 관계에서 설정되고 조건 지워지기 때문이다.

구체적인 연구대상 선정 방법을 제시하면, 한·중·일 각 국에서 먼저, 소수자가족과 관련되는 정부기관, 사설단체, 교육기관 등의 관련자와 접촉하여, 연구에 자발적으로 응해줄 수 있는 참여자를 의뢰받는다. 둘째, 인터넷상의 소수자가족 관련 사이트를 검색하여 취득한 정보를 활용하여 조사대상으로 적합한 사람들과 접촉한다. 셋째, 인적 관계망을 활용하여 연구대상이 될 수 있는 참여자를 소개받는다. 이와 같은 세 가지 방법을 기반으로 연구 참여자를 통해 또 다른 참여자를 확보하는 눈덩이표집(snowball sampling)의 방식을 취할 것을 제안한다. 다수자에 대한 접근은 일반적인 조사절차에 따른다.

2) 연구수행 절차

(1) 경험적 연구단계

이 단계에서는 우선적으로 소수자 문제의 구체적 실태, 그리고 소수자 문제의 이론적 이해 및 연구내용의 기초적인 탐색을 위해 문헌연구와 인터넷자료나 정부통계자료 등 자료 고찰이 선행된다.

다음으로는 자료의 수집 및 분석에 진입하게 된다. 여기에서는 주로 세 가지의 방식을 통해 연구가 수행된다. 첫째, 전문가패널토론을 통해 소수자 문제에 대한 연구쟁점, 조사대상 및 조사방법에 자료를 수집 정리하여 심층적인 조사에 활용한다. 전문가패널토의(expert panel discussion)는 예비조사(preliminary study)의 방법으로 사용된다. 전문가패널토의를 통해 연구설계 시 발견되지 않았던 변인들을 찾아낼 수 있고 연구 절차나 논리상의 문제점을 파악한다.

둘째, 소수자와 같은 특정 집단을 대상으로 가장 광범위하게 활용되는 질적

조사방법인 심층면접(in-depth interview)을 위주로 자료 수집을 수행한다. 국가 간 비교연구를 체계적이고 효과적으로 수행하기 위해 조사도구를 사용하되 구체적인 내용은 조사대상자의 특성 및 상황에 따라 가변적인 반구조화된 (semi-structured) 방법을 활용한다. 질적 연구의 주된 관심사는 양이 아니라 질이기 때문에 표본추출에 있어서도 질적 연구자의 표본의 크기를 극대화하기보다는 특정 주제에 관한 정보를 극대화하는 데 주력한다. 또한 실재적인 삶과 상황 혹은 자연스러운 일상적인 삶의 현장에서 행위자들이 하는 행동과 활동이 일어나고 있는 모습을 그대로 관찰하는 비참여관찰(non-participant observation)의 방법도 활용한다. 연구의 대상은 물리적, 공간적으로 제한을 받기 때문에 일정 지역에서 활동하는 소수의 개인들, 소규모 집단, 조직체 및 지역공동체들이고, 현장노트 및 비디오 테이프와 오디오 테이프 등을 통해 자료를 수집·정리한다.

셋째, 다수자에 대한 경험적 연구는 양적 조사의 방법인 설문조사(survey)를 통해 수행된다. 다수자에 대한 설문조사는 소수자·다문화가족과 관련된 다수자의 태도를 측정하는 데 중점을 둔다. 소수자의 삶과 다수자의 삶은 불가분하게 연결되어 있고, 따라서 소수자에 대한 다면적 이해를 위해서는 다수자에 대한 연구가 필요하다. 다수자에 대한 경험적 연구에 설문조사의 방법을 택하는 이유는 이들은 표집과정이 비교적 용이하다는 점과, 또한 소수자가족과 다문화가족을 바라보는 다수의 의식을 파악하기 위해서는 대규모의 표본이 유리하다는 점에 기인하고 있다.

(2) 비교분석 단계

이 단계에서는 조사도구를 기준으로 경험적 연구 단계에서 성취한 자료들을 비교분석한다. 이러한 비교분석 작업은 논의를 통해 한·중·일 3국에서 중첩적으로 드러나는 인정 질서의 규명으로 귀결된다.

(3) 규범적 연구 단계

이 단계에서는 비교분석 연구 단계에서 정리된 자료에 근거하여 한·중·일 3국간의 인적 통합을 가능하게 하는 규범적 방향의 도출을 시도한다. 이 작업은 연구 토론을 통해 보편적 인정질서에 대한 이론화의 작업과 더불어 진행되는 것이 바람직할 것이다.

3) 조사도구의 구성

조사도구의 작성은 소수자가족에 대한 선행연구 검토 및 이론적 연구를 통해 작성되는데, 사회적 인정질서는 정체성의 형성과 위기, 인정 형태(사랑, 권리, 연대)를 통해 접근될 수 있다.

먼저, 정체성의 형성과 위기에 대한 조사도구는 미드의 상징적 상호작용론의 이론적 통찰에 의거한다(Mead, 1934). 자아정체성은 타자와의 의사소통적 상호작용을 통해서, 그리고 타자의 태도를 스스로 취함으로써 구성된다는 점에서, 조사도구의 범주는 상호작용, 문화적 이해, 타자의 태도로 구성된다. 그리고 정체성의 위기는 객관적 자아와 주관적 자아 간의 긴장과 갈등의 측면에서 분석된다. 객관적 자아는 소수자에 대한 일반화된 타자의 관념과 태도이며, 이는 소수자의 집합적 속성에 대한 사회적 관념에 대한 측정될 수 있다. 주관적 자아는 일반화된 타자의 관념과 태도에 대한 능동적 반응이라고 볼 수 있으며, 이는 소수자의 자신에 대한 관념과 태도로 측정될 수 있다. 객관적 자아상과 주관적 자아상 간의 대립이 어떤 방식으로 표현되는가를 통해서 정체성의 갈등을 측정한다(<표 2> 참조).

〈표 2〉 조사도구 1 : 정체성의 형성과 위기

정체성	지표	조사 항목
형성	상호작용	1. 일상적 생활에 있어서 상호작용의 범위 2. 상호작용의 어려움 3. 상호작용에 대한 신뢰 4. 상호작용의 성공
	문화적 이해	1. 소수자와 다수자 간의 타문화에 대한 이해 2. 의사소통의 불편함/어려움/성공의 정도 3. 타문화의 이질성에 대한 수용/관용 4. 의식주 등의 생활문화의 교류
	타자의 태도	1. 상호작용 상대자에 대한 신뢰 2. 상호작용 상대자의 태도 3. 상호작용 상대자의 나에 대한 신뢰 4. 상호작용 상대자에 대한 나의 태도
위기	객관적 자아상	1. 소수자에 대한 타자의 부정적/긍정적 관념 2. 소수자의 속성(민족, 혼혈, 인종)에 대한 타자의 관념 3. 소수자의 능력에 대한 타자의 관념 4. 소수자에 대한 타자의 사회적/도덕적 신뢰
	주관적 자아상	1. 소수자의 자신에 대한 부정적/긍정적 관념 2. 소수자의 속성(민족, 혼혈, 인종)에 대한 자신의 관념 3. 소수자의 능력에 대한 자신의 관념 4. 소수자에 대한 자신의 사회적/도덕적 신뢰
	정체성의 갈등	1. 정체성 갈등의 정도 2. 정체성의 갈등 영역: 소수자의 관념/속성/능력/ 문화 3. 정체성 갈등의 형태: 타자 부정형/자아 부정형/ 다중적 조합형

또한, 소수자에 대한 사회적 인정은 세 가지 형태, 즉 사랑, 권리, 연대 등의 범주를 경험적 방식으로 측정할 수 있다. 사랑의 범주는 정서적 교류, 사회적 거리, 부정적 생활환경의 조사지표로 구성된다. 권리의 범주는 사회적 차별, 법률적 보호, 정부와의 관계라는 조사지표로 구성된다. 연대의 범주는 문화적 고유성, 편견, 사회·문화적 규범이라는 조사지표로 구성된다(<표 3> 참조).

다수자에 대해서는 일부의 지표들과만 관련해서 조사를 진행한다. 구체적인 설문내용에 대해서는 이 글에서 제시하지 않지만, 사랑 중 사회적 거리, 연대 중 편견과 사회·문화적 규범 중심으로 구성한다.

〈표 3〉 조사도구 2 : 인정형태

인정형태	지표	조사항목
사랑	정서적 교류	1. 정서적 교류의 대상 2. 정서적 교류의 유형 3. 정서적 교류의 빈도 4. 정서적 교류의 만족도
	사회적 거리	1. 보가더스(E.S. Bogardus, 1959)에 의해 고안된 사회적 거리 측정 척도 2. 소수자에 대한 사회적 거리 3. 다수자에 대한 사회적 거리
	부정적 생활경험	1. 부정적 생활경험의 유형-폭언/폭행/협박/강도/사기 2. 부정적 생활경험의 대상
권리	사회적 차별	1. 사회적 차별의 유형-교육/복지/임금/승진/참정권 2. 사회적 차별의 정도 3. 주된 차별경험 및 소외감
	법률적 보호	1. 법률적 보호 유형 2. 법률적 보호의 정도 3. 법률적 보호의 실질적 효과
	정부와의 관계	1. 소수자 권익을 위한 정부의 역할 2. 소수자에 대한 정부의 태도-우호성/공정성 3. 소수자에 대한 정부의 지원
연대	문화적 고유성	1. 문화적 고유성의 유지 및 존속 2. 일상생활의 언어 및 생활양식의 실태 3. 타자와의 혼인 실태 4. 집단적 거주의 실태
	편견	1. 소수자의 집합적 속성에 대한 사회적 태도-민족/인종/혼혈 2. 소수자에 대한 편견의 정도 3. 일상생활에서 편견의 경험
	사회·문화적 규범	1. 소수자집단의 사회적 활동에 대한 존중 2. 소수자집단과의 사회적 교류 3. 소수자 문화에 대한 관용

3. 연구내용

1) 한·중·일 3국 소수자가족의 시각

한 사회 내에서 긍정적으로 평가받는 정체성을 형성하는 것은 그 해당 구성원들의 삶에서 필수불가결한 요소이다. 한·중·일 3국의 대표적 소수자가족, 즉 한국에서의 화교, 일본인 처, 중국에서의 조선족, 그리고 일본의 재일 코리안은 한·중·일 3국 사이의 역사적 관계 속에서 형성된 집단이다. 이들 소수자 집단이 각 국가 내에서 어떻게 살아가고 있는가는 그들 국가의 사회적 인정질서의 구조적 특성을 드러내기에 적합하다. 그들은 동아시아 3국의 국민국가 속에서 유·무형의 차별과 배제를 경험한 집단들이라고 할 수 있다.

한·중·일 3국내에 존재하는 사회적 인정질서는 대표적 소수자가족들이 그들의 정체성을 형성하는 과정에서 겪는 다양한 어려움이 무엇인가를 경험적으로 조사함으로써 접근될 수 있다. 구체적으로, 한·중·일 3국 사회에서 화교와 일본인 처, 조선족, 그리고 재일 코리안이 어떤 차원에서 정체성의 혼동을 겪고 있는지, 그들은 과연 한국인, 중국인, 일본인으로서의 정체성을 형성·유지하고자 하는지, 그리고 그러할 경우에 그들이 그런 과정에서 어떤 장애를 느끼고 있는지를 경험적으로 연구함으로써 사회적 인정질서의 한 부분이 파악될 수 있을 것이다.

앞에서 밝힌 바와 같이, 심층면접과 같은 질적 연구 방법을 사용하여 연구대상인 한·중·일 3국의 대표적 소수자가족들이 일상생활에서 느끼는 차별과 배제의 다양한 형태들을 조사하여 한·중·일 3국 사회의 인정질서의 구체적인 모습이 탐구될 수 있다. 실증적 경험 연구에 기반을 두고 각국의 소수자가족에 대한 사회적 인정질서를 비교분석하는 작업이 진행될 수 있을 것이다.

이를 위해서는 한 · 중 · 일 3국의 소수자가족에 대한 사회적 인정의 세 형태, 즉 사랑, 권리, 그리고 연대의 차원을 경험적으로 측정하고 비교하기 위해 만들어진 조사도구를 사용한다. 조사지표에서 서술된 것처럼 각국의 사회적 인정질서를 비교분석하기 위한 조사 항목은 크게는 정체성 형성과 위기, 그리고 인정 형태의 두 영역으로 구별된다. 이런 조사 항목에 따라 3국내에서 살아가는 소수자가족들이 자신들의 정체성을 형성하는 과정에서 얼마나 성공적인지, 그리고 어떤 차원에서 위기를 느끼는가를 조사하여 소수자가족과 관련하여 이들 나라의 사회적 인정질서의 공통성과 차이점을 비교분석하기 위한 기초 자료를 제시할 수 있다. 또한 이를 통해, 각 국가 내에서 살아가는 소수자가족들이 그 나라에서 사랑, 권리 그리고 연대의 차원에서 어느 정도의 인정을 받고 있는가에 대한 일차적 자료를 제공할 수 있을 것이다.

사랑, 권리, 그리고 연대적 경험이라는 세 가지 인정 형태가 각 개인의 주체적이고 개성적인 삶을 형성하는 데 결정적인 의미를 지니는 한, 현실 속에서 이런 인정의 형태들이 어떻게 관철되는가를 탐구하는 것은 중요하다. 그래서 한 · 중 · 일 3국의 대표적 소수자가족으로서 화교, 조선족, 그리고 재일 코리안이 세 가지 인정의 영역에서 어떤 무시와 차별을 받고 있는가를 조사하는 것이 의미가 있다. 예를 들어, 한국의 화교와 일본인 처, 재중 조선족, 그리고 재일 코리안이 사랑과 결혼과 같은 정서적 차원에서 자신들의 인정 욕구를 실현하는 데 소수자가족이라는 지위로 인해 어떤 무시를 당하는가를 살펴보는 것이 필요하다. 사랑과 보살핌의 영역에서 정서적인 교류의 대상이 한정되어 있는지 아닌지, 일상생활에서 소수자가족이라는 이유로 폭언이나 폭행과 같은 차별적 경험을 했는지가 조사되어야 한다.

마찬가지로, 법적 권리의 차원에서 한 · 중 · 일 3국의 소수자가족이 어떤 차별을 받고 있는지를 심층적으로 탐구하는 작업도 의미가 있다. 권리의 영역과 관련해서는 법적으로 소수자가족이 한·중·일 3국내에서 다수자의 지위를 차지하는 사람들과 동등한 대우를 받고 있는지, 교육이나 직장에서 차별은 어떻게 나타나고 있는지 등이 조사되어야 한다. 또한 화교, 재중 조선족, 그리고 재일 코리안들이 법적 차원에서 (그런 차별이 존재한다면) 받고 있는 차별들에 대해 어떤 반응을 보이고 있는지를 조사하여 각국의 사회적 인정 질서에 대한 그들의 수용정도가 탐구될 필요가 있다.

연대적 차원에서의 인정영역과 관련해서는 한·중·일 3국의 소수자가족은 자신이 선택한 삶의 방식이 각국 사회에서 긍정적 기여를 하고 있다고 인정을 받는지 혹은 그렇지 않는가에 대해 실증적으로 조사 연구하는 작업이 필요하다. 즉 한·중·일 3국가에서 소수자가족이 자신의 문화적인 고유성을 유지하려는 의지가 얼마나 강하고 그렇게 하려고 할 때 어떤 장애가 있는지, 문화적인 집단으로서 각 국가별 소수자가족이 어떤 사회적 편견을 받고 있는지, 그리고 소수자 집단으로서 그들이 한·중·일 3국 사회에서 얼마나 소중하고 가치 있는 존재로 인정받으며 존중받고 있는지를 실증적으로 조사하는 작업이 요구된다.

2) 한·중·일 3국의 소수자가족에 대한 다수자의 시각

한·중·일 사회의 소수자가족에 대한 다수자의 시각에 대한 연구의 내용은 다음과 같이 두 단계의 절차를 통해 도출된다.

첫째, 한·중·일 다문화가족의 실태를 각국의 다수자의 입장을 지표화해 비교분석한다. 이는 기존의 다수자 중심부 집단이 최근 발생하고 있는 소수자가족 집단을 인정하고 배제하는 정도를 측정하는 항목별 지표로서 사용할 수 있을 것이다. 이를 보다 객관화하기 위해서 한·중·일 3국의 다수자 구성원을 대상으로 그 사회의 소수자가족 집단인 한국인이나 한국인과 결혼한 당사국 소수자가족에 대한 견해를 양적 설문조사(survey)를 통해 상호 인식의 정도를 비교할 수 있다. 이는 궁극적으로는 한국인을 한국의 다수자의 입장에서가 아니라, 중국과 일본의 다수자의 입장에서 소수자로서 대상화해 비교분석한 항목을 기반으로 정리하는 것을 의미한다. 이는 다수자 입장과 소수자 입장을 교차분석하는 작업이기도 하다. 이 지표를 통해 한국의 주류집단이 취하는 태도를 항목별로 보다 객관적으로 비교분석할 수 있다.

둘째, 이와 연관된 분석을 통해 한국 가족 및 한국 문화의 미래지향적인 인적 통합을 가능하게 하는 규범적 방향을 도출한다. 경험적 조사연구에서 시행할 다수자 입장과 소수자 입장에 대한 교차분석은 한국의 주류 가족문화에 대한 반성적 재구성을 용이하게 한다.

소수자가족 정체성의 위기와 재구성, 그리고 소수자가족에 대한 사회적 인정 형태는 규범적 지표화로 제시될 수 있다. 먼저, 정체성의 형성과 위기에 대한 조사지표는 자아정체성의 문제를 가족정체성으로 확장해서 사용할 수 있다. 가족은 자아정체성이 형성되는 기초이자 가족 공동체의 구성원은 가족정체성을 우선시하기 때문이다. 자아 및 가족의 정체성은 타자와의 의사소통적 상호작용을 통해서, 그리고 타자의 태도를 스스로 취함으로써 형성되기 때문에, 조사도구의 범주는 상호작용, 문화적 이해, 타자의 태도로 구성된다.

정체성의 위기는 다수의 타자가 형성한 객관적 형태의 정체성과 그 독특성을 주장하는 소수자가족의 주관적 정체성 간의 긴장과 갈등의 측면에서 분석될 수 있다. 객관적 정체성은 한·중·일 각국의 소수자가족에 대한 일반화된 타자의 관념과 태도이다. 이는 소수자의 집합적 속성에 대한 일반적인 사회적 관념의 지표화로 측정될 수 있다. 소수자가족의 주관적 정체성은 일반화된 타자의 관념과 태도에 대한 능동적 반응이라고 볼 수 있으며, 이는 소수자의 자신에 대한 관념과 태도로 측정될 수 있다. 객관적 정체성과 주관적 정체성 간의 대립이 어떤 방식으로 표현되는가를 통해서 정체성의 갈등을 측정한다.

사회적 인정형태는 소수자가족에 대한 사회적 인정의 세 가지 형태, 즉 사랑, 권리, 연대 등의 범주를 경험적 방식으로 측정한다. 사랑의 범주는 정서적 교류, 사회적 거리, 부정적 생활환경의 조사도구로 구성된다.

이러한 연구는 그 학제적 성격상 두 가지 연구 작업을 동시에 수행한다. 먼저 한·중·일 소수자가족의 현황에 대한 구체적이고 경험적인 현장연구가 수행된다. 다음으로 이러한 경험적 자료 분석을 바탕으로 하는 반성적이며 학제적인 협력작업이 진행된다. 경험적이면서 규범적인 이 두 작업은 상호보완적인 관계를 띠고 있다. 학제적 작업, 특히 인문학적 반성이 전제되지 않고서는 현장연구의 목적이나 범위가 설정될 수 없으며, 사회과학에 의한 구체적인 자료 분석이 실현되지 않고서는 내실 있는 비교연구나 인문학적 반성이 이루어 질 수 없다. 이런 점에서, 이 글에서는 사회과학적 분석과 인문학적 통괄이 결합된 학제적 협력 연구를 제안하는 바이며, 이를 통해 각 학문분야내에서만 수행한다면 얻어질 수 없는 보다 풍부한 결과를 제시할 수 있기를 기대하는 것이다.

V. 한·중·일 소수자가족 연구와 반성적 사회인정질서 분석

1. 연구의 함의

내용적인 측면에서 보자면, 한·중·일 각 국가에 있어서 다수자집단이 소수자집단인 소수자가족을 대하는 공식적인 태도를 다루는 다수/소수 비교분석 방법이 갖는 장점이 있다. 이러한 방법론적 접근이 지향하고 있는 규범적인 논점은 20세기형 국민국가 중심의 소수자 차별과 배제의 태도에서부터 벗어나, 개방과 통합을 추구하는 21세기형 지역공동체의 공존의 논리를 구상할 수 있는 가능성을 모색하는 것이기 때문이다. 이는 국가와 국가사이의 상호 의존도가 높아가고 사람들 사이의 이동과 교류의 폭이 확장되는 세계화의 환경 속에서 새로운 상황에 대한 학제적 반성을 모색하는 것이기도 하다. 기존의 배타적이고 폐쇄적인 민족주의와 국가주의에 기초한 사회적 질서는 이제 커다란 한계에 직면하고 있다고 할 수 있다.

따라서, 이 글에서 제시한 한·중·일 3국의 소수자가족을 연구하고, 또한 다수자 가족구성원들이 이들을 대하는 태도를 경험적으로 연구·조사하여 이를 비교분석하는 작업은 기존의 연구와는 다소 다른 독특한 관점을 제기하는 것이다. 즉, 소수자의 시각과 다수자의 시각을 각각 파악하여, 이를 기초로 소수와 다수의 관계가 전도되는 체험을 통해 소수와 다수의 관계를 반성적으로 성찰하는 것을 목적으로 한다. 이러한 접근은 한·중·일 3국, 각국에서 소수자가족 문제를 바라볼 때, 언제나 다수자의 입장에서만 바라보는 것에 대한 반성적 시각을 제공해 줄 수 있다. 예컨대, 한국에서 화교 가족이나 일본인처 가족은 한국인들에게 소수자이지만, 일본에서는 재일 코리안들이 소수자가족이다. 한국인들은 화교 가족이나 일본인처 가족을 대할 때, 일본에서의 재일 코리안들의 지위나 그들에 대한 처우를 고려한다면, 자국 내에서의 소수자가족을 대할 때 시각의 전환을 가져올 수 있을 것이다(<그림 3> 참조).

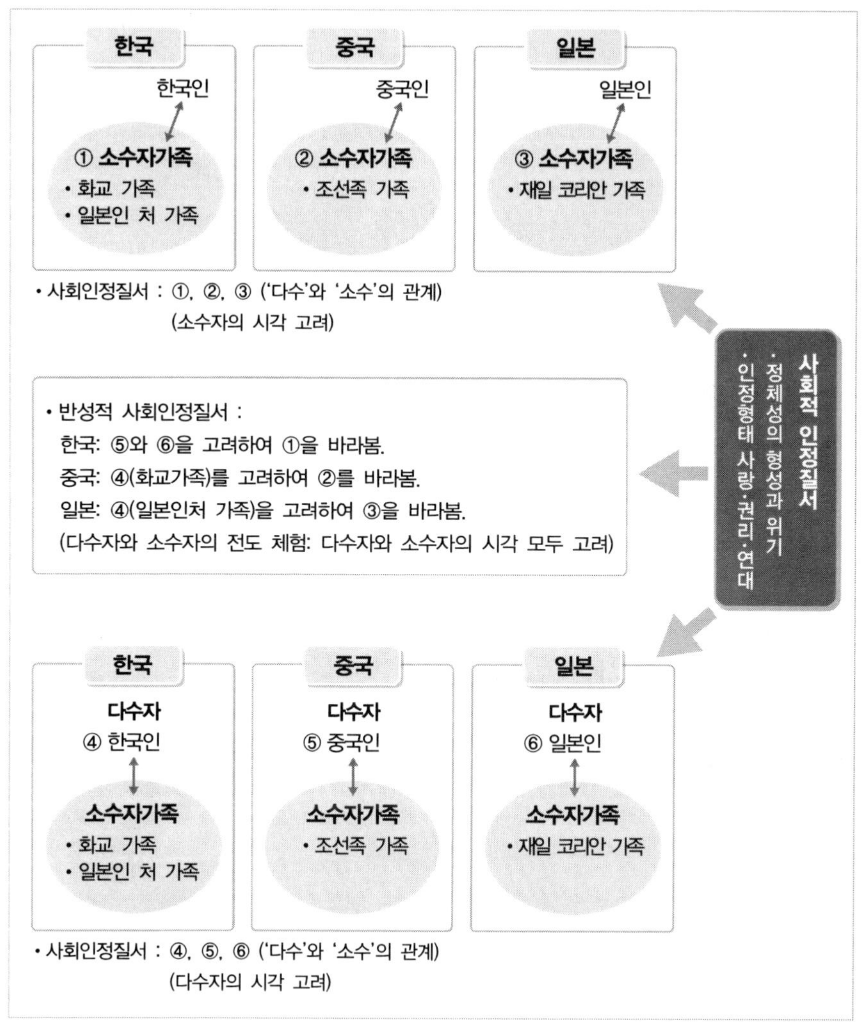

〈그림 3〉 한·중·일 소수자가족 연구와 반성적 사회인정질서의 도식화

　　삶의 과정에서 언제나 다수의 관계를 점할 수 있는 것은 아니다. 이는 상대적인 것으로서 인간은 종종 다수와 소수의 위치가 전도되는 경험을 하게 된다. 따라서, 본인이 소수되는 경험 속에서 다수의 태도가 어떠해야 하는지에 대한 성찰이 가능해질 수 있다. 이를 사회적 인정 질서의 영역에서 반성적으로 재구성한다

면, 다수자들이 소수자들과 공존할 수 있는 보다 바람직한 대안적 비전을 제시하는 데 기여할 수 있을 것이다.

2. 접근방식의 차별성과 연구의 의의

근래 한국 사회의 다문화에 대한 정책적·학문적 관심이 고조되면서 소수자나 다문화가족에 대한 연구도 폭발적으로 증가하고 있다. 국내에서도 사회적 인정질서와의 연관 관계가 전제되어 있거나 가족단위로 접근하는 것은 아니지만, 소수자 연구에 대한 국내의 학문적 연구는 2000년 이후로 강화되고 있는 실정이다.

한국에서의 소수자 관련 연구의 방향을 대별해 보면, 첫째로, 소수자가족의 실태에 대한 연구조사들이 존재한다. 둘째로, 실태 조사와 더불어 사회적 소수자가족에 대한 다양한 분야의 사회과학 연구들도 존재한다. 여기서 초점을 맞추고 있는 것은 소수자에 대한 배제와 차별을 통해 한 사회의 내적 결속력을 강화하려는 사회적 메커니즘에 대한 비판이다(유명기, 2004). 셋째로, 사회적 소수자의 상황이나 다문화가족에서의 결혼이주여성을 중심으로 기본적인 권리 보호 차원에서 바라보는 연구들이 있다. 이러한 연구들이 주목하는 것은 다수의 전횡으로부터 사회적 소수자의 인권을 보호하는 것이다(한인섭, 2000). 넷째로는, 주로 사회과학 진영에서 제시되는 실천지향적 연구들로서 소수자의 권익을 보장하기 위해 제도적 개선을 추구하거나 정책제안적인 성격을 띠는 연구들이 있다. 다섯째로는, 사회적 소수자에 대한 민족주의적 관점에서의 연구들이 있다. 이 연구들은 한국 사회의 국민국가적 정체성에서 주류적인 시각으로 자리 잡고 있는 배타적 민족주의의 문제점을 지적하면서도 민족주의의 틀을 넘어서기보다는 그 배타성을 완화하여 개방적으로 만들려는 새로운 형태의 민족주의의 형성을 지적한다 (임혁백, 2000). 끝으로, 주로 인문학계에서 등장하고 있는 문화다원주의, 인정 및 차이의 정치에 대한 철학적인 성찰이 있다. 최근의 여러 철학연구자들은 소수자 문제와 연관된 문화다원주의나 인정의 정치 등에 관한 연구업적을 선보이고 있다(박구용, 2003; 임홍빈, 2001; 장은주, 2000).

지금까지의 진행된 연구들을 살펴보면, 한국 사회의 소수자가족에 대한 관심은 각각의 분과 영역에 함몰되어 있으며, 다각도에 걸쳐 학제 간 연구를 활발하게 진행하고 있지 못하다. 특히 언급되어야 할 것은 국내의 사회과학적 담론이 소수자에 대한 관심을 상대적으로 소홀히 하고 있다는 점이다. 소수자 문제와 연관된 학문적 연구조차도 산발적으로 이루어지고 있을 뿐 아니라, 그것조차도 주로 이론적인 성찰의 차원에 한정되어 있고 소수자를 가족단위로 대상화해서 접근한 연구는 아직까지 시도된 바 없다. 이처럼 국내 인문·사회과학 담론은 우리의 현실과 긴밀하게 소통하는 데에서뿐 아니라 학제 간 연구에 대해서도 본격적이고 체계적인 연구업적을 내보이고 있다고 판단하기는 어렵다.

이러한 배경에서, 이 글에서 제안한 연구방법론은 다음과 같은 측면에서 기존의 연구들과 차별화되는 독특한 차이점과 의의를 갖는 접근방식이라고 할 수 있다.

첫째, 이 글에서 제안한 연구방법과 관련해서 주목해야 할 것은 분석틀과 조사도구의 구성이 갖는 독특성일 것이다. 이 글에서는 정체성의 형성과 위기를 다루기 위해서 고전적인 사회심리학 이론에서 등장하는 Mead(1934)의 '주격 자아'와 '목적격 자아'의 개념을 활용하여, 정체성의 이념적 유형을 고안하고 이를 소수자가족의 정체성을 규명하고 분석하는 작업에 활용할 것을 제안하였다.

둘째, 이 글에서는 사회철학에서 도출한 사회분석 개념인 '사회적 인정질서'를 조작적으로 개념화하고자 사랑, 권리, 연대라는 중심축을 설정하고 이에 따른 내용들을 개념화하는 조사도구를 구성하였다. 이 개념들은 소수자가족을 심층면접할 때 반구조화된 질문지의 핵심 내용으로 사용될 수 있으며, 다수자를 대상으로 소수자가족에 대한 의식을 다루는 설문조사에서도 기본 토대를 제공할 수 있다.

셋째, 이 글에서는 사회철학에서 접근하는 '사회적 인정질서'를 통해 소수자가족에 접근함으로써 이들 집단이 사회에서 어떻게 소외·타자화를 경험하고 배제와 차별을 받을 가능성이 있는지를 살펴볼 것을 제안하였다. 이는 계급론이나 갈등론의 관점으로 접근하는 것과는 다소 차이가 있으며, 이러한 접근방식을 취하는 것에서의 궁극적인 관심은 사회 내에서 그들이 권리를 확보하고 다른 사회구성원들과 정서적 교감을 이루고 나아가 연대를 구축할 수 있는 방안이 무엇인가를 강구하는 실천적, 규범적 목적의식에 바탕을 두고 있는 것이다.

넷째, 이 글에서 연구대상으로 제안한 집단 중에는 그동안 학계의 조명을 받지 못한 사람들이 포함되어 있다. 특히 한국의 소수자가족으로 연구되는 '화교'나 '일본인 처들'이 그들이다. 상대적으로 국내 연구들이 관심을 두고 다루어왔던 조선족이나 재일 코리안들에 비하면 이들은 사실상 '연구영역에서 소외되고 잊혀진' 사회적 약자들이다. 화교는 근래 연구가 진행되었으나 가족단위로 짚어 낸 연구는 거의 없고, 일본인 처에 대한 연구는 주로 일본학자나 재일 유학생에 의해 소수 이루어져 왔다. 역사적 조건과 원인에 의해 한국에서 살면서 차별받고 배제된 소수자로 살아야 했던 그 두 집단을 집중적으로 조명할 수 있다면 이는 사회과학 분야에 중요한 학문적 자료발굴의 가치를 지닐 수 있을 것이다.

다섯째, 이 글에서는 소수자가족에 종래에 평면적 시각으로 접근했던 연구들과 달리 '사회적 인정 질서'라는 개념을 도입하는 것에 더불어 이를 다시 반성적으로 살펴보는 시도를 제안한다. 사실상 사회구성원은 언제 어디서나 다수자의 위치를 점할 수는 없다. 상황에 따라 상대적으로 다수, 소수의 자리가 매겨지기 때문이다. 이 글에서 제안한 방법론은 한·중·일 3국에서의 소수자가족을 대상으로 하여 그들의 경험과 현실을 주로 다루고 있지만, 그 내용에서는 다수와 소수의 관계가 전제되어 있다. 예컨대, 한국 사회의 구성원들은 중국(화교)이나 일본(일본인 처) 출신의 소수자들에게 자신들이 어떻게 '다수자'의 역할을 수행했는지를 살펴보는 동시에, 중국(조선족)이나 일본(재일 코리안)에 있는 한국 출신의 소수자들이 어떻게 '소수자'로 대우받고 있는지를 살펴보면서 자신들을 간접적으로 반성하게 된다.

여섯째, 이 글에서는 다수와 소수를 함께 다룬다는 측면에서 다른 연구와 차별적인 시도를 제안한다. 지금까지 이루어진 선행연구들 중 소수자를 다룬 연구들은 주로 그들 한 집단을 중심으로 '소수자'의 현실을 규명하는 것이었다. 하지만, 이 글에서는 다수자를 이에 조응시켜 봄으로써 '다수와 소수의 관계'를 보다 완성도 있게 다루고, 사회통합을 이루어나가는 데 있어 소수자를 바라보는 다수자에게서 어떤 것들을 끌어내고 전체적으로 어떤 의식과 조건이 형성되어야하는지를 탐색하는 것을 제안한다.

일곱째, 이 글에서는 한국의 소수자가족을 다루면서 한 국가의 범위를 넘어 주변국가인 중국과 일본과 연관해서 이 주제를 다루는 것을 제시하였다. 이는 우리 사회의 소수자가족의 형성과 이들 국가가 최우선적으로 밀접하게 연관되어 있기 때문이다. 이러한 접근의 장점은 한국, 중국, 일본을 다루면서도 연구의 초점을 한국에 두고 각국 내에서 소수자가족의 설정도 한국을 중심으로 하고 있기 때문에 그 연구결과의 성과가 일차적으로는 우리 사회에 효과적으로 활용될 수 있도록 설계하고 있다는 것에 있다.

여덟째, 이러한 접근은 한국, 중국, 일본을 함께 다루면서 비교사회학적, 혹은 동아시아 지역연구로서의 자료 축적의 가치를 지니고 있다. 한국을 중심으로 볼 때, 현재까지의 연구들에서는 한·일이나 한·중 등 2개국을 살펴본 연구는 상당수 있었으나, 한·중·일을 함께 살펴본 연구는 극히 제한적이었다. 일본과 중국의 입장을 고려해볼 때도, 이들은 한국이 주요관심사가 아니기 때문에, 한국을 포함시킨 한·중·일 연구는 다소 소극적이라고 할 수 있다. 이런 배경과 현실에서 본다면, 이러한 접근은 한·중·일을 중심으로 한 동아시아연구, 나아가 국민국가의 한계를 주목하고 동아시아 지역공동체를 탐색하는 논의와 연구에 한국이 선도적 위치를 점하는 하나의 시도가 될 수 있을 것이다.

아홉째, 이 글에서는 시계열적인 관점을 염두에 두고, 과거, 현재, 그리고 미래를 함께 엮는 구성을 제안한다. 이 글에서는 과거 시대의 영향을 받고 역사적 조건에 의해 형성된 소수자가족을 보면서도 미래 사회의 변화를 주도할 다수자의 시각을 점검하면서 이 문제를 통시적(通時的)으로 다룬다.

Ⅵ. 나가며

이 글에서 제시한 방법론적 논의를 통해, 한·중·일 각국 내에서의 소수자가족이 각국의 '다수자'와 어떤 관계를 맺고 있는지를 지표화 할 수 있고, 이를 토대로 각국의 다수자가 다른 민족, 다른 인종에 대한 인정과 차별의 문제를 비교분석함으로써 소수자의 입장과 다수자의 입장을 입체적으로 고찰할 수 있다. 이는 한국에서의 다수자가 일본 및 중국에서는 소수자가 되는 경험을 함으로써, 다수자 의식과 소수자 의식을 반성적으로 교차 비교할 수 있는 여지를 제공할 것이다. 이러한 반성적 결과물은 세계화 과정 속에서 국가 간의 장벽이 무너지고 교류가 활발해지면서 생성되는 국가주의 이후의 다문화 사회의 보다 비교가능한 객관적인 지향점들을 제시할 것이다.

소수자가족은 한·중·일 3국의 국경 내부에 들어와 있는 이질성이며, 이 이질성의 포용방식과 정도는 곧 국경 밖의 인접국과의 소통 및 지역정체성 형성의 가능성을 예비적으로 규정하고 있다고 할 수 있다. 한국, 중국, 일본의 각국의 소수자가족은 3국의 근대화 과정에서 각국의 민족정체성 형성에 의해 가장 심각한 정체성의 위기를 경험한 집단이라 할 수 있다. 이들은 민족정체성이라는 단일 중심적 정체성의 틀 내에서 가장 고통 받고 억압받았던 만큼 근대의 틀 내에서 이미 다중심적 정체성의 의식을 담지하고 있었다고 볼 수 있다. 동시에 국경과 국경의 경계 사이에 형성되어 있는 이들 소수자가족의 정체성이야말로 동북아의 공간에서 세계화 및 지역화와 더불어 형성될 미래의 '연성 동북아 정체성'을 예비하고 있다고 할 수 있다.

따라서, 한·중·일 3국의 소수자가족 연구는 민족국가의 경계를 넘어서는 지역정체성과 사회적 유대질서를 현실적으로 진단하고 전망하는 함의와 의의를 지닌다고 할 것이다.

| 참고문헌 |

미즈카미 치사에, 『한국남성과 결혼한 일본여성의 법적 지위 및 가족문제』, 이화여자대학교 대학원 사회학과 석사학위 논문, 2002.
박경태, 「한국사회에서 화교들이 느끼는 차별의 수준」, 『한국의 소수자, 실태와 전망』, 서울: 한울, 2004.
박경태, 『소수자와 한국사회』, 서울: 후마니타스, 2008.
박구용, 『우리 안의 타자: 인권과 인정의 철학적 담론』, 서울: 철학과 현실사, 2003.
유명기, 「소수자 그 무적의 논리」, 『한국의 소수자, 실태와 전망』, 서울: 한울, 2004.
윤인진, 「한국사회의 배타성: 소수 차별의 메커니즘」, 『사회비평』, 25, 2000.
이윤희, 「인천 거주 화교의 인권 실태 및 정체성」, 최협 외 저, 『한국의 소수자, 실태와 전망』, 서울: 한울, 2004.
임혁백, 「통일기반 조성을 위한 민족화해 방안」, 『민주 통합과 국민 화합의 새 패러다

임』, 민주평통 통일연구회 제1차 정책포럼 보고서, 2000.

장공자, 「중국의 소수민족 정책과 조선족의 정체성 확립에 관한 연구」, 『사회과학연구』, 20(1), 2003.

장수현, 「한국 화교의 사회적 위상과 문화적 정체성」, 『국제인권법』, 4, 2001.

______, 「한화(韓華), 그 배제의 역사」, 『당대비평』, 19, 2002.

______, 「한국 화교의 현실과 도전」, 『한국의 소수자, 실태와 전망』, 서울: 한울, 2004.

장은주, 「문화적 차이와 인권 - 동아시아의 맥락에서」, 『철학연구』, 49, 2000.

최영호, 「재일교포사회의 형성과 민족정체성 변화의 역사」, 『한국사연구』, 140, 2008.

최우길, 「중국 조선족의 정체성 변화에 대한 노고」, 『재외한인연구』, 8, 1999.

한인섭, 「왜 '소수자, 약자의 인권'인가」, 한국인권재단 편, 『일상의 억압과 소수자의 인권』, 서울: 사람생각, 2000.

호네트, A. 저, 문성훈·이현재 역, 『인정투쟁』, 서울: 동녘, 2000 . *Das Andere der Gerechtigkeit, Aufsätze zur praktischen Philosophie, Frankfurt*, 1996.

Mead, G. H., *Mind, Self, and Society*. Chicago: University of Chicago Press, 1934.

Taylor, C. H., *Multikulturalismus und die Politik der Anerkennung. Mit Kommentaren von Amy Gutmann(HG.) Steven C. Rockefeller, Michael Walzer, Susan Wolf. Mit einem Beitrag von Jürgen Habermas*, Frankfurt, 1993.

金應烈, 「在韓日本人妻の貧困と不安」, 『老年社會學』, 17, 1983.

小林孝行, 「戰後の在韓日本人婦人についての基礎的研究」, 『福岡教育大學紀要』, 第36號第2分冊, 1986.

惣谷智雄, 「在韓日本人妻の生活世界-エスニシティの變化と維持-」, 『日本植民地研究』, 10, 1998.

谷富雄 編, 「在韓日本人妻の生活史」, 『ライフ・ストーリーを學ぶ人のために』, 世界思想社, 1996.

山本がほり, 「ある『在韓日本人妻』の生活史 - 日本と韓國の狹間で-」, 『女性學評論』, 7號, 神戶女學院大學 女性學インスティチマート, 1993.

Chapter 02

한국 근대가족에 대한 철학적 성찰과 소수자가족 정체성*

권용혁 울산대학교 철학과

---

* 이 글은 『사회와철학』 2011, 10월호에 같은 제목으로 실린 논문을 수정·보완한 것입니다.

I. 서구 가족의 변천사

플라톤은 『국가론』에서 이상국가 건설을 위해서 가족 제도 자체의 폐지를 주장한다. 가족은 그 구성원들이 폐쇄적인 집단 이해관계를 추구함으로써 가족 이기주의에 빠지는데, 국가가 가족을 기본 단위로 한다면 이로 인해서 다양한 갈등이 발생해 국가는 구성원들을 통합하기 어려워진다는 것이다. 따라서 개인과 국가가 하나가 되는 정의롭고 이상적인 국가를 구성하기 위해서는 사적 소유권과 가족이기주의의 기반인 가족 제도는 해체되어야 한다고 본다. 플라톤은 가족제도의 해체를 통해 구성원 사이의 분란의 기반을 제거함으로써, 국가의 목표와 개인의 목표가, 국가의 이익과 개인의 이익이, 완전히 조화를 이루는 국가 제도를 구상한다.[1]

이에 대해 아리스토텔레스는 플라톤의 생각과는 달리 가족과 국가는 그 기능을 달리하고 있다는 점을 명백히 한다. 기본적인 생산 집단인 가족이 모여 마을이 되고 이 마을이 모여 국가가 되었기 때문에, 국가는 하나의 복합체이지 통일체가 아니라는 것이다. 따라서 그리스 도시 국가는 개개 가족의 집합체였다.[2] 이상국가에서 채택된 아내, 자식, 재산의 공유에 대해서도 비판적이다. 다 함께 공유한다는

---

1 참고: 플라톤, 『국가·政體』, 1997, 457d, 458d, 460b, 464b, 464d, 465c, 466d/e, 473d.
2 참고: 아리스토텔레스, 『정치학』, 2002, 1252b, 1253a, b.

것은 저마다 갖는다는 것이 아니기 때문에 한정된 자원을 배분할 때 실질적으로는 그것을 모두가 공유할 수 없게 됨으로써 공동체 구성원들 사이에 분란이 생긴다. 또한 공유로 인한 결속력과 보살핌의 약화도 들고 있다. 예를 들어, 이상국가에서 공유된 천명의 아이들을 동일하게 보살피고 함께 관계 맺는다는 것은 실질적으로는 아무것도 안하는 것과 같다는 것이다. 오히려 우리가 배려와 애정의 감정을 품는 것은 그것이 '내 것'이며 '소중한 것'이기 때문이다.[3]

자기 자신과 자신의 사적 소유에 대한 애착은 자연스럽고 보편적인 것이다. 이러한 사적 영역인 가족을 기반으로 모든 가부장들이 공적 영역인 정치공동체에 참여한다. 이처럼 생산과 재생산이 이루어지는 가족공동체와 정치공동체인 폴리스의 기능을 구분하고 폴리스의 기본 단위를 가족공동체를 지배하는 가장으로 파악한 아리스토텔레스의 논점은 로마시대에도 그대로 이어진다. 아버지인 가장이 가족을 대표하며 가장이 로마 시민이 되고, 로마는 이런 점에서 아버지들의 도시가 된다. 여자도 아들을 갖기 위해서 맞이하며, 태어난 아들은 부권의 권한 아래로 즉시 편입된다.[4] 시민의 결혼은 아들의 생산과 부권의 영속화를 위한 것이다.

근대의 사회계약론은 남녀 차이와 재생산을 자연적이며 생물학적인 기능에 따라 서열화하고 가족을 가부장을 정점으로 한 위계적인 형태로 파악한 아리스토텔레스적 해석에 반대한다. 사회계약론자인 로크는 자유롭고 평등한 개인 간의 상호 계약에 따라 가족 및 국가라는 공동체가 구성된다고 주장한다. 로크는 기존의 가부장권을 부모 양친의 권력으로 재편하고, 국가권력도 자유로운 인간들 사이의 동의에 의해서만 합법적인 것으로 될 수 있다고 본다.[5] 로크는 가족

---

3 참고: 아리스토텔레스, 『정치학』, 2002, 1252b, 1253a, b.
4 참고: 앙드레 뷔르기에르 외 엮음, 『가족의 역사』, 2001, 267, 270, 272, 315쪽.
5 참고: 존 로크, 『통치론』, 1996, 52절, 56절, 58절, 66-69절, 95-97절.

구성원이 성인으로서는 동등한 자격을 갖는다는 점을 강조하며, 가부장권도 부권이 아니라 부모권으로 해석하는데, 이 부모권은 자식이 성인이 될 때까지 작동되는 한시적인 것이라고 한다. 따라서, 부부 및 부모자식간의 의무와 복종도 유동적이거나 한시적인 것이 된다.

그러나 사회계약론에 있어서처럼 결혼을 개개인 사이의 계약으로만 한정해버리면 결혼 당사자들의 정서적인 동감이나 내밀한 상호관계가 포착되지 않는다. 헤겔에 따르면, 가족은 계약에 의해서 성립되는 것이 아니라, 이성 간의 자연적 사랑을 그 기반으로 한다. 가족 구성원은 나와 타자가 서로 타자를 통해서 자신을 발견함으로써, 계약론적 한계를 뛰어 넘어 나와 타자가 하나로 결합된다. 결혼은 자신의 개체성을 버리고 타자와 하나되는 것이다. 이를 통해 개인적 개체성이 가족 안에서 통합된다. 이를 가능하게 하는 사랑은 나와 타자를 개별적으로 존재하지 않게 한다. 사랑은 상호 자연적인 감정의 합일을 통해서 둘을 하나가 되게 한다. 어머니는 자녀를 보면서 남편을 사랑하고 아버지는 자녀를 보면서 아내를 사랑함으로써 부모는 자녀를 통해 둘의 사랑을 목도한다.[6]

그러나 이러한 헤겔 주장의 실질적인 내용은 일부일처제를 기반으로 한 소규모 핵가족을 전형으로 삼아 결혼한 남녀가 역할을 분담하는 것이다. 가정에서 여성은 자신의 본능적 감성을 발달시키고 남성은 사회에서의 노동을 통해 가족을 부양하며 사회적 격무로부터 돌아와 가정에서 휴식을 취한다고 한다.[7] 이는 산업사회 핵가족의 역할분담론이다. 산업사회 이후 정착된 로맨틱한 사랑을 통한 결혼에서는 부부의 성별분업에 따른 가족의 역할 분담이 전형적이었다. 남성이 돈을 벌고 여성은 가사를 충실히 수행하는 것이 로맨틱한 사랑의 정체였다.

---

6 참고: G.W.F.Hegel, Grundlinien der Philosophie des Rechts, 1975, §161, §173.
7 참고: 권용혁, 「개인과 가족」, 2011, 247쪽. G.W.F.Hegel, Grundlinien der Philosophie des Rechts, 1975, §166.

산업 사회에서의 남성 임금 노동자는 여성 무임금 가사 노동자를 전제하며, 시장을 위한 생산은 핵가족의 존재를 전제로 한다.[8]

이 핵가족 역할 분담론이 변화하고 있다. 복지국가의 등장으로 실업, 사고, 질병, 노년, 사망 등을 국가가 전담함으로써, 이전에 가족이 감당해야 했던 것들을 공적으로 보장받는다. 이로 인해 가족은 점차 양육, 교육, 보호, 양호, 지도 등의 기능을 상실하고 소비기능만을 수행한다. 개별 가족 구성원들은 가족 외적 기관인 사회에 의해 더욱더 직접적으로 사회화됨으로써, 소유권을 기반으로 했던 가장의 권위가 약화되면서 가족 내부의 권위구조가 수평화된다.[9]

이런 조건하에서 남녀가 모두 사회적 노동에 참여하고 경제적으로 독립하게 되면, 부부의 역할 분담은 재조정될 수밖에 없다. 남녀 역할 분담론을 받아들일 것인지 아닌지의 양자택일만이 강요된다면, 결혼은 성립될 수 없거나 유지될 수 없게 된다. 혼인이 줄고 육아가 주는 이유의 중요한 요인도 이러한 양자택일의 분위기와 연관되어 있다. 이런 상황에서 홀로 살고자 하는 개인들이 늘어나는 것은 당연한 추세다. 이처럼 개인이 가족으로부터 탈출하면서 개인과 가족의 관계가 변화하고 있다.

그 대안으로 제시된 것 중 하나가 바로 개인의 개성과 가족이라는 공동체적 연대를 함께 고려하는 것이다. 개인이 가족 안에서 함께 공존하기 위해서 각자 개인의 자아실현을 상호 인정받으면서도 함께 연대할 수 있는 방안을 모색하자는 것이다. 문제의 핵심은 '당신 자신이 되는 것', 그리고 당신과 똑같이 자신의 자아를 모색하는 그 누군가와 지속적으로 '함께 사는 것' 사이에 균형을 맞추는 것이다.[10] 예를 들면, 결혼생활 동안 지속적으로 배우자의 사랑을 확인하려 하고

---

8 참고: 울리히 벡·엘리자베트 벡, 『사랑은 지독한 혼란』, 2002, 59쪽.
9 참고: 위르겐 하버마스, 『공론장의 구조변동』, 2002, 262-263쪽.
10 참고: 울리히 벡·엘리자베트 벡, 『사랑은 지독한 혼란』, 2002, 145쪽.

사랑이 없다면 결혼관계를 미련 없이 깨어버린다거나 혹은 사랑하면 되었지 결혼이라는 형식이 왜 필요하냐는 식의 인간관계는 그 관계 맺는 당사자들의 판단에 따라 지속 여부가 결정된다.[11] 개인이 자신의 삶과 자아실현 방식을 독자적으로 선택해야 하는 상황에서는 파트너와의 관계를 지속할 것인지 지속한다면 어떤 방식을 취할 것인지를 파트너와 함께 만들어 가야 한다는 것이다.

이처럼 서구사회에서는 파트너 상호간의 개별성에 대한 존중을 바탕으로 관계가 재구성되고 있다. 이것은 가족구성원 사이의 관계가 민주화되고 있다는 것을 뜻한다. 이것은 또한 민주주의가 사적인 감성적, 친밀성의 영역으로 확장되고 있음을 의미한다. 서구 가족에서 민주적 의사결정과 개인의 자아실현이 조화롭게 재구성된다면, 이는 민주주의의 일상생활화, 내실화를 기반으로 오히려 거꾸로 공적 민주주의를 강화할 수 있는 공사 협력 관계를 구성할 가능성이 열린다.[12]

---

11 참고: 앤서니 기든스, 『현대 사회의 성, 사랑, 에로티시즘』, 2003, 14쪽. 기든스는 이처럼 관계 외적인 것에 의존하지 않고 관계 그 자체의 내재적 속성에 따라 유지, 변화되는 관계를 '순수한 관계'라고 이름붙이고 있다.

12 이와 같은 가족 사이의 강력한 수평적, 민주적 유대는 시민적 통합의 효과적인 자원이 될 수 있다. 이는 공적인 영역과 사적인 영역의 구분이 아니라, 상호관계를 이어가는 기반이 된다. 공적인 영역에서의 형식적 합리성 중심의 의사소통 방식과는 다르게, 가족이라는 사적인 생활영역의 민주화는 세계의 수많은 사람들이 감정과 정서의 생활영역에서 평등을 요구하는 것과 관련된다. 그러나 사적 영역의 민주화가 공적 영역으로 이어진다는 논점이 설득력을 얻으려면, 이 둘의 상호 연관성을 설득력 있게 재구성해야 한다.
논자는 이러한 재구성이 성공적으로 수행되었는지에 대해 비판적이다. 예를 들면, 기든스는 민주시민적 덕성이 길러지는 장소로서 가족을 주목한다. 근대 계약론적 전통에서는 상호 권리 인정을 전제로 한 민주주의적 토론과 합의의 역할을 공론장이 해왔다는 주장(하버마스)이 주목을 받았다면, 기든스는 친밀성을 기반으로 한 가족관계에서 이러한 공론장에서의 구성원들의 상호 관계 맺는 방식을 넘어선 상호 배려와 인정, 그리고 상호 자아실현 돕기 등의 보다 발전된 상호주관적인 민주적 관계를 형성할 것으로 기대하고 있다. 그러나 문제는 개인적 친밀성에 바탕을 둔 상호관계가 이 친밀성과는 무관한 제 3의 타자와의 관계에서도 작동될 수 있을 것인지에 대해서는 설득력 있는 대답을 내놓지 못하고 있다는 점이다.
만약 친밀성의 영역을 상호 연관된 개별적인 관계로만 국한한다면, 친밀성을 타자에까지 확장하는 것은 논리적 비약을 범하고 있다. 친밀성의 영역은 개별적 관계 내부에 한정되는 속성

잘 짜여진 복지국가는 의료, 연금, 교육 등의 기능을 전담함으로써 가족이 전담했던 대부분의 기능을 사회화하고 있다. 이로 인해 가족 구성원은 보다 개인 단위로 사회화되고 있다. 물론 복지국가가 가족 단위가 아닌 개인 단위로 사회적 안전망을 확보하고 개인의 기본적인 권리와 안녕을 보장한 것은 긍정적이다. 그러나 복지국가는 개인의 자아정체성 형성이나 자아실현, 그리고 개인의 행복 추구 방식까지 직접 개입하거나 보장하지는 못한다. 즉 국가가 개인을 사회화하는 데는 한계가 있다.

국가가 개인의 정체성 형성이나 자아실현에 직접 개입해서 영향력을 행사한다면, 그것은 플라톤식 획일성이 초래한 것처럼, 가족 및 사적 영역의 폐기로 이어질 것이다. 이는 결국 다양한 자아정체성이 길러지고 개개인의 삶이 실현되는 서식처인 다양한 생활공동체를 무력화함으로써, 국가에 의해서 기획된 획일화된 개인과 자아만이 생산될 것이다.

국가가 주도하는 공적인 시민정체성과 시민적 실현 방식이 개인의 삶을 주도할 경우, 개개인의 사적 욕망과 이해관계, 그리고 사적 자아실현은 그 뒷전으로 밀린다. 그 결과, 사적인 다양성과 이것에 기반을 둔 다양한 삶의 목표와 행복 추구 등이 설 자리를 잃는다. 이로 인해, 결국에는 사적 영역과 공적 영역의 균형이나 이 둘의 상호 보완을 통한 민주주의의 실현이 불가능해진다. 공적인 시민을

을 지니고 있기 때문이다. 친밀성을 확장하기 위해서는 엄청난 시간과 노력이 투여되어야 하는데, 이는 개개인이 할 수 있는 능력을 넘어설 것이다. 따라서, 친밀성에 기반한 민주적 관계는 매우 작은 영역에 머무를 수밖에 없게 된다. 기든스가 모든 개인이 이렇듯 개별적인 관계에서 친밀성에 기반한 민주적 덕성을 쌓아 이를 사회적 영역으로까지 확장할 수 있다고 주장한다면, 이는 개별적 관계에서 추구되는 민주적 덕성과 사회적 관계에서 요구되는 민주주의의 기본 규칙을 혼합하고 있는 것이다. 친밀한 개개인의 관계에서는 상호 추구하는 내용을 상호 인정, 이해, 보완하는 것이 가능하지만, 사회는 친밀하지 않은 다양한 개별 권리 주체들의 이해관계를 합리적으로 조정하기 위한 절차를 제공하는 것을 제 1차적 목표로 삼고 있기 때문이다.

길러내는 국가뿐만 아니라, 사적인 개인의 정체성을 기르고 자아실현의 내적 추동력을 갖게 하는 다양한 생활 공동체가 필요한 이유가 바로 이 때문이다. 가족 내지는 생활공동체에서 즉 사적 영역에서 개개인들의 정체성이 형성되며 자아실현, 그리고 행복 추구 등이 이루어지기 때문이다. 개인은 사적인 영역에서 개별적으로 길러지며 정체성이 형성되고 개별적인 자아실현을 통해 삶의 질을 추구하기 때문이다.

Ⅱ. 한국의 근대 가족

한국에서도 산업화로 인해 개인별 노동 측정 방식이 일상화되고 있으며, 사회적 안전망의 확대로 개인화나 자아실현 경향이 점차 증대하고 있다. 형태상으로는 핵가족이 주류를 이루고 단독가족이 증가하고 있다는 점에서도 서구 가족과 유사성을 보이고 있다. 그렇다고 해도 서구에서처럼 개인이 가족보다 우위에 있는 것 같지는 않다.

한국의 전근대, 근대, 현대적 상황에서의 가족의 역할과 기능, 그리고 그 구성원들의 위상은 서구에서와는 매우 다르게 전개되었기 때문이다. 전근대적 전형인 유가적 가족은 서구의 전근대적 가족과는 유형이 다르다. 서구 전통사회를 대변했던 아리스토텔레스적 논점은 가(家)와 국(國)을, 사적 영역과 공적 영역을 엄격하게 구분했다. 그러나 이와는 달리 유교는 가(家)의 질서와 국(國)의 질서를 유사하게 설정하고 국(國)을 가(家)의 연장선상에서 파악했다. 가족 단위의 모든 것을 사적으로 소유한 서구적 가부장은 동시에 대외적으로는 독립적인 개인으로서 공적인 업무에 능동적으로 참여해왔다. 이에 비해, 유교적 가부장인 지아비는 가라는 공동체의 구성원으로서 자신에게 주어진 역할을 담당했던 수동적인 존재였다.[13] 그는 독립적인 개인도 공적인 업무에 능동적으로 참여할 수 있는 독립체도 아니었다. 층층으로 꽉짜여진 직계가족과 문중이라는 위계관계 속에서 자신에게 주어진 역할을 수행하는 공동체의 구성원이었다. 이러한 가(家)를 중심으로 서열화된 전통적인 가족 가치관은 식민지시대뿐만 아니라, 산업화 이전까지 한국가족의 의식과 행동의 주축으로 자리잡고 있었다.[14]

한국전쟁과 경제성장 중심주의도 가족주의를 강화해왔다. 한국전쟁으로 인한 사회혼란기에는 개인은 생존을 위해 직계가족 중심의 연줄망으로 안전망을 가동할 필요가 있었다. 급격한 산업화와 도시화는 농촌 공동체를 붕괴시켰지만, 도시로 이주한 가족은 오히려 가족주의를 강화하는 방식으로 스스로의 생존 방식을 변형시켜왔다. 육아, 건강, 교육, 노후보장 등의 사회적 안전망이 갖춰지지 않은 상태에서 개인들은 가족 단위로 존립기반을 확보해야 했다. 따라서, 가족 단위의 결집력은 강화되었는데, 핵가족뿐만 아니라, 그 핵가족이 소속된 직계가족 단위로 폐쇄적인 집단이익을 추구했으며 이를 위한 협력이 강화되었다.[15] 한국의 근

---

13 참고: 권용혁, 「개인과 가족」, 2011, 257쪽. 전통적으로 한국의 가(家)는 초시간적인 제도체로서 개인에 우선해서 동족 공동체에서 미분화한 집단이다. 이 가를 유지하고 존속시키는 것이 가족원의 최대 목표였다. 따라서, 가족의 중심은 부부관계에 있는 것이 아니라 부모와 자녀의 관계에 있었다. 부부관계 및 친자(親子)관계도 평등에 입각한 상호 애정의 관계가 아니라 지배와 복종의 종적 관계로 유지된다. 이렇듯 가장을 중심으로 성, 연령, 세대에 따라 차등화되는 위계적 질서는 사회생활이나 국가생활에까지 유비적으로 확대 적용되었다. 이러한 전통적 가치관은 해방 후 친족법 개정에도 반영됨으로써, 80년대까지 유지되었다. 참고: 최재석, 『한국가족연구』, 1994, 223-224, 275-277쪽.

14 참고: 최재석, 『한국의 가족과 사회』, 2009, 181쪽.

15 참고: 함인희, 「산업화에 따른 한국 가족의 비교적 의미」, 2001, 26쪽. 이는 역사적 맥락과도 닿아 있는데, 조선시대에도 국가는 개인이 아니라, 가족 공동체를 기초 단위로 통치권을 행사해왔다. 그 이념적 배경에는 국(國)과 가(家)를 연계해서 보는 유교적 세계관이 있다. 이러한 전통은 근대화 과정 중에도 국가에 의해서 일정 부분 사용됨으로써 가족 단위의 생활양식이 유지되었다. 이로 인해 개인은 여전히 가족이라는 공동체 내에서 자신의 정체성을 형성하고 자아실현과 행복을 추구하고 있다. 이를 대체할만한 다른 생활공동체가 주도권을 잡기 전까지는 한국에서의 가족은 앞으로도 상당 기간 동안 자아정체성 형성과 자아실현의 기초 영역

대 국가는 "선경제개발, 후복지"라는 정책을 유지함으로써 개인의 생존과 보호를 가족에게 떠맡겨 왔다. 즉 국가는 개인이 아니라 가족을 단위로 정책을 폄으로써 가족중심주의를 조장하거나 방조해왔다.[16]

근대화 기간 중에도 직계가족 관계가 일정하게 유지되고, 남녀 분업과 장남우대, 그리고 남성 위주의 고등교육 등의 유산이 지속되었던 것도 한국적 가족주의의 산물이다. 또한 도시형 핵가족이 당연시해 온 가족이기주의도 폐쇄적 가족주의의 변종이다. 특히 도시 중산층의 주부들은 가족집단의 이익을 극대화하기 위한 경쟁에 활발히 참여하는 경향을 보인다. 가족주의적 가치지향이 오히려 이들에 의해 고수되는 경향이 강해진다. 이러한 한국 도시중산층의 핵가족문화에서 보이는 가족주의 현상은 서구식 사적 영역처럼 가족이 사적 여가생활이나 친교의 중심이 되기보다는 공적인 영역을 뒷받침하는 준 공적인 영역으로 작용하고 있다.[17] 이에 따라 개인은 독립적인 존재로서가 아니라, 가족공동체의 구성원으로서 가족주의의 수혜자이자 방어자로 키워지는 가족주의의 산물이다.

으로서 유지될 것이다.

16 참고: 최유정, 『가족 정책을 통해 본 한국의 가족과 근대성』, 2010, 572-583쪽. 가족이기주의 혹은 반사회적 가족이 이런 맥락에서 발생한다. 장경섭, 『가족·생애·정치경제』, 2009, 303쪽. 이것이 가져온 폐해를 줄이기 위해서는 가족 단위의 소통과 연대를 확장하고 가족이 구성원을 권리와 의무를 존중하는 사회적 개인으로 길러야 한다.

17 전통적으로도 한국의 경우는 가족집단이 가족 밖의 사회조직과 경쟁적이며 대립적으로 분리된 관계에 놓여 있지 않았다. 사회에서의 경쟁이 극심하다고 생각될수록 '집안'의 도구적 중요성이 강화되는 결과를 가져온다. 개인이 사회적 경쟁에서 살아남기 위해서는 집안의 실질적 도움이 절실히 필요하다고 보는 것이다. 이러한 일은 근대 이후에도 실질적으로는 한국 도시중산층 주부에 의해 주도되었는데, 이들은 가족 구성원이 자본주의 시장경쟁체제에 적응하고 성공하도록 뒷받침하는 일을 수행해왔다. 이를 통해 폐쇄적이고 배타적인 그러나 자체 결속력이 강해진 가족은 경쟁주의적 인간관계를 강화하고 출세지향적이고 물질만능주의적인 가치관을 확대시켰다. 참고: 함인희, 「산업화에 따른 한국 가족의 비교적 의미」, 2001, 27, 33쪽. 이와 같은 배타적 가족중심주의는 가족을 벗어난 사회적 영역에서 상호 연대나 공통성 확보를 방해하는 주요 요인이다.

이처럼 한국의 산업화, 도시화와 이에 영향을 받고 있는 근대적 핵가족은 상호 이질적인 전통적 직계가족 관계와 근대적 핵가족 관계를 그 안에 동시에 포함하고 있는 독특한 특징을 보이고 있다.[18] 한편으로는 도시형 핵가족에 있어서 부계 혈연 중심의 직계가족 이념이 작동되고 있으면서도, 부부 중심의 낭만적 사랑을 바탕으로 하고 있는 근대 핵가족 중심의 일상이 진행되고 있다. 가족 내에서의 가장의 역할도 이중적이다. 가장이 약화된 부권(夫權)을 유지하면서도 가족 간의 민주적인 대화와 가족 사랑을 중시하는 양면성을 보이고 있다.

서구적인 기준으로 본다면, 이렇듯 상호 이질적인 것, 배타적인 것들이 한국 근대 가족에서는 함께 작동되고 있다. 따라서, 한국에서의 가족을 연구할 경우는 그 분석의 틀로 전근대와 근대를 직선적으로 파악하는 단순 이분법적 구도를 선택해서는 안 된다. 오히려 한국의 전통가족의 모습이 산업화, 도시화를 통해 변용된 모습을 그리고 새롭게 등장하는 근대적 가족의 모습을 공시적이면서 중첩적으로 연구하고 해석할 때 보다 설득력 있는 이론을 제시할 수 있다.

90년대 이후 한국 사회에서는 도시형 핵가족 이외에 일인가족, 비혈연가족 등 비정형적인 가족 형태가 증가하고 있다. 게다가 사회는 지식정보사회로 빠르게 재편되면서 개인과 공동체의 관계도 변화하고 있다. 온라인 네트워크의 특성상 면대면 접촉에서는 당연시되는 정서적인 친밀성과 공동체적 연대 및 책임의식 등은 보다 더 약해질 것이다. 반면에 온라인 공동체에서 보장되는 공공성과 개방성에 의거해서 참여자 개개인의 자유로운 의사표현과 인격적 평등의 상호인정 등의 공동체적 덕목들이 강화될 것이다. 전통과 근대, 그리고 그 틈 사이에서의

---

18 한국의 산업화 과정에서는 전통적으로 바깥일은 남자가 담당하고 가정은 여성이 돌봐온 '유교적 성역할개념'이 도시 핵가족에서 사회적 노동의 동기와 집안 노동 이유가 동시에 가족을 위해서라는 '가족중심주의'로 바뀌면서, 산업화로 인해 가족 내에서의 성역할분업이 보다 확고해진 측면이 있다. 참고: 이재경,『가족의 이름으로』, 2007, 17쪽.

다양한 변형 현상 등이 혼성적으로 나타난 근대적 가족 상황에 이러한 또 다른 공동체적 인간관계, 소통관계가 덧붙여짐으로써 한국의 가족은 보다 복합적인 형태를 띠게 된다.

이처럼 역동적인 변화에 따라 그 관계 및 형태가 혼성적이고 중첩적인 양상을 띠고 있는 한국의 가족은 그만큼 독자적인 모델로서의 가치를 많이 지니고 있다. 이 모델은 한국 가족의 특수한 상황을 반영할 뿐만 아니라, 후발 자본주의 국가들의 근대화, 현대화 과정 속에서 나타나는 가족의 모습과 유사성을 띠고 있다. 이런 점에서 이러한 한국의 가족 모형은 그 특수성과 일반성을 함께 지니고 있는 것으로 생각된다.

어쨌든 이렇듯 혼성적이고 중첩적으로 전개되어온 한국 가족의 모습을 올바로 이해하고 설득력 있는 이론으로 구축하기 위해서는 우리들의 시각을 조정할 필요가 있다. 기존의 서구 이론을 멀리할 필요도 없지만, 그것만으로 한국적 현상을 설명해서는 안 된다. 그 이론은 태생적으로 한국을 대상으로 한 것이 아니기 때문이다. 오히려 우리는 그런 이론을 보조적으로 이용하면서, 나름의 독특한 현상들을 설득력 있게 구성할 수 있어야 한다.

이러한 작업이 중요한 이유는 한국의 산업화, 정보화가 서구에 비하면 특수한 현상으로 파악될 수 있지만, 세계적인 차원에서 보자면, 오히려 비서구에서는 매우 일반적이면서 또 하나의 전형적인 모델이 될 수 있기 때문이다. 결국 이러한 한국적 특수 상황을 포함하고 있으면서도 세계사적인 흐름 안에서 일반적으로 포착될 수 있는 사태를 이론화하는 것이 중요하다. 이러한 작업이 한국에서 가족문제를 전공하는 사람들에게 부여된 새로운 임무이자 해결해야 할 몫이 될 것이다.

Ⅲ. 한국 근현대 가족의 특징에 대한 철학적 성찰

이러한 한국 근대의 역동적 변화와 이에 따른 한국가족의 혼성성, 중첩성, 복합성을 성찰의 대상으로 삼을 경우, 서구적인 것과는 변별력이 있는 개념들을 포착해낼 수 있다. 논자는 이 장에서 이와 관련된 몇 가지 개념을 제안하고 이에 대한 논변을 시도해 보겠다.

1. "복합 성찰성" 개념의 도입

우선적으로 한국 가족의 특성으로 제기된 혼성성, 중첩성에 대한 성찰을 위해서 "복합 성찰성"이라는 개념을 도입할 것을 제안한다.[19] 서구 가족철학의 변천사에서 보았듯이, 아리스토텔레스, 로크, 헤겔, 그리고 현대철학자들의 논점은 서구식 전통가족에서 근대, 현대 가족으로의 이행에 따라 순차적으로 진행된다. 이들의 이론은 과거와 현재의 이항 대립과 순차적 종합을 통해 선순환적으로 재구성된 것으로 파악할 수 있다. 이처럼 상대적으로 단선적인 역사 진행에서 제기되는 전통과 현대, 보수와 진보, 과거와 미래 등의 양자택일적인 이분법적 사고를 논자는 "단순 성찰성"으로 명명하고자 한다.[20]

---

19 참고: 권용혁, 「개인과 가족」, 2011, 260쪽.

20 예를 들면, 로크의 개인의 자유와 권리 중심의 전통적 위계적 가족공동체 해석은 전통적 가족공동체의 가치를 근대적 개인권에 의거해서 재구성한 것이다. 이는 두 개의 서로 다른 세계관이 혼성적으로 섞이는 것이 아니라, 단순한 이항대립 속에서 하나를 택일하는 구도로 진행된다. 헤겔 또한 개체중심성과 계약론적 결혼관의 한계를 설정하고 개체 자신의 본질과 핵심이 타자 속에 있음을 몸소 의식하고 사랑 속에서 개체성을 버리는 인륜공동체를 대안으로 제시한다. 이 역시 이항구도를 바탕으로 하고 있다. 헤겔 이후 하버마스, 벡, 기든스 등의 사회철

이에 반해, 한국의 가족 이론은 서구적인 것의 수입과 모방, 그리고 그것을 통한 서구이론 따라잡기에 역점을 두어왔기에, 전통에 대한 연구나 반성, 그리고 현재적 해석을 소홀히 해왔다. 이런 상황에서 공적 영역에서 주도적인 서구 근대가족이론과 생활세계에서 작동되는 전통적 행위 규범이 따로 또 같이 공존하는, 이론과 현실의 기묘한 동거 상황이 지속되고 있다. 따라서, 이 이질성의 공존을 한국 근대의 가족 연구에서는 기초 자료로 삼아야 한다.

이러한 현실과 이론 사이의 단절과 이질성만이 연구의 대상이 아니다. 한국 근대의 가족을 연구의 대상으로 삼을 경우에는 근대 이후 압축적인 근대화·산업화·지식정보화로 인해 발생한 "전통과 근대, 그리고 현대의 중첩화, 그리고 다양하고 이질적인 가족 형태의 혼성화"라는 특유의 복합적 성격을 이해하는 것이 중요하다.

서구에서와는 달리, 한국의 가족 구성원들은 이 중첩성과 혼성성으로 인해 야기된 문제들에 직면해 왔으며, 이를 다층적으로 해결해야만 했다. 이러한 역사적 맥락 속에서 한국 가족은 복합적인 사유 능력을 작동시켜왔다. 단선적인 사고방식으로는 파악하기 어려운 이 사유 능력을 논자는 "복합 성찰성"이라고 개념화하고자 한다. 이는 형식적 합리성을 추구하는 단순한 이성적 사고, 단선적 역사 진행에서 명료하게 정리되는 (전통과 현대, 보수와 진보, 과거와 미래 등의) 양자택일적인 이분법적 단순 성찰성과 대별된다.

학자들에 의한 자율적인 인격체 중심의 가족 재해석도 헤겔적 개체성 해체에 대한 비판과 개체 중심의 상호 연대를 대안으로 내세운다. 이처럼 서구철학자들은 서구 근대의 진행과정에 대한, 전통과 근대, 그리고 그 근대의 한계 극복이라는 선형적인 과정에 대한 (단순)성찰성이 작동되고 있다.

2. 한국가족에서의 복합 성찰성

사회변화의 역동성과 이러한 "복합 성찰성"이 독특한 가치관 이동의 패턴을 만들어왔다. 사회의 역동적 변화는 세대간 이질적인 가치들의 충돌을 가져온다. 그렇지만 사회의 역동적 변화 그리고 다양한 규범과 이념의 혼성적 중첩적 상황으로 인해 이질적인 가치들에 대한 양자택일이 동시간적, 동공간적으로 진행되기 힘든 구조다. 오히려 역동적인 사회변화 과정에서 가족 구성원 개개인은 자신의 정체성을 복수적으로 설정해왔다. 그리고 이 사회변화 과정에서 발생한 물질적 헤게모니의 빠른 이동과 주도적 가치의 이동을 가족 구성원들이 함께 체험함으로써, 특정 주도적 가치들의 변화를 체험하면서 구성원 각자가 성찰적으로 상대화할 수 있는 능력을 축적해왔다.[21]

부언하자면, 역동적인 사회구조의 변화와 헤게모니의 이동, 그리고 노동과 사회적 관계의 변화 등에 적응하기 위해 개인과 가족이 자신의 삶과 가치관을 변경하는 과정을 거치면서 가족 내에서의 주도적인 가치도 함께 이동한다. 이는 가족 내부의 세대 간의 갈등과 상호투쟁을 통해 주도적인 가치관이 이동하는 방식으로 진행되지 않는다는 것을 의미한다. 이는 서구식 가족 구성원들의 가치관 갈등과 해결책과는 매우 다른 방식으로 진행되는 것으로 볼 수 있다. 오히려 한국의 가족에 있어서는 세대 간 가치관 차이와 그 주도권이 사회구조의 빠른 변화로 인해 함께 변화하는, 그리고 그것을 함께 체험함으로써 그 상이성과 갈등을 스스로 상대화해 비동시간적, 비동공간적으로 상호 인정하는 형태로 이루어진다고 파악된다. 이로 인해 상이한 가치관들에 대한 상호 인정과 이해, 그리고 재서열화를 통한 가치관의 이동이라는 독특한 형태가 자리 잡는다.[22]

---

21 참고: 권용혁, 『가족과 민주주의』, 울산: 울산대출판부, 2005, 53-54쪽.

서구에서의 가족 가치관 이동은 주도 세력과 이념의 변화와 상호 선순환적으로 작동된다. 이에 비해, 한국 가족에 있어서는 주도 세력의 변화에도 불구하고 주도 이념이 기존의 주도 이념과의 대립과 투쟁을 통해 자리 잡지 못한다. 그 주도 세력이 자신의 상황에 대해 복합적으로 성찰하기 때문이다. 자신의 가치관이 중첩적, 혼성적으로 구성되어 있어 이 중 특정 가치관을 자신의 삶을 대변하는 주도 가치관으로 선택하지 않기 때문이다. 이는 특정 가치관들을 이분법적 양자택일한 것이 아니라 각자를 상대화할 수밖에 없는 현실 상황과 다양한 복합적 사태에 대한 복합적 성찰의 결과다.[23]

22 이러한 세대간 이질적 가치관의 이동에 대한 복합적 성찰뿐만 아니라, 가족 구성원들 각자의 이질적이기까지 한 복합적 정체성이 상대화되고 공존해 온 것도 지적되어야 한다. 예를 들자면, 사오십대 가장들의 경우 직계가족 중심의 권위적인 가족주의 가치관을 고수하는 부모와의 관계에 있어서는 전통 가족주의적 가치관에 따라 행동한다. 이에 반해, 자신의 핵가족 내에서는 한편으로는 가장으로서 책임과 의무를 수행하면서 가장권을 행사하지만, 다른 한편으로는 자아실현을 고려하면서 민주적 가장으로서의 역할도 수행한다. 또한 사회에서도 자신이 속해 있는 집단 내의 다양한 수직적 수평적 관계 속에서 다양한 자신의 정체성을 구현한다. 이처럼 자신의 다양한 복합적 정체성을 상황에 따라 변경하는 한국 근대 가족의 구성원들은 일상생활에서 복수의 가치관을 상대화하면서 스스로의 행위를 복합적으로 처리하고 있다. 이러한 가족 구성원들 각각이 지니고 있는 복합적 자아정체성 내에서는 상호 모순되기까지 하는 이질성이 포함되어 있으면서도 이 이질성 중 하나를 취사선택하지 않고 둘 다 상대화해 다층적으로 자신 내부에서 공존하도록 하고 있다. 그렇지 않을 경우 심각한 자아정체성 분열로 인해 한국 가족의 복합적 관계구조와 이로 인한 갈등 상황에 스스로 적응할 수 없게 된다. 즉, 삶을 위해 명료한 정체성 정리를 상대화한 채 가족 내에서 발생하는 문제들에 대한 복합적 성찰과 복합적 해결책을 모색하고 있다. 한국의 근대 가족은 자신 안에 존재하는 개별적인 정체성들과 그 가치관들을 상대화해 이들을 삶의 과정 속에서 복합적으로 유지해왔다. 이러한 복합 정체성과 복합적 성찰 능력은 역동적인 사회 변화 속에서 적응하면서 살아 온 한국 근대 가족 구성원의 특징적인 모습이다.

이는 복합적 삶의 궤적과 단순한 이론 사이의 괴리 상황으로 발생한 것으로 보인다. 기존의 서구 이론으로는 포착되지 않는 복합적 현실 상황이 전개됨으로써 이론의 현실과의 유리로 인해 오히려 삶의 궤적에 충실함으로써 거꾸로 이론을 삶을 설명하는 다양한 도구로 이용하게 된다. 따라서 이론적인 차원에서는 모순적인 것들이 복합적 현실 설명을 위해 다양하게 상황에 따라 동원되는 상황이 전개된다. 이는 삶의 복합성을 보다 설득력 있게 포착할 수 있는 새로운 틀로 한국 근·현대 가족 이론을 재구성할 필요가 있음을 반증하는 것이기도 하다.

한국의 가족은 부모의 주도권이 나에게 빠르게 넘어왔듯이, 나의 주도권도 빠른 속도로 다음 세대로 이동할 것을 예견하고 있다. 내가 주도권을 넘겨받았듯이 나의 주도권도 빠르게 사라질 것이며, 다음 세대에 의한 다른 가치, 질서의 주도적 등장을 예견하고 있다. 이런 역동적 변화 속에서는 자신의 헤게모니와 가치관만을 최선의 것으로 주장할 수는 없게 된다. 사회적 변화의 흐름 속에서 자신의 것들을 상대화하고 성찰해야 했기 때문이다.[24]

근대화 기간 중에 거의 화합불가능한 세대간 가치관 차이가 지속되었음에도 불구하고 그것이 갈등심화로 인한 가족의 해체로 이어지지 않았던 이유도 이러한 생활 속에서 터득한 성찰 능력이 작동한 것으로 보인다. 따라서, 한국 가족을 연구할 경우 이러한 비동시간적, 비동공간적 갈등 상대화와 이와 연관된 역동적 사회 변화, 그리고 현실의 중첩성과 혼성성에 따른 복합적 성찰 능력 등을 우선적으로 고려할 필요가 있다.

3. 가족 이기주의의 극복과 가족의 사회자본화

그럼에도 한국 근대의 산물인 가족주의는 한계에 부딪쳐 있다. 특히 폐쇄적인 가족 이기주의의 반사회적 경향으로 인해서 가족공동체 자체의 기능이 부정적으로 파악되고 있다.[25] 게다가 가족 이기주의 안에서 길러진 이기주의자들은 더

---

23 참고: 권용혁, 「개인과 가족」, 2011, 260-261쪽.

24 이러한 비동시간적, 비동공간적 상호 인정과 이해 그리고 재서열화를 통한 가치관의 이동과 관계 조절이라는 독특한 형태의 한국적 주도권 이동 모델이 작동된 것은 유교적 수직적, 권위적 서열관계에서 습득된 비대칭성의 인정으로 인해 개개인의 권리투쟁을 약화시켰기 때문이기도 하다.

25 참고: 미셸 바렛·매리 매킨토시, 『가족은 반사회적인가』, 1994, 59-64쪽.

이상 가족 공동체의 이익을 책임지거나 이를 위해 자신의 이익을 희생하지 않는다. 그들은 자신의 이익을 중심으로 가족 공동체에의 참여 여부를 결정할 것이다.

그렇다면 근대 내내 지속되었던 한국의 가족과 가족주의는 개인과 개인주의로 해체되고 있는 중인가? 21세기 한국의 가족은 보다 다양한 형태로 변화하고 있는 중이다. 그 중에서도 구성원 개개인의 자유, 자율성, 개성이 보다 강화되는 방향으로 가족이 재구성되고 있는 것으로 보인다. 20세기 후반기 내내 한국의 가족이 가족의 생존과 물질적 풍요라는 목표를 위해 가족주의를 강화해 왔다면, 이제는 자신의 개성추구와 자아실현을 더 이상 미루지 않는다. 이러한 변화의 주축은 젊은 세대이지만 사회적 안전망의 확대로 점차 기성세대들도 이 변화에 동참하고 있다.

그렇다 해도 한국 가족 구성원들이 전적으로 개인화의 길로 들어설 것 같지는 않다. 가족 구성원들의 자기정체성과 자아실현 그리고 행복의 추구가 가족 공동체와 직접적으로 연동되어 있기 때문이다. 개인은 특정한 가족 안에서 태어나고 그곳에서 일차적으로 사회적 존재로서 길러진다. 개인의 정체성 형성과 자아실현 행복 추구 등이 습성화되는 일차적인 곳이 바로 이 가족이라는 공동체이기 때문이다. 개인의 개성과 공동체성은 이런 점에서 밀접하게 연관되어 있다.

한국 근대 가족의 폐쇄적 이기주의는 극복의 대상이다. 이것을 가족을 단위로 극복할 수 있는 합리적인 방안은 다른 가족과의 소통을 통해 가족 단위의 연대의 폭을 확장하는 것이다. 가족단위의 상호배려와 도움 주고받기 등의 다양한 가족 단위의 연대는 폐쇄적 가족주의를 벗어나 열린 관계 맺기를 가능하게 한다. 이는 결국 낯선 타자와의 소통과 상호 신뢰를 확충하게 하는, 그리고 넓게는 사회의 공동체성을 숨 쉬게 하는 건강한 숲으로서 작동할 것이다.

이런 점에서 가족은 사회적 자본을 축적하기 위해 요구되는 인간과 그 공동체성을 기를 수 있는 가장 중요한 기반이다. 인간 사이의 신뢰와 제도에 대한 신뢰가 함께 높은 사회일수록 사회적 자본이 커지기 때문이다. 전통적으로 수행해온, 그리고 근대에도 담당해온 구성원의 사회화 기능이 다시금 주목받아야 하는 이유가 여기에 있다. 특히 가족 단위의 연대는 구성원들의 개방성과 상호신뢰를 강화할 것이다. 따라서, 가족 단위의 협력 프로그램을 구체화하는 것이 중요하다. 이러한 서식처가 확장될 때 사회적 자본이 보다 효율적으로 작동될 수 있기 때문이다.

철학적 논점으로 돌아와 보자. 플라톤의 가족 해체에 대한 아리스토텔레스의 비판의 핵심은 가족의 재생산 기능과 사회화 기능을 국가가 관장할 수 없다는 것이다. 국가에 의해서 계획된 개인의 재생산과 사회화는 개인의 삶과 목표의 획일성을 초래한다. 국가의 모든 구성원들에 대한 무차별적인 관심과 배려도 실질적으로는 무관심과 무배려를 의미할 뿐이다. 뿐만 아니라, 국가의 직접 개입은 다양한 가족공동체에서 길러지는 그 구성원들의 다양한 삶의 규범과 사유 및 행위의 습관 등을 단순화하거나 획일화함으로써 다양성과 창의성을 소멸시키는 결과를 가져온다.[26]

현대 복지국가는 육아, 교육, 의료, 연금 등의 사회적 안전망 구축을 통해 전통적으로 가족이 맡아 왔던 기능들을 사회화, 국가화함으로써 가족 구성원의 사회화에 직접적으로 개입하고 개인화시키고 있다. 개인은 가족공동체의 구성원으로서만 길러지는 것이 아니라, 사회적 개인으로 재탄생되고 있다. 복지국가에 의한 개인의 사회화는 공적인 영역과 사적인 영역의 구분을 모호하게 한다.[27] 그럼에

---

26 물론 근대 이후 변화된 가족이라는 사적 영역은 아리스토텔레스의 주장과는 달리 가부장이 모든 것은 좌우하는 전제적 공동체가 아니다. 현대의 가족은 구성원의 상호 자아실현과 행복 추구를 서로 돕는 자율적인 개인들의 공동체를 지향하고 있다. 그렇지 않은 경우, 그 구성원들은 가족을 탈퇴해 또 다른 공동체를 추구한다.

27 사회의 공적 지원(탁아시설 확충, 유연한 노동 시간 도입, 사회보장제도의 확장 등)이 가족의 과도한 부담을 덜어줄 것이다. 반대로 충분한 외부의 지원은 가정에서의 책임과 의무를 약화

도 이러한 개입이 가족의 해체를 의미하지도 의미할 수도 없다. 국가가 개인에 직접 개입할수록 플라톤식 오류를 범할 것이기 때문이다. 국가나 사회에 의해 계획되고 조절된 단순화되고 수동적인 개인이 사회적 개인으로 길러진다면, 그 것은 개인의 다양하고 창의적인 능동적 사유 능력을 고사시킬 것이기 때문이다.

국가는 개인을 사회화하는 데 있어서 오히려 보조적인 역할을 하고 있을 뿐이다. 가족은 구성원들에게 행위 규범들을 가르치고 습성화하게 하며 생각을 길러주는 일차적인 기능을 수행하는 곳이다. 또한 가족은 구성원들의 친밀성과 신뢰를 바탕으로 자신의 삶의 의미와 목적을 재정비하는 원동력을 제공하는 장소이기도 하다. 다양성을 바탕으로 한 창의력과 실행력이 그 사회의 지식 경쟁력이 되는 지식기반사회에서는 오히려 이러한 가족의 기능을 활성화할 필요가 있다.

4. 민주적 공동체를 향한 한국가족의 재구조화와 변화 전략

현재 한국의 가족은 보다 민주적인 공동체로 변화 중이다. 한국 사회는 산업화의 안착과 형식적 민주화의 성공 이후 실질적 민주화의 단계로 접어들고 있다. 농업사회에서 산업사회로, 그리고 지식기반사회로 역동적으로 변화하고 있는 한국 사회에서는 가족도 함께 변화하고 있는 중이다.

농업사회의 집단노동과 생산공동체의 유산인 가부장권은 그 수명을 다해가고 있다. 산업사회에도 부권은 남성중심의 사회적 노동과 가족 내 가사분담, 그리고 남녀위계서열화로 인해 유지되었다. 그러나 이마저도 여성의 사회참여로 점차

시키고 보다 수평적인 관계 맺기를 가능하게 함으로써, 구성원들이 보다 민주적인 덕성을 지닌 사회적 인간으로 변화할 것이다. 이런 점에서 공적인 영역과 사적인 영역은 상호 연관되어 있으며 영향을 주고받는다.

설 자리를 잃고 있다. 지식기반사회의 주류 노동인 지식노동은 다양한 개인의 창의성을 바탕으로 한 분권적 수평적 협업노동으로 재편되고 있다. 이에 따라 가족 구성원간의 관계도 권위적이며 수직적인 형태에서 자유롭고 수평적인 형태로 변화하고 있다.

사회적 안전망의 확대로 가족 공동체의 지향점도 생존과 물질적 풍요에서 구성원들의 자아실현과 행복으로 점차 이동하고 있다. 이는 젊은 세대에 국한된 것이 아니다. 부모세대들도 가족의 생존과 물질적 지원을 위한 책임과 의무에서 벗어나, 자신의 삶을 되돌아보고 자아실현과 행복을 추구하고자 한다.

가족의 민주화는 사회의 변화와 맥락을 같이하고 있지만, 그 민주화의 요구는 가족 안에서 아래로부터 옆으로부터 다방면에서 일어나고 있다. 가족 구성원들 모두가 자아실현과 행복을 추구하는 방식으로 가족 공동체가 재구성되고 있다.

이런 점에서 헤겔을 뒤집어 해석한 서구 현대 철학자들의 논점을 고찰할 필요가 있다. 서구의 가족 구성원들은 더 이상 더 큰 사랑과 행복의 공동체를 위해 스스로의 개체성을 포기하지 않는다. 가족은 남녀가 자연적 본성에 따라 역할을 분담하는 자연공동체라는 정의도 더 이상 받아들여지지 않고 있다. 여성이 사회적 노동에 참여하면서 사회적 노동과 가사 노동의 엄격한 구분도 사라지고 있다. 오히려 가족의 공동체성은 구성원들의 개성과 자아실현이 상호 인정되고 상호 배려되는 한에 있어서만 그 존재 이유를 부여받고 있다. 그들은 개체성을 보장받고 실현하는 장으로서 가족공동체를 추구한다.[28]

---

[28] 참고: 울리히 벡·엘리자베트 벡, 『사랑은 지독한 혼란』, 2002, 92쪽. 이 경우 문제의 핵심은 자기중심적인 개인들이 어떻게 함께 살 수 있는 방안을 마련할 수 있는지에 있다. 이것은 개인을 기반으로 공동체성을 확보하려는 전략으로 이어진다. 이에 비해, 한국의 근대가족은 그 목표를 내가 되기 위해 가족과 함께 살아가는 것, 가족이 서로 도와줌으로써 서로가 자아를 만들고 실현하는 것에 두고 있었던 것으로 보인다. 즉, 한국의 가족주의는 공동체 내의 관계를 중심으로 개인이 정체성을 찾는, 관계중심성을 바탕으로 한 강한 공동체주의적 성격을 띠

이에 반해, 한국의 가족은 근대 내내 폐쇄적 가족주의를 유지해왔다. 가족 공동체 내에서 그 구성원들은 가족 사랑과 친밀성, 그리고 상호 신뢰를 바탕으로 개인적 희생을 감수하는 이타적 성향을 보여 왔다. 구성원들 사이의 이타적인 행동을 기반으로 폐쇄적인 가족 이기주의가 형성되는 독특한 이타성과 이기성의 혼합 형태가 형성되었다. 서구와는 달리 한국의 가족에서는 폐쇄적 이타성이 과도해서, 그리고 개별적 합리적 이기성이 약해서 문제다. 자기사랑과 자아실현 그리고 자기행복이 우선적인 개인들로 구성된 서구의 가족은 과도한 이기주의가 문제다. 따라서, 이것을 보다 약화시킨 합리적 이기주의를 바탕으로 구성원 사이의 친밀성과 상호신뢰를 강화하는 전략이 논의되고 있다. 이에 반해, 한국은 자기희생과 책임감 등에 바탕을 둔 폐쇄적 친밀성을 약화시킬 필요가 있다. 이것을 보다 개방적인 형태로 변화시키면서 동시에 구성원들의 개체성을 활성화하는 전략이 요구된다.

한국의 가족 구성원들은 20세기 후반기 내내 가족의 생존과 번영을 위해 자기정체성, 자기사랑, 자아실현, 자아행복 등을 부차적으로 간주하는 것을 당연시해왔다. 그러나 이로 인해 발생한 위계적 권위주의, 가족 구성원들의 소통불가능성, 갈등의 증폭 등을 해소하고 가족이 민주적 공동체로 변화하기 위해서는 가족 구성원들이 이러한 개인중심의 덕목들을 함께 강화하는 전략이 필요하다. 가족 공동체 내에서 서로 자유롭고 평등하게 소통할 수 있을 때, 그 구성원들은 자율적인 공동체 내에서 함께 행복을 추구할 수 있기 때문이다.

20세기 한국의 가족은 부모의 책임과 헌신을 통한 권위의 획득이라는 권위주의 사회의 유산을 안고 있다. 이를 단순하게 개인들로 분해시키고 탈권위화하는

고 있다. 따라서, 한국의 가족에 있어서는 자유주의적 개인과 자유주의적 공동체 간의 갈등이 아니라, 근대적 개인 중심의 개인주의와 전통적 관계 중심의 공동체주의가 현실적으로 함께 섞여 있는 이질성의 공존 상황이 핵심적인 고려 사항이다.

전략은 오히려 심각한 해결 불가능한 갈등 속으로 가족구성원들을 빠져들게 한다. 이 길은 공동체성을 거부하는 이기적 개인화를 가져올 것이며 이기적 개인들에 의한 가족의 해체의 길로 이어질 것이다. 이기적 개인들로는 친밀성과 상호신뢰가 작동되는 공동체를 구성하기 어렵다.

이것보다는 기존의 위계적 권위주의가 안고 있는 문제점을 보완해 부모의 권위를 수평적 권위, 구성원들의 상호 소통과 합의를 기반으로 한 권위로 변화시킬 수 있는 전략이 필요하다. 예를 들면, 지금까지 가족에게 전가해 온 육아, 교육, 치료, 부양 등 가족이 홀로 감당하기 힘든 사회적 문제들을 합리적으로 지원하는 방안을 확대하는 것이다. 사회적 안전망의 확대를 통해 부모는 가족에 대한 책임에서 벗어나 보다 자유로운 개인이 될 것이다. 그리고 자식들도 부모의 책임과 헌신에 따른 복종과 위계적 권위에 대한 순종에서 벗어나 적극적으로 소통하는 자유로운 개인이 될 것이다.

한국 가족이 민주적 공동체로 변화할 수 있는지의 여부는 이렇듯 이질적인 것들이 혼성적 중첩적으로 나타나는 복합적 상황을 지혜롭게 풀어낼 수 있는 전략을 구상할 수 있는지의 여부에 달려 있다. "역동적 사회변화와 이로 인한 복합적 상황의 전개 및 이에 대한 복합 성찰성의 작동"이라는 한국 근대 이후 가족이 지혜롭게 구사해 온 전략을 현실에 맞게 다시금 재구조화해야 할 시점이다.

논자는 21세기 한국 가족의 변화를 "복합 성찰성에 기반한 역동적 민주주의"의 확장 과정으로 파악하고자 한다. 한국 가족의 역동적, 복합적 민주주의 모형은 21세기 지식기반사회로의 빠른 이동 과정에서도 작동될 가능성이 높다.[29]

---

[29] 한국 가족의 "복합 성찰성에 기반한 역동적 민주주의" 모델은 산업화와 민주화의 순차적 성공을 설명할 수 있는 하나의 철학적 논점으로 고려될 수 있다. 또한, 한국 민주주의가 21세기 지식기반사회에서 역동적으로 변화할 것임을 염두에 둔다면, 한국의 미래 민주주의 구상에 있어서도 작동될 확률이 높을 것으로 사료된다.

Ⅳ. 보론: 한국의 소수자가족 정체성

근대 이후 한국 가족의 역동적 복합적 변화상은 한국 사회의 역동적 변화와 그 궤적을 함께 한다. 이러한 한국 주류 가족에 대한 분석은 근대 이후 우리와 함께 살고 있는 또 다른 소수자로서의 화교가족들의 삶을 통해 그 이면을 반추할 수 있다. 근대 이후 한국 가족의 중층적, 복합적 변화상과 이로 인한 복합적 정체성의 양상이 한편으로 진행되었다면, 다른 한편으로는 주류 가족의 근대적 삶의 양태와는 전혀 다른, 주류와는 전혀 다른 형태의 삶을 이어 온 소수자로서의 화교들의 삶은 주류 가족의 삶과는 또 다른 한국 근대 가족의 모습으로 기록될 수 있을 것이다.

이들의 분석에서 중요하게 떠오르는 것은 민족정체성과 국가정체성의 문제다. 민족정체성과 국가정체성이 결합된 상태에서 근대 국민국가를 맞이한 한국은 민족국가적 정체성을 단일 정체성으로 강조해왔다. 이로 인해 타민족과 타국가적 정체성을 포용하지 못하고 단일민족국가라는 기치 아래 이에 포함되지 않은 화교, 일본인처, 혼혈인, 다문화가족 구성원, 이주노동자 등 다양한 소수자들을 배제, 억압해왔다. 그 전형적인 사례가 바로 화교이다. 한국에서처럼 단일민족국가적 정체성을 강조하면 민족의 특정한 문화적 고유성을 강조하게 되고 이는 집단 내부의 일체성을 확보하는 데 중요한 요인으로 작동되지만, 그만큼 타문화에 대해 억압적이고 공격적인 성향을 드러내게 된다.

원래 근대의 국민국가는 내적인 결속을 위해 민족적 정체성과 민족의식을 강조하고 이를 기반으로 국가 내 시민의 권리와 의무의 보장이나 인민의 자결로서의 민주주의의 원칙을 실현해왔다. 이런 점에서 국민국가의 틀 내에서 작동되는 문화적 정체성은 폐쇄성을 일정 부분 함축하고 있는 것도 사실이다. 상론하자면, 근대에서 형성된 국민국가의 국민은 원칙적으로 국가 영역 내에 거주하는 인민의 총체를 의미하는데, 근대 국가는 이런 인민의 집단적 통일체에 활력을 불어넣기 위해 지배적인 민족적·문화적 집단이 이질적인 민족적·문화적 소수자 집단을 동화시키거나 배제하는 강제적인 방식을 사용해왔다. 그러므로 소수자 집단, 특히 그 삶의 단위로서의 소수자가족의 문제는 바로 근대의 국민국가의 형성과 밀접하게 연결되어 있는 현상임이 드러난다.

이런 지배 집단에 의해 가공된 문화적 동질성에 기초하고 있다는 근대의 국민국가의 통합성은 다양한 차원에서 도전받고 있다. 특히, 이런 상황은 세계화의 상황과 맞물려 더욱더 첨예한 과제로 등장하고 있다. 예를 들자면, 한·중·일 동아시아 3국이 경제 및 사회문화적으로 더 밀접하게 연계되고, 자본과 노동이 세계적인 차원에서 더 빠르게 소통되는 세계화 단계에서는 이러한 타민족과 문화에 대한 배제와 억압은 개방적이고 협력적인 미래지향적 틀을 구성하는 데 있어 장애물로서 작동될 가능성이 크다. 이런 점에서 한국 단일민족국가 이데올로기의 폐쇄성은 일본에서의 민족주의의의 부활 흐름과 중국의 통일적 다민족국가론의 확산과 더불어 매우 우려스럽고 해서 합리적으로 변경되어야 할 현상들이다. 최근 부각되고 있는 한·중·일 3국뿐만 아니라 세계적으로도 자주 발생하는 공격적이고 극단적인 민족주의적인 정서의 표출은 그 집단 내에 있는 다양한 형태의 소수자집단을 희생양으로 삼고자 하는 폭력적인 억압을 동반하고 있다. 이런 경향은 대단히 위험한데, 이것은 국민국가 내에서 다양한 민족적·문화적 차이에 대한 존중과 옹호를 부정하고 타민족이나 타문화를 배척하거나 억압하려는 태도를 강화하기 때문이다.

그 중 국민국가 내 소수자가족의 문제는 근대 국민국가의 내재적인 한계를 드러내 주는 중요한 영역이다. 그리하여, 근대의 국민국가의 형성 과정에서 발생되었고 세계화의 흐름 속에서 전면적으로 등장하고 있는 다양한 형태의 소수자가족 문제는 근대 국민국가의 배타성과 차별성을 넘어서서 정치적·문화적으로 다양한 소수자의 '차이'를 긍정하고 소수자들에게 자신들의 긍정적인 정체성의 형성을 가능하게 하는 새로운 삶의 질서를 모색하는 문제와 불가분하게 결합되어 있다.

이러한 경향은 현상적인 사태에 대한 분석과 처방으로 이어지기도 하지만, 각 나라마다 그 실체적 사태가 다르게 전개되고 있기 때문에 실체적 진실에 접근하기 위해서는 각 국에서 전개되어 온 역사적 맥락을 고찰할 필요가 있다. 한국의 경우 외부로부터 이식된 근대 국가의 성립과 이와 더불어 강조된 단일민족국가적 이데올로기가 근대 국민국가의 틀로서 작동되면서 그 결집력과 폐쇄성이 강화되었다. 그 대표적인 희생양 중의 하나가 바로 화교이다.[30]

한국에서 화교가 겪어 온 역사적 현실과 차별에 대한 기록은 장수현(2004)과 박경태(2004, 2008)에 개괄적으로 소개되어 있기 때문에, 여기서는 2011년도에 수행한 심층인터뷰를 통해서 확인한 화교 정체성에 관한 논의를 덧붙이고자 한다.[31]

화교들도 세대가 진행되면서 점차 화교로서의 강한 집단 정체성이 약화되고 있다. 이주 1, 2 세대들이 강한 화교적 정체성을 고수하고 있었던데 비해서, 3, 4 세대로 내려오면서 한국인과 결혼한 다문화 가정의 경우는 혼성적인 정체성을 확대하고 있으며, 젊은 세대의 경우는 TV, 인터넷 등 매스컴의 영향으로 점차 한국적 문화에 익숙해지면서 고립적이거나 폐쇄적인 정체성을 더 이상 고집하지

---

[30] 본 연구 프로젝트에서는 원래 일본인 처 문제도 관심을 갖고 추적했지만, 이 부분은 생략하기로 했다. 그 이유는 생존해 있는 분들도 적을 뿐만 아니라, 이들과의 대표성 있는 의미 있는 심층인터뷰를 하지 못했기 때문이다. 부산과 경주, 그리고 수도권에 산재해 있는 여러 분들과 접촉했고 여러 번 부산과 경주 지역을 방문하기도 했지만, 여러 가지 사정상 인터뷰를 하지 못한 점 안타깝게 생각한다. 오직 부산에서 생존해 계신 한 분과의 인터뷰에 성공했지만 그 내용도 이전의 기록된 내용과 변별력이 없어 한국 내 일본인 처 문제는 이번 논문에서는 시도하지 않고 있다.

[31] 이 글에서 인용한 사례는 <부록 1>에 제시되어 있다.

않고 있다. 특히 음악, 드라마, 영화 등의 소위 한류의 확대로 한국 문화에 동화되는 현상이 자연스럽게 이루어지고 있다. 게다가 중국 대륙과의 무역 확대로 대만과 중국 대륙으로 국가정체성이 이중화되면서 상대적으로 대만 중심의 강한 화교 정체성이 변화하면서 보다 실용적인 태도가 강화되고 있는 것으로 보인다.

그렇지만, 아직도 화교만의 가족으로 구성된 가족의 경우는 한국 문화와 단절된 채 생활하는 한국 속의 또 하나의 폐쇄적인 공동체로서 유지되고 있는 경우도 있으며, 최소한 화교로서의 정체성을 잃지 않고 있는 사례가 대부분이었다.

> 저의 국적은 대만이고 나는 한국에서 태어나 한국에 살고 있지만 한국 사람이라고 생각한 적이 없습니다. 그 이유는 한국 사회가 배타적인 사회로서 외국인의 동화를 원치 않고 있고, 자라는 과정에서 "짱개, 짱골라"등 중국인을 비하하는 말을 들으면서 자랐기 때문입니다. 또한 대만식 교육을 받아 어렸을 때부터 중국인이고 언젠가는 중국으로 돌아가야 한다는 교육을 받았으며, 아버님께서 항상 중국인임을 잊지 않도록 하시는 가정교육 때문입니다.   (사례 3)

화교 2세인 그는 중국인의 정체성을 가지고 있어야 한다고 생각하고 있는데, 문화적인 면에서 한국인과는 전혀 다른 가족적 환경에서 자랐기 때문이고, 집에서 거의 중국어를 사용해왔으며 학교에서도 대만교육과정과 똑 같은 교육을 받았기 때문이다(참고: 이윤희, 2004, 312쪽). 하지만 자식과 소통할 때는 때로는 한국어를 사용하기도 한다고 한다. 음식도 한국 음식 중에서 김치와 된장과 관계되는 음식을 많이 먹고 끼니마다 중국식으로 만든 음식을 먹는다.

그러나 그도 요즈음에는 한국과 중국에 대한 인식이 세대 간의 차이를 느끼고 있다. 자신의 세대는 처음에는 한국적으로 바꾼다면 마치 나라를 배반하는 사람처럼 생각하다가, 장사를 위해 할 수 없이 귀화하는 사람은 인정하게 되었다. 지금은 중국 국적으로 한국에서 살아가는 데 너무 불편함이 많아서 젊은 사람들이 많이 한국으로 귀화하고 있지만 이를 부정적으로 보고 있다.

> 한국 사람은 절대로 화교를 한국인이라고 생각을 하지 않고 심지어 한국으로 귀화를 한다고 할지라도 한국인이라고 인정하지 않을 것입니다. 이는 민족 자존심교육을 받은 세대의 영향으로 정서적으로 용납을 할 수 없다고 생각합니다.　　　　　(사례 3)

그러면서도 화교 가족의 정체성의 위상을 외딴 섬에 비유하고 있다.

> 한국 사회에서 우리는 소수라기보다 외딴 섬이라고 생각을 하는 편이 낫습니다. 한국의 정책은 너희들이 알아서 살라고 하는 것과 같아요.　　　　　(사례 3)

이러한 상황 때문에 그는 가족적 유대가 더욱 강해졌다고 파악한다.

> 우리 가정은 가족 속에 개인이 있고, 개인 속에 가족이 있다고 생각합니다. 항상 가족이란 생각을 떠나지 않고 있지만, 핵가족으로 살아가기에 개인적인 삶을 살아가고 있는 거죠. 서로가 형제의 의에 금이 가지 않도록 하고 장남으로서 내가 부모 모시고 살고 있으면서 공동비용(회식, 아버님의 병, 내가 사는 집의 대수리 등)은 형제들이 거의 분담하고 있으며, 제수들은 그것을 당연하다고 생각을 하고 있습니다. 가끔은 작은 아버지로서 내 조카아이의 학비를 분담해주는 일도 있었습니다. 다시 말한다면, 가족 속에 핵가족이 있으며, 핵가족이면서도 공동체의식으로 살아가고 있는 것이지요. 어려운 시기를 같이 넘기기도 하구요. 하지만 형으로서 어려운 시기가 동생들의 앞날에 영향을 끼쳐서는 안 되요. 한국에 살면서 화교라는 신분으로 배척을 받은 경험에 의해 뭉쳐지는 현상이 있고, 가족 간의 공동 주제가 있어서 대화가 비교적 많은 편입니다.　　　　　(사례 3)

다른 화교 2세와의 면접에서도 화교 정체성이 강조되었는데, 그는 그 이유를 교육에서 들고 있다.

> 우리 한국화교들 같은 경우에는 화교학교에서 교육을 받을 때 국적을 바꾸면 뿌리를 흔드는 거고 매국노다라는 생각으로 계속 교육을 받았어요.　　　　　(사례 1)

다만 세대가 진행될수록 그 정체성을 고집하지 않고 생활을 중심으로 정체성을 재해석하려는 경향이 강해지고 있다. 3세대의 말을 들어보자.

> 예전에는 게임을 했을 때, 대만을 응원하죠. 근데 요즘 대만이랑 한국이랑 야구하면요, 한국 응원해요. 완전히 바뀐 거에요. 지금은 사실 이제 좀 이쪽으로 많이 왔구요. 그리고 한국이란 나라는 사실 제가 사는 나라예요. (사례 3)

2세대와의 대화에서도 이 경향은 확인할 수 있다.

> 올림픽이라든지 월드컵을 할 때 우리세대 같은 경우에는 주로 중국을 많이 응원을 하는데, 우리 아들을 보니까 아니예요. 대한민국을 응원해요. (사례 1)

다른 3세대도 두 정체성을 함께 유지하고자 한다.

> 긍정적으로 생각하면 두 개 다 할 수 있으니까 오히려 좋은 쪽인 것 같다고도 생각하고 저는 긍정적으로 생각해요. 대만에 가서도 잘 융화되어 살아갈 수 있는 것과 한국에 있으면서 한국 사람들과도 잘 있을 수 있다는 것, 그런거요. (사례 6)

이처럼 한국에서 생활하고 있는 화교의 경우 다양한 형태의 정체성이 공존하고 있지만, 점차 세대가 지날수록 한국과 중국의 요소들을 함께 섞어서 생활하게 될 것이라는 점에는 대부분 동의하고 있다.

이것과는 다른 실용적인 전략을 택하고 있는 화교도 있는데, 보다 적극적으로 한국 사회에서 뿌리를 내리고자 하는 생각이 강한 내용을 피력하고 있다. 자신의 세대와 윗세대의 생각이 다른 점을 그는 귀소본능의 유무에서 찾고 있다.

> 우리 윗세대들은 한국에 왔을 때 여기서 뿌리내리고 살 생각은 전혀 없이 내려왔습니다. 언젠가는 돌아가리라고 생각하고 왔습니다. 여기 와서 조금 하다가 어떻게 돌아갈 생각이었지요. 어릴 때 우리 아버님한테 들을 때 아버님 주변에 친구분들께서 다 그런 생각이셨다고 해요. 잠깐 어려워서 나왔다든가, 어떤 인연으로 왔든가해서 여기 잠깐 기거할 생각

으로 왔는데, 실제 돌아가진 못하셨지요. 그분들은 삶이 마감할 때까지 맹목적으로 아무 생각 없이 돌아가야한다고 생각하셨어요. 그래서 제가 이름을 지었습니다. 그분들이 고향 가겠다는 것은 '돌아가기 위한 돌아감'이라고요. 고향 가서 뭐 사업에 비전이 있다든가, 생활이 보장된다든가 그런 거 없습니다. 맹목적으로 내가 고향 가야된다고 생각하셨던 것입니다
(사례 9)

이와 반대로 자신은 고향에 대해 실망한 경험을 기반으로 현실적으로 한국 사회에서 뿌리내리려고 하는 전략을 택하고 있음을 밝힌다.

대만에서 제가 대학교를 중퇴한 이유는 거기에서도 이방인인 것은 마찬가지였기 때문이죠. 중국에 가봤습니다. 거기서도 이방인이었습니다. 오히려 저는 한국이 편합니다. 중국에 가면 삶이 불편합니다. 그래서 한국에 남아서 생활해나가야 되는데, 그러니 빨리 한국화 해야 합니다. … 한국화되지 않으면 우리 사회에서 낙오자 되고 더 길게 가면 아웃사이더 됩니다. 누구 원망할 것 없습니다. 사회에서의 삶이란 것은 스스로 개척하는 겁니다.
(사례 9)

그는 이제는 한국 사회에서 섞여 살아야 한다는 점을 현실적인 상황에 의거해서 강조하고 있다.

그때 당시에는 화교 이만 명도 안되었습니다. 우리 이만명만 독립적으로 경제권 등등을 주장할 수가 없습니다. 적어도 우리 화교가 십만, 백만이 있다면 우리도 큰소리 칠 수 있습니다. 그렇기 때문에 한국 사회에 녹아들어 가야합니다. 녹아들어가면 우리 정체성이 있느냐고 묻겠지만, 정체성을 지키는 방법에 있어서 이런 방법은 맞고, 이런 방법은 틀리다, 그런 것은 아니란 말이죠.
(사례 9)

그의 경우는 현실적으로는 한국화 하는 전략을 택하지만, 그렇다고 화교로서의 정체성을 포기하지는 않겠다는 것이다. 그는 자신의 정체성을 유지하면서도 한국 사회의 평범한 일원으로서 자리매김 받고자 한다. 오히려 한국에서는 '화

교'라는 꼬리표를 강조하지 않고 그저 옆집의 평범한 이웃사람으로 이해해주기를 원하고 있다.

한국 사회에 뿌리내리려고 결정한 이유는 중국에서의 이방인 대접과도 연계되어 있었다.

> 대만 가서 내가 이방인 취급당하고 중국에서 이방인 취급당하고 그렇게 취급당하다보니까 저는 국가의 경계선이라는 것이 점점 모호해집니다. (사례 9)

대만에 가도 중국에 가도 받아주지 않는 것이 현실이라면 굳이 화교로서의 정체성을 고집할 필요가 없다는 것이다. 자신은 중국적 정체성을 가지고 있는데, 본국에서 자신을 배척할 경우 정체성에 혼란이 온다는 것이다.

> 제가 지금 대만 여권 가지고 있는데요. 대만가도 비자 받아야 되고, 중국가도 비자 받아야 됩니다. 제가 대만 공항에서요, 진짜 말 그대로 눈물로 호소했습니다. 내가 내 나라 여권 갖고 내 나라 들어오는데, 왜 못 들어오게 하느냐, 비자 없어도 비행기 다 태워줬는데… 실은 그 비참함이요, 한국에서 겪는 어려움, 저리가라 이거예요. 아시죠? 남의 집 갔는데, 안방 못 들어가게 하는 건 당연한 거지만, 내 집에 가서 추워죽겠는데 밖에서 문전박대 당해 보세요. (사례 9)

결국 그는 한국에서 살려고 결정했다면, 사는 날까지 언젠가는 한국 사회에 녹아들어가야 한다고 생각한다. 그렇다면 화교로서의 정체성과 한국 사회의 일원으로 살아가는 것 사이의 간극을 그는 어떻게 메꿀 수 있다고 생각하는지 들어보자.

> 화교로서의 우리의 의식이 가면 갈수록 엷어지긴 하겠지만 없어지진 않습니다. 이건 분명합니다. 어느 정도까지 없어지느냐, 한국에 많은 성씨가 족보 뒤지면 조상이 중국에서 건너왔잖아요? 아마 그 정도로 남겠죠. (사례 9)

이러한 삶의 태도에서 논자는 국가주의 이후의 소수자로서의 개인과 그 가족에 대한 하나의 전형적인 모습을 그의 생각에서 포착해낼 수 있었다. 그것은 국가정체성의 경계가 보다 더 약화되고 국가정체성들 사이의 중첩적 요소들이 쌓여가면서 그것들이 혼성화 되어가는, 그리고 그 혼성성이 현실이 되는 그러한 모습이었다.

세대가 흐를수록 이러한 태도는 점차 늘어날 것이다. 이럴 경우 한국인과 화교를 엄격하게 분리, 배제, 차별하는 논리는 그 대상을 잃게 된다. 중국인으로서의 정체성을 유지하면서도 한국화 되어 가는 것을 또한 받아들이는 혼성적 삶은 엄격한 이분법적 구분을 무력화시킬 것이기 때문이다. 이러한 변화는 고대 이래로 한반도에 유입되어 자리를 잡아 온 이 땅의 구성원으로서의 중국계 한국인의 현실적 대두를 다시금 고찰해야 할 필요를 제기한다. 화교의 정체성 문제는 다문화가족의 정체성 문제와 함께 한국인의 폐쇄적, 배타적 민족 정체성을 반성하고 보다 합리적으로 재구성하기 위한 구체적인 중요한 사례다. 따라서 화교가족은 21세기 한국 가족의 역동적, 복합적 민주주의 모형을 구성하는 데 있어서 중요한 고려의 대상이기도 하다.

Ⅴ. 마무리 하면서

이 글에서 논자는 한국 가족의 변화상을 고려한 가족 모델을 구성했다. 그 중 한국 가족이 처했던 복합적 상황을 긍정적으로 해석했다. 그리고 이러한 해석이 한국적 상황뿐만 아니라, 세계적 수준에서도 – 특히 후발자본주의 국가들의 경우에는 – 하나의 일반화된 모델로서 가능할 것이라는 희망도 함께 피력했다. 반면에 한국의 가족이 근대 내내 겪어왔던 자체 과부화로 인한 구성원들의 고통과 이론에 대한 냉소, 그리고 정체성 분열 등에 대한 기록이 소홀하게 처리된 것도 사실이다.

화교의 역사는 또 다른 근대 가족의 반면교사 역할을 하고 있다. 근대 주류 가족이 국민국가에 적응해 온 역사뿐만 아니라, 이 땅의 인민의 일부로 정착해 온 화교 가족의 이면을 정리하는 것은 이곳에 살고 있는 소수자가족의 또 다른 이면을 보여주고 있다. 논자는 소수자인 화교 가족의 모습을 통해서 한국 가족의 유사성과 동일성뿐만 아니라, 이것으로 인해서 피해를 보아 온 또 다른 가족의 한 단면을 고려함으로써 보다 다양한 이질적인 것들과의 공존의 문제도 중요한 사유의 대상이라는 점을 드러내고자 했다.

이 글에서 이를 통해 논자가 강조하고 싶었던 것은 모든 이론은 현실과의 적합성 연관 속에서 다시금 재구성되어야 한다는 점이다. 가족 이론도 예외가 될 수 없다. 한국의 가족을 대상으로 이론화를 시도하는 전문가들은 한국 가족의 역사적 궤적과의 부단한 대화를 통해서 자신의 이론을 구성하고 재해석해야 할 것이기 때문이다.

이 역사적 궤적을 정리한 선행 업적이 있었기에, 논자의 주장도 가능했다. 이 글의 핵심 주장이기도 한 한국 근대가족이 진행해 온 성찰성의 독특한 특징을 강조한 논자의 주장은 구체적인 사안들을 대상으로 삼아 실체화되어야 한다.

그럼에도 이 글에서 새롭게 주장한 바와 같은 가족에 대한 철학적 성찰이 갖는 장점도 있다. 현실과 이론 사이의 단절과 불일치에 대한 해결책을 성찰적 차원에서 재구성할 수 있다는 점이다. 특히 한국의 근대 가족이 처해있는 상황에서처럼 서구적 도식에 의거한 특정 이론들이 현실에서 힘을 잃어갈 때, 그것들이 삶과 유리되어 있을 때, 현실에 대한 성찰에 의거해서 시도되는 철학적 재구성 작업들은 다시금 이론의 현실로의 귀환을 준비할 것이다.

| 참고문헌 |

권용혁, 「개인과 가족」, 사회와철학연구회 편, 『사회와철학』, 21집, 2011.

권용혁, 『가족과 민주주의』, 울산: 울산대학교 출판부, 2005.

미셸 바렛·매리 매킨토시, 『가족은 반사회적인가』, 김혜경 옮김, 서울: 여성사, 1994.

박경태, 「한국사회에서 화교들이 느끼는 차별의 수준」, 최협 외 저, 『한국의 소수자, 실태와 전망』, 서울: 한울, 2004.

박경태, 『소수자와 한국사회』, 서울: 후마니타스, 2008.

아리스토텔레스, 『정치학』, 천병희 옮김, 서울: 도서출판 숲, 2002.

앙드레 뷔르기에르 외 엮음, 『가족의 역사』, 정철웅 옮김, 서울: 이학사, 2001.

앤서니 기든스, 『현대 사회의 성. 사랑. 에로티시즘』, 배은경 황정미 옮김, 서울: 새물결, 2003.

울리히 벡·엘리자베트 벡, 『사랑은 지독한 혼란』, 강수영 외 옮김, 서울: 새물결, 2002.

위르겐 하버마스, 『공론장의 구조변동』, 한승완 옮김, 서울: 나남출판, 2002.

이윤희, 「인천 거주 화교의 인권 실태 및 정체성」, 최협 외 저, 『한국의 소수자, 실태와 전망』, 서울: 한울, 2004.

이재경, 『가족의 이름으로』, 서울: 또 하나의 문화, 2007.

장경섭, 『가족·생애·정치경제』, 서울: 창비, 2009.

장수현, 「한국 화교의 현실과 도전」, 최협 외 저, 『한국의 소수자, 실태와 전망』, 서울: 한울, 2004.

존 로크, 『통치론』, 강정인·문지영 옮김, 서울: 까치, 1996.

최유정, 『가족정책을 통해 본 한국의 가족과 근대성』, 서울: 박문사, 2010.

최재석, 『한국가족연구』, 서울: 일지사, 1994 (초판 1982).

최재석, 『한국의 가족과 사회』, 서울: 경인문화사, 2009.

플라톤, 『국가·政體』, 박종현 역주, 서울: 서광사, 1997.

함인희, 「산업화에 따른 한국 가족의 비교적 의미」, 하용출 편, 『한국 가족상의 변화』, 서울: 서울대학교출판부, 2001.

G.W.F. 헤겔, 『법철학』, 임석진 옮김, 서울: 한길사. 2008.

Hegel, G.W.F., *Grundlinien der Philosophie des Rechts*, Suhrkamp Verlag Frankfurt a.M. 1975.

Chapter 03

한국 사회의 다문화주의와 화교

이우관 DNI 컨설팅 정보분석연구소

I. 서론

오늘날 다문화주의는 중요한 사회적 쟁점으로 등장하고 있다. 세계화에 의해 추동되고 있는 국민국가의 구조적 변동과 맞물려 다문화적 소수자 문제는 중요성이 더욱 커지고 있다. 과거 사회적 갈등은 대체로 근대화의 단계에서 급격한 산업화 과정에 따른 결과로 인식되었다. 그런데 오늘날 인구의 이동이 초국가적 수준에서 진행되면서 다문화적 소수자 문제가 새로운 쟁점으로 부각되고 있다.

세계화가 전면화된 90년대 이후부터 사회적 갈등은 다민족, 다종족으로 이루어진 다민족, 다종족 사회의 다문화적 성격에 기인한다는 인식이 확산되고 있다.[1] 거의 모든 국가가 단일민족이 아니라 다민족 혹은 다종족 국가이며, 문화적 이질성에 기반한 가공의 이념적 공동체라는 사실이 부각되고 있다. 국민국가 내부의 다양한 갈등은 정치경제학적 시각에 제한되는 것에서 벗어나 종족과 민족의 갈등이라는 차원에서 접근할 필요성이 제기되었다. 민족적 및 종족적 집단 사이의 정치적, 경제적, 계급적 관계, 그리고 이와 관련된 문화적 편견과 갈등에

---

[1] ethnic, ethnicity는 인종, 민족, 종족 등의 용어로 번역어 사용되고 있다. 생물학적 인종(race)의 개념과 구분하고, 민족(nation)의 개념과도 구종분하기 위해 '종족'이라는 용어로 번역된다. 박은경은 종족이 국가중심적인 민족보다 다양한 의미를 지니므로 ethnicity의 번역어로 더 적절하다고 본다. 박은경, 1987, 85쪽. 그러나 '인종(race)'이라는 개념 또한 전적으로 생물학적 개념은 아니다. 본 글에서는 현재 상용되고 있는 인종이라는 개념과 구분하기 위해 ethnic을 종족이라는 용어로 사용한다.

대한 관심이 증가하고 있다. 다문화주의와 소수자에 대한 논의는 주제와 범위, 그리고 관심의 정도에 있어서, 최근 들어 극적인 변화를 보이고 있다. 서구사회뿐만 아니라 한국 사회도 이 변화에 있어서 예외는 아니다.

한국 사회의 경우 종족적-혈통적 정체성을 준거점으로 하여 국민의 구성이 진행되었다. 하지만 재외동포, 이중 국적자, 다문화적 소수자 등 이주에 따라 생겨난 다양한 이질적 주체의 등장은 국민과 비국민의 경계가 국가와 이주자의 이해관계에 따라 유동적이며, 국민과 국적을 연결하는 혈연적 기반이 균열되고 있다는 것을 보여준다. 비록 우리 사회에서 혈통적 순수성과 동질성에 기초한 민족국가라는 믿음이 확립되어 있다고 할지라도, 혈통의 순수성이 오랜 기간에 거쳐 그대로 지켜져 온 동질적 민족인가에 대하여는 과학적인 근거가 불분명하다. 그러한 신화적 믿음과는 달리 민족적 동질성이 실재하는 것은 아니다. 앤더슨이 다종족으로 이루어진 동남아시아에 대하여 적용했던 '상상의 공동체'로서의 민족이라는 명제는 한국의 경우에도 적용된다. 이럴 경우 민족의 내부적 분화 혹은 이질성을 고려할 필요가 있다.

우리에게는 '단일민족'이라는 말이 일상화되어 있다. 그러나 우리의 통념과는 달리 오늘날 한국 사회도 그 내부에서 종족적 및 문화적 이질화가 점차 심화되고 있다. 한국 사회에서 이주 노동자나 국제결혼으로 인한 외국인의 존재가 점차 수적으로 가시화되면서 기존의 단일민족 국가의 지도를 바꾸고 있다. 이러한 상황에서 한국인은 이들 낯선 사람들과 함께 그들의 일상의 세계를 재구성하게 되고, 이에 따라 종족적 차이에 의한 갈등이 정치와 경제, 그리고 문화의 영역에서 점차 심화되고 있다. 단일민족 혹은 민족의 혈통적 순수성의 신화에 젖어 있는 한국인들은 배제적 시민권을 통해 이주자들에 대하여 정치적인 장벽을 구축할 뿐만 아니라 문화적인 저항을 한다.

근대의 국민국가는 그 내부에 다문화주의의 요소들을 태생적으로 내장하고 있다. 근대의 국가는 그 내부에 이질적인, 경우에 따라서는 적대적인 다양한 민족들 또는 종족적 집단들로 채워져 있다. 즉 근대 국민국가는 국가 형성의 역사적 조건들에 따라 국가 내부에 상이한 형태의 '문화적 다양성'을 포함한다. 이런 이유로 근대 국민국가는 자신의 고유한 정체성의 인정을 요구하는 소수자집단들, 그리고 이로 인한 문화적 차이를 수용하는 문제에 직면하고 있다. 오늘날 다양한 형태의 종족적, 문화적 집단들은 자신들이 가진 고유한 정체성의 인정을 더욱더 강하게 요구하고 있고, 이에 따라 근대의 국민국가는 이들의 종족적, 문화적 차이를 어떻게 국민국가의 시민권 제도를 통해 수용할 것인가라는 문제에 직면하고 있다.

이 논문은 이상과 같은 문제들에 초점을 맞추어 한국의 화교들의 사례를 살펴보고자 한다. 19세기 말로 거슬러 올라가는 뿌리 깊은 이민의 역사를 가지고 있음에도 불구하고, 한국의 화교들은 종족적, 문화적 차이로 말미암아 한국 사회로의 통합이 쉽지 않았던 것이 사실이다. 여기에는 또한 한국 사람들이 화교들에 대해 가지고 있는 불신과 차별이 크게 작용하였다. 우리는 최근 화교를 포함하여 이주민들에 대한 다문화정책으로의 전환을 모색하고 있지만, 오랜 기간 동안 유지되고 있는 화교에 대한 배제정책은 여전히 화교들을 한국 사회의 이방인으로 만들고 있다. 국가와 민족의 엄격한 경계가 약화되고 있는 초국가적 이주의 시대에 여전히 한국의 화교는 국민국가 안에서 차별 받는 이등시민으로 살아가고 있다. 화교들이 국가 안에서 시민의 권리를 누리지 못하고 있다면, 우리는 이러한 배제가 어떤 방식으로 이루어져 오고 있는지 검토할 필요가 있다. 우리는 다문화 사회에서 화교를 포함한 이주자의 시민권에 주목해야 한다. 그 이유는 한 사회에서 구성원의 지위 및 권리를 알아보는 중요한 근거로 시민권이 작용하기 때문이다. 한국 사회는 다문화적 시민권의 제도를 통해 화교들의 문화적 다양성을 존중하고, 한국 사회에서 타자가 아닌 완전한 시민으로 살아가는 것을 모색해야 할 필요가 있다.

Ⅱ. 지구화와 다문화주의

1. 이주의 시대

지구화(globalization)의 개념은 1980년대부터 본격적으로 사회과학의 다양한 영역들에서 논의되기 시작하였다. 지구화에 대한 활발한 논의는, 한편으로는 선진 자본주의사회에서 진행되고 있던 사회 경제적 변화의 특징을 이해하려는 관심에서 시작되었고, 다른 한편으로는 개별 국가들의 운명이 점점 더 서로 맞물려 있다는 현실적 인식과 결부되었다. 지구적인 경기 침체, 소련과 미국의 대립에 따른 핵전쟁의 위험, 점점 더 심화되고 대규모화되고 있는 생태 위기 등과 같은 사건들이 주목되었다. 그와 같은 사건들은 많은 국가들에서 일상생활이 지구적 구조와 과정에 의해 영향을 받고 있음을 보여준다. 지구적 상호 연관성에 대한 인식의 확대는 전자매체들의 발달에 의해 더욱 강화되었는데, 전자매체는 멀리 떨어진 곳의 사건들을 시청자의 눈앞에 직접 전달하여 지구적 공동체라는 감각을 창출할 수 있었다.

지구화는 현대 세계체제를 구성하는 국민국가를 초월하는 다차원적인 상호 연관성을 의미한다. 초국적인 네트워크, 사회활동, 사회관계는 사실상 인간 활동의 모든 영역으로 확장되고 있다. 특히 무역, 금융, 생산의 지구적 체계는 지구 전역에 있는 가정, 공동체, 민족의 운명을 매우 밀접하게 결합시킨다. 지구화의 과정에 의해 세계의 어느 한 부분에서 일어난 사건, 의사결정, 활동 등이 지구

저편 멀리 떨어진 개인과 공동체에 의미 있는 결과를 가져올 수 있다.

　지구화의 과정을 통해 우리 모두가 더욱더 하나의 세계에 살게 되고, 그래서 개인들, 집단들, 그리고 국가들이 더욱더 상호의존하게 되고 있다. 지구화는 이러한 지구적인 사회적 관계와 상호의존성을 심화시키는 과정을 지칭하는 용어이다. 기딘스의 설명에 의하면, 사회적 관계의 지구화는 근대의 세계에서 우리 삶이 전개되고 있는 시간과 공간을 재질서화하는 것으로 이해할 수 있다. 그는 지구화가 근대성(modernity)의 본질적 특징과 관련되어 있음을 강조한다. 근대성이 지닌 독특한 특성들을 규명하기 위해서는 근대적 제도들이 어떻게 시간과 공간 안에 '자리 잡게 되었는가'를 살펴보아야 한다.[2] 시간과 공간이 연계되어 있던 전근대적 사회와는 달리 근대의 사회에서는 '시간–공간의 분리'가 확대된다. 시간과 공간의 분리는 '장소귀속탈피'(disembeding) 과정의 조건이 된다. 장소귀속탈피란 사회관계들을 지역적 상호 작용의 맥락에서 '끄집어내어' 무한한 시간–공간 대에 걸쳐서 재구성하는 것을 의미한다.

> 어쨌든 근대 사회들(민족국가들)은 몇 가지 측면에서 명백하게 규정된 경계성을 가지고 있다. 그러나 이런 모든 사회들은 또한 '민족'의 문화적 질서와 국가의 사회 정치적 체계를 가로지르는 유대와 연결로 뒤섞여 있다. 사실상 어떤 전근대 사회도 근대 민족국가처럼 분명하게 경계지워지지는 않았다.[3]

　오늘날 상품, 자본, 사람, 지식, 문화 등은 모두 영토적 경계를 넘어 이동한다. 지구화는 일국의 영토적 경계를 넘어 사회관계의 확장을 가져왔고, 이제 사회적 행위와 사회적 관계가 과거와는 달리 특정한 지역에 국한되어 있지 않게 되었다.

---

2 근대화(modernization)를 '시간-공간 분리'의 과정으로 보는 이론적 관점은, 스펜서에서 파슨스를 경유하여 하버마스에 이르기까지 근대화를 무엇보다도 구조적 분화와 기능적 통합 과정으로 이해한 다원주의적 이론들에 대한 비판으로부터 출발한다. 기딘스, 1990, 35쪽.

3 기딘스, 1990, 29쪽.

그에 따라 오늘날의 지구화된 세계에서 국민국가적 경계의 의미는 점점 더 약화된다.

지구화의 시대는 '이주의 시대'이다. 지구화라는 시대적 흐름 속에서 이주문제는 모든 국가들이 공통적으로 고민해야 하는 지구공동체의 보편적인 의제가 되고 있다.[4] 현재 전 세계 인구의 약 2.5%는 이주민이다. 한국의 경우도 전체 인구의 약 2%가 외국인들이다. 국경을 넘는 이주의 규모와 속도는 앞으로 증대되고 가속화될 전망이다. 정보 및 교통수단의 발달로 이동의 자율성은 증대되었으나, 국제적인 인구이동을 규제할 만한 성문화된 협약이나 법률체계는 전무한 형편이다. 그 결과, 국경의 통제 및 출입국관리법의 강화에도 불구하고, 비합법적인 이주와 정주의 규모는 날로 증가하는 추세에 있다.

오늘날의 이주는 여러 가지 측면에서 과거의 이주와 구별된다. 19세기와 20세기 초의 이주는 거의 영구적이었고, 떠나온 곳에 남아 있는 사람들과의 유대도 이루어지지 않았다. 반면 오늘날의 이주는 영구적 이주, 잠정적 이주, 관광, 노동을 위한 짧은 여행이 뒤섞여 있다. 이중에서도 잠정적 이주와 관광, 노동을 위한 이주가 증가하고 있다. 오늘날 이주자들은 그들이 떠나온 곳과의 유대관계를 긴밀하게 유지하고 있다. 인터넷과 통신수단을 이용해 예전에는 몇 주 혹은 몇 달씩 걸렸던 가족, 친구들과 연락을 수시로 취한다.

이주를 통해 일어나고 있는 사회문화적 변화를 이해하기 위해서는 20세기 후반에 이주의 방향이 역전되고 있다는 사실도 기억해야 한다. 과거의 경우 식민정책에 의해 저개발 지역으로의 이주가 지배적이었다면, 오늘날의 경우 경제적 빈곤, 실업, 정치적인 문제, 불투명한 미래 등의 이유로 저개발국가에서 선진국가들로의 이주가 진행되고 있다. 이 경우, 저개발국가의 이주자의 경우 거주허가는

---

4 오경석, 2007, 22쪽.

갱신될 수 있지만, 영주권과 시민권은 소수에게만 허용되고 국민으로서의 권리와 참여의 기회는 제한적이다. 경제적 필요성에서 이주를 허용하는 쪽과 이주하는 쪽의 이해관계가 일치할 경우에라도 사회문화적 맥락에서는 단절이 발생한다. 이러한 단절은 거주지, 교육, 의료에서 뿐만 아니라 믿음과 관습에 있어서도 격리현상이 벌어지고 빈번히 박해와 추방으로 이어지기도 한다. 이주자를 대하는 태도는 각 나라마다 정책에 따라 달라지고 또한 이주자의 자격요건에 따라 달라진다. 전문직 종사자, 기술자, 지식인, 그리고 특수업종 종사자들은 쉽게 이주가 허락된다. 부유한 자와 교육수준이 높은 사람의 여행이 문제가 되는 경우는 거의 없다. 그러나 오늘날 일반적으로 세계화된 경쟁의 결과로 초래된 노동시장의 불안정성이 이주자의 신분을 불확실성으로 몰고 가고 새로운 사회로의 통합을 어렵게 하고 있다.

2. 다문화적 소수자

현대사회의 특징 중 하나는 사람들이 국가, 민족, 종족, 문화의 경계를 넘어서 자유로이 이동하고 교류하면서 기존의 사회적 구조와 조건을 변화시키고 있다는 점이다. 이런 변화는 디아스포라(diaspora), 복합사회(plural society), 다원사회(multiple society) 등의 단어로 표현된다. 나아가서 다종족(multi-ethnic), 다민족(muti-national), 다문화(multi-cultural) 등의 단어에서 보듯이 '다(multi)'라는 접두어는 현대 사회가 그 구성과 구조에서 결코 단일하고 단순하지 않다는 점을 말해 주고 있다.[5] 이러한 인구와 문화의 탈경계적 만남과 혼합은 국가와

---

5 김광억, 2005, p. 17.

민족공동체의 공간에 새로운 문제를 야기하고 있다. 한편으로 국제결혼의 증대, 외국인 노동자의 증가, 그리고 외국 기업의 진출 등은 글로벌 공동체에 대한 긍정적 기대를 갖게 한다. 그러나 다른 한편으로는 글로벌 시대에 들어서면서 종족족 갈등이 새로운 모습으로 재연되고 있음을 주목해야 한다.

2011년 행정안전부가 발표한 외국인주민에 대한 조사자료에 의하면, 우리 나라에 거주하고 있는 외국인은 1,265,006명이다. 조사대상자는 한국 국적을 가지지 않은자, 한국 국적 취득자, 외국인 주민 자녀 등으로 구성되며, 한국 국적 미취득자는 79.3%이고 국적 취득자는 8.8%, 외국인 자녀 11.9%이다. 한국 국적 미취득자의 경우, 외국인 노동자가 552,946명으로 전체의 43.7%를 가장 비중이 높고, 그 다음으로 결혼이주자가 141,654명으로 11.2%차지한다. 유학생과 재외동포의 비율이 각각 6.9%와 6.6%를 차지한다. 한국 국적 취득자 111,110(8.8%)명 중, 혼인귀화자가 69,804명(5.5%)이고, 기타 귀화자가 41,306명(3.3%)이다. 이들을 국적별로 보면, 한국계 중국인을 포함한 중국 국적자가 55.1%로 가장 많고, 동남아 22.%, 미국 5.2%, 남부아 4.1%, 일본 2.8%, 대만 1.9% 등으로 구성된다.

<그림 1>에서 보는 바와 같이 1990년대 이후부터 내·외국인의 출입이 크게 증가하였다. 2010년도 총 출입국자는 42,988,101명으로 사상 처음 4천만명을 돌파하였으며, 전년 대비 22.1% 증가하였다. 출입국자 중 국민과 외국인의 구성비는 국민 59.5%, 외국인 40.5%이다. 체류자격별 외국인 입국자는 관광 52.5%, 선원 및 승무원 11.3%, 단기종합 10.9%, 사증면제 9.2% 등으로 분류된다. 이러한 출입국자의 증가는 세계화의 진전에 따라 국가의 경계를 넘나드는 인구의 국가 간 이동이 크게 증가하고 있음을 의미한다.

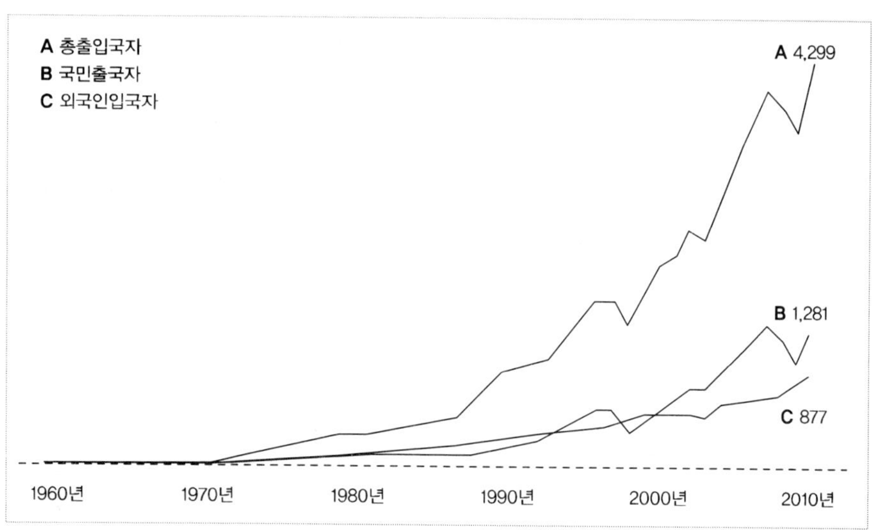

자료: 출입국외국인정책본부, 2010 통계연보.

〈그림 1〉 출입국자 현황 (단위: 만명)

세계화와 노동인력의 이동, 결혼이주 등을 통해 이루어지고 있는 외국인들의 유입은 한국 사회에서 거스를 수 없는 시대적 추세가 되었다. 이러한 현상은 전통적인 국가주권, 국민, 영토, 국경 등의 개념을 약화시키고 있다. 세계화의 진전에 따른 국제 이주의 증가는 전 세계적인 현상이며, 이로 인하여 외국인과 이주민을 자국 사회로 통합하는 문제가 많은 국가들에서 중요한 과제로 등장하고 있다. 세계화, 경제 개방, 국제적 이주의 증가 등에 따른 다문화사회로의 진행이라는 세계적 추세는 한국 사회도 예외가 아니다. 그러나 한국 사회는 오랫동안 순혈주의전통에 익숙해져 있었기 때문에 외국인들이 많이 유입되고 다문화가족이 늘어나며 이들과 함께 공존해서 살아가는 것이 아직은 많은 국민에서 낯설다. 국가성립 초기부터 이민국으로 발전한 북미를 중심으로 한 신대륙이나 역사적으로 여러 민족이 어우러져 살아온 유럽사회와 비교했을 때 한국은 이주자를 다문화사회로 통합해본 역사적 경험이 없다.

한국의 화교는 이런 점에서 전형적 사례를 보여준다. 한국 화교의 역사는 이 주민들이 한국 사회에서 경험하는 국민국가적 차원에서 이루어진 포섭과 배제, 통합과 차별이라는 이중적이고 모순적인 사회질서를 드러내고 있다. 1920년대 일본 식민정부의 각종 토목 공사 및 중공업 노동자로 대규모로 유입되기 시작한 한국 화교들은 한때 무역업을 비롯한 다양한 상행위를 통해 경제적 호황을 누리기도 했다. 하지만 1950년 한국전쟁 이후 중국으로의 무역 경로가 차단되면서 화교들의 경제적 기반이 상실되었고, 대부분 중국 산동성 출신인 화교들은 대만 국적을 취득한 채 남한에 정착하게 되었다. 이승만 정권과 박정희 정권하에서 외국인의 권리를 제한하는 각종 정책과 조치가 시행됨에 따라 화교의 생활환경 은 크게 악화되었다. 한국 화교는 한반도에 3대째 그 뿌리를 내리며 살아오고 있지만, 한국 사회의 제도적 차별과 편견은 그들을 주변적 위치로 내몰았고, 많은 화교들이 조금이라도 더 나은 환경을 찾아 대만, 미국, 일본 등으로 이주해 갔다.

3. 시민권의 변화

국민국가는 근대적인 국가의 형태이다, 다시 말해서, 근대의 시기에 출현한 국가의 형태이다. 프랑스 혁명 이후의 근대적 국민국가와 그 이전 절대왕정기의 국가를 구분하는 가장 본질적인 특징 가운데 하나는 '국민(nation)' 개념에 있다. 국민은 헌법, 민법, 국적법 등에 의해 법적으로 규정되는 존재이다. 또한 국민은 국가 이데올로기(애국심, 국민문화, 역사, 신화)에 의해 형성된 이데올로기적 존재이다. 국민국가에서 국민은 등록되고 관리되어야 한다. 또한 국민의 신체적 이데올로기적 재생산(가족과 학교 등)이 중요한 과제가 된다. 국민국가 형성기의 국민화는 사람들의 사고, 감각, 신체 등에 전인적 변화를 요구하고 이를 실현한다. 이는 서구의 경우도 제3세계의 경우도 기본적인 사정은 같다. 국민화는 학교, 군대, 공장, 종교, 문학, 그 외 모든 제도와 국가장치를 통해 궁극적으로는 국가의 원리를 체현한 국민을 만들어 낸다.[6]

근대의 시대에 국가는 국민국가의 형태를 취한다. 유럽에서 국민개념은 세습적이고 절대주의적 국가의 지형 위에서 발전했다. 세습국가는 군주의 소유물로 규정된다. 유럽 전역에 걸쳐 유사 형태들로 나타난 세습적이고 절대주의적인 국가는 봉건적인 사회관계와 생산관계를 지배하는 데 필요한 정치형태였다. 16세기에 근대 세력들 사이의 격렬한 전투와 종교개혁의 외중에 세습 군주제는 평화와 사회적 삶의 보증자로 보였다. 하지만 세습 국가권력의 봉건적 기반이 사라져 가고 있었다. 자본의 본원적 축적 과정은 모든 권력 구조에 새로운 조건을 부과했다. 비록 절대주의적 국가가 정치 세력들의 타협적 지지를 통해서 유지되었지만 새로운 생산력의 출현 때문에 내부로부터 부식되고 있었다.

국민국가는 영토와 인구에 대한 세습국가의 총체화하는 정체성을 충실하게 재생산한다. 신학적 근거에 위에 성립한 절대주의적이고 세습적인 모델은 새로운 초월적 근거에 의해 대체되면서 변형되었다. 왕의 신성한 신체가 아니라 국민의 정체성이 영토와 인구를 이념적 추상물로 설정하였다. "물리적 영토와 인구는 국민의 초월적 본질의 확장으로 받아들여졌다. 따라서 근대적 국민 개념은 국가의 세습적 신체를 물려받아 그것을 새로운 형태로 재창조했다."[7] 근대적 국민국가는 국민적 정체성, 즉 혈연관계의 생물학적 연속성, 영토의 공간적인 연속성, 그리고 언어적 공통성에 근거한 문화적이고 통합적인 정체성에 의해 안정화됐다. 세습적 지평이 국민적 지평으로 변형됨에 따라 봉건적인 신민의 질서가

---

6 니시가와 나가오, 2002, 70쪽.
7 네그리, 하트, 2001, 141쪽.

시민의 질서로 넘어갔다. '신민에서 시민으로의 주민의 전환'에 의해, 국민은 사회관계와 정치관계를 생성해내는 능동적인 세력으로 제시되었다. 베네딕트 앤더슨과 그 밖의 사람들이 지적하듯이, 국민은 종종 '집합적 상상체', '시민 공동체'의 능동적 창조로서 경험된다.

근대의 시민권은 영토와 시민의 일치에 기초해서 운영되었다. 영토 내에 살고 있으며 특정한 문화 정체성을 가진 사람들에게 시민권을 부여한 것이다. 하지만 지구화는 영토와 시민을 분리해놓았다. 그 결과, 외국에 살고 있고 있는 시민의 권리를 본국 정부가 아니라 거주국 정부에서 보장한다. 즉 국가와 시민, 정체성과 법적 권리가 분리된 것이다. 이러한 분리를 단적으로 보여주는 것이 바로 영주권이다. 영주권자는 다른 국가의 시민이지만 거주국에서 일정한 시민으로 대접받을 수 있다. 게다가 이중국적을 인정하는 국가들도 점점 늘어나는 추세다. 지구화의 영향으로 국제적인 이민이 증대하면서 국민적 시민권은 새로운 도전에 직면한다(<표 1> 참조).

〈표 1〉 국가적 시민과 탈국가적 시민권 비교

구분	국가적 시민권	탈국가적 시민권
시기	19세기 ~ 20세기 중반	2차 세계 대전 이후
지리적 구분	국민국가 경계	유동적 경계
구성원과 지역적 적합성	일치	불일치
권리/특권	하나의 법률상 지위	다양한 법률상 지위
멤버십의 기본토대	공유된 국민성	보편적 인간성
적법성의 근원	국가	다국적 커뮤니티
멤버십의 관리	국가	국가

출처: Soysal, Yasemin Nuhoglu, *Limits of Citizenship; Migrants and Postnational Membership in Europe* (Chicago: The University of Chicago Press), 1994, 140쪽.

지구화는 한국 사회를 비롯한 세계 여러 곳에서 국민 국가의 전통적 경계를 뒤흔들고 있는 것이다. 이중 국적자가 증가하고 외국인 노동자와 장기 거주 외국인의 인권 문제가 제기되고 있다. 국민국가들 사이의 기구 또는 국민국가를 뛰어넘는 기구와 조직이 형성되고, 국제 인권규범이 제정되면서 국내 문제로 간주되던 시민권이 국가를 뛰어넘게 되었다. 제이콥슨은 영주권자와 이중 국적자의 증가는 배타적으로 자국 시민을 규정해 유지되었던 근대적 시민권에 변화가 찾아왔음을 보여주는 증거라고 주장한다. 반면, 욥케는 영주권이나 이중시민권은 아직까지 국민국가가 보장한다는 점에서 국민국가를 뛰어넘지 못한다고 비판한다. 하지만 영주권이나 이중시민권이 국적과 그 권리를 분리하고 다중적 국민 정체성의 형성에 기여한다는 점은 분명해 보인다.[8]

근대의 시민권은 국민국가의 질서라는 제한적 구조 속에서 제도화 되었고, 그에 따라 국가를 구성하는 모든 참여자들에게 적용되지 않았다. 국민국가를 중심으로 발전해온 시민권은 혈연적 혹은 문화적 기준에 따라 국민과 외국인을 구별하였고, 외국인의 시민권을 인정하지 않았다. 비록 근대적 시민권이 국민국가의 경계 안에서는 모든 시민에게 적용되어 지역, 혈연, 종교, 성별 등에 따른 차별을 없애는 데 기여했지만, 시민권이 부여되지 않은 국민국가 경계 외부에 있는 사람들에 대한 차별을 더 심화시켰으며, 또한 그러한 차별을 정당화하였다. 소이잘이 주장한 바와 같이 오늘날 인구의 초국적 이동이 불가피하며, 이에 따라 기존의 국민국가가 갖고 있던 시민권의 변화가 필요하다. 그는 2차 대전 이후 시민권의 토대가 다국적으로 확대되고, 이들의 정체성 또한 한 국가에 얽매여 있지 않는다는 점을 강조한다. 지구화는 혈연과 지연이라는 특수주의 기준에 따라 주어진 시민권이 아니라 '인간됨(personhood)'이라는 보편주의의 기준에 따라 인간의

---

8 지구화와 초국가적 인구의 이동에 의해 점차 확대되고 있는 탈국가적 시민권의 쟁점에 대한 논의는 다음을 참조. 최현, 2008, 「탈근대적 시민권 제도와 초국민적 정치공동체의 모색」, 『경제와 사회』, 통권 79호. 탈국가적 시민권에 대한 비판적 논의에 대해서는 다음을 참조. 이철우, 2008, 「탈국가적 시민권은 존재하는가」, 『경제와사회』, 통권 79호.

권리를 보장해야 필요성을 증가시킨다.

세계화가 진행되면서 국민국가의 영토적, 종족적, 문화적 경계가 약화되면서 시민과 비시민을 정하는 경계 또한 약화되고 있다. 이러한 세계적 흐름 속에서 한국의 폐쇄적 시민권은 변화의 압력에 직면하고 있다. 국적에 관계없이 인간의 권리를 보장하자는 인권 담론이 지구적으로 확산되면서 여러 국가가 국제인권협약을 체결했다. 이에 따라, 많은 국가들에서 국민과 외국인이 가진 권리의 차이는 이전에 비해 훨씬 줄어들었다. 또한 외국인을 차별하는 것이 점점 더 어려워지고 있다. 국민이지만 외국에 있으면서 국가 발전에 전혀 기여하는 바가 없는 사람이 있는가 하면, 외국인이지만 자국 노동시장에 참여하고 세금을 내는 사람도 있다. 이 경우 외국 국적을 가지고 있는 사람이지만 한국의 발전에 기여하고 있고 앞으로도 그러길 원하는 사람에게 시민권을 부어하지 않는 것은 부당하다.[9] 화교들과 같이 세금을 내고 사회적 분업에 참여하는 등 실제로 국민 국가의 발전에 기여하는 사람들을 혈통이라는 전근대적인 기준을 근거로 배제하는 것은 시민권의 근간이 되는 보편주의 원리 그 자체를 위배하게 된다.

Ⅲ. 화교의 집단적 성격

화교는 두 개의 한자 '화'(華)와 '교'(僑)로 이루어져 있다. 여기서 華는 중국 사람들이 스스로를 높여 부르는 말이고, 僑는 '타관살이하다' 또는 '임시적인 거처'의 의미이다. 두 글자의 합성어인 화교는 중국이 아닌 외국에서 임시로 살고 있는 중국 사람을 의미한다. 하지만 현실적으로는 영구 이주해 간, 그러나 여전

---

9 최현, 2008, 52쪽.

히 중국 국적을 유지하고 있는 중국 사람들을 통칭하는 용어로 쓰인다. 반면, 해외에 살면서, 중국 국적을 갖지 않고 현지 국가의 국적을 취득한 사람들은 '화인(華人)'으로 불리는데, 실제로 화인이라는 용어는 중국 국적의 유무에 관계없이 더 넓은 의미로 사용되고 있다.[10] 일반적으로 화교는 외국에서 거주권을 가지고 있는 중국인을 의미하며, 살고 있는 나라의 약칭 뒤에 華를 붙이면 그 나라에 살고 있는 화교란 의미이다.[11] 한국의 화교는 1882년 임오군란 직후 체결한 청조수륙장정(淸朝水陸章程)에 의해 군인들과 같이 한국에 온 군역상인들을 화교의 시초라고 일반적으로 보고 있다.

한국에 온 화교들은 대부분 지리적으로 가까운 산동성 출신이 제일 많다. 점차 국내 화교의 수가 증가하여 화교회관(華僑會館)[12]을 곳곳에 세우고, 중국의 문화를 교육하기 위하여 학교를 세웠다.[13] 회관을 건립하고 화교학교를 세우는 등의 활동을 통해, 화교들은 자신의 정체성을 유지하기 위하여 노력하였다. 그러나 단일민족이라고 믿고 있는 한국민 속에서 화교는 한국 사회에 동화하지 않고 민족적 정체성이 강한 종족 집단으로 잔존하고 있다. 또한 한국 정부의 귀화, 경제정책은 차별적이어서 화교들이 한국 사회에 동화하기 어렵게 만들고, 또한 교육 정책은 방임정책이어서 화교들이 중국 교육에 열중하게 만들고 있다.

한국 사회에서 화교는 장기간에 걸친 이주의 역사적 과정을 통해 형성된 종족적 소수자집단이다. 소수자로서의 화교는 인구수가 적다는 것만을 의미하는 것

---

10 박경태, 2008, 144쪽. 중국계 해외 이민자 명칭에 관한 자세한 내용은 "중국 해외 이민의 제 명칭 분석 연구"(김경국 외, 2005)를 참조. '화교'가 정치적 법률적 속성을 반영하는 개념인데 비해서, '화인'은 민족적 속성을 반영하는 개념이라고 볼 수 있다.

11 '한화(韓華)'는 한국에 살고 있는 화교란 의미이고, '일화(日華)'는 일본에 살고 있는 화교이며, '미화(美華)'는 미국에 살고 있는 화교란 뜻이 된다.

12 한국에서 최초의 중화회관은 현 인천화교협회이다.

13 1902년 인천에 세운 인천화교소학이 한국화교학교의 효시이다.

은 아니다. 화교는 한국 사회에서 약자로서의 삶을 살고 있다. 즉 소수자(minority)과 다수자(majority)의 의미는 사회 내에서 강자와 약자의 관계를 의미한다.[14] 화교는 수적으로도 소수이지만 정치적, 경제적, 문화적 측면에서도 약자인 종족적 소수자집단으로 살아가고 있다.

화교와 같은 종족적 및 민족적 소수자집단들은 역사적으로 다양한 방식으로 정치적 공동체에 통합된다. 이를테면, 정복, 식민, 자발적 이주 등과 같은 다양한 방법들이 있다. 통합방법의 차이는 소수자집단의 성격에 영향을 미칠 뿐만 아니라, 또한 이들 소수자집단이 전개하는 인정의 정치가 추구하는 구체적 형태와 내용에 영향을 미친다.[15] 킴리카는 각국의 국민 만들기 과정의 역사적 경험과 상황에 따라 '문화적 다양성'이 나타난다고 보았다. 문화적 다양성에 대한 킴리카의 이러한 구분은 화교의 집단적 성격을 이해하는 데 유용한 논점을 제공한다. 화교의 집단적 성격을 이해하기 위해서는 일차적으로 화교가 역사적으로 어떤 방식으로 한국 사회에 통합되어 왔는가를 이해할 필요가 있다.

킴리카는 문화적 다양성과 관련하여, 다민족 국가(multination states)와 다종족국가(polyethnic states)를 구분한다. "이민과 소수민족 통합이 현대국가들에서 문화적 다양성의 가장 공통적인 두 가지 원천이다."[16] 다민족국가는 한 국가 내에 여러 민족이 공존하고 있는 국가를 지칭하며, 다종족국가는 주로 이민을 통해 이루어지게 되는 다양한 종족적 집단들이 존재하는 국가를 의미한다. '소수민족'(national minority)과 '종족적 소수자집단'(ethnic minority)은 역사적 형성과정이 상이할 뿐만 아니라, 각 집단이 요구하는 다문화적 권리 또한 상이하

---

14 소수자의 개념에 대해서는 다음을 참조. 박경태, 2008, 1장.

15 킴리카는 다문화 집단을 다음과 같이 다섯 가지 범주로 구분한다. 소수민족(national minorities), 이민자집단(immigrant groups), 고립주의적 인종종교 집단(isolatonist ethnoreligious group), 메틱(metics), 종족적 카스트 집단(racial caste groups). 킴리카, 2005, 8장.

16 킴리카, 2010, 50쪽.

다. 종족적 소수자집단은 자발적 이민을 통해 형성된다. 이들은 개인 혹은 가족이 자신들의 본래의 고향을 떠나서 다른 국가의 사회로 이주함으로써 형성된다. 이들은 다종족문화권(polyethnic rights)을 요구하는데, 문화적 차원에서 자신의 정체성을 지킬 수 있기를 바란다. 반면, 역사적으로 전쟁이나 식민을 통해 타민족에 병합된 소수민족들의 경우는 자신들의 영토적 기반, 언어, 문화 등을 기반으로 '자치정부권'(self-government)을 요구한다. 이주의 결정은 다양한 이유들에 의해 이루어진다. 대체로 이주는 경제적 이유로 행해진다. 그리고 많은 경우, 경제적 이유보다 자유롭고 보다 민주적인 나라로 옮겨 가려는 정치적 이유에서도 행해진다. 시간이 지나면서 2세대와 그 뒤를 잇는 세대가 이주한 국가에서 태어나면서, 이주자 집단은 내부적 결속을 가진 종족적 공동체를 형성한다.

역사적으로 볼 때, 다수자들의 국민 만들기에 대해서 이민자 집단들은 소수민족과 매우 상이한 반응을 해왔다. 소수민족들과는 달리, 이주한 국가 내에서 이민자 집단들은 독자적인 '국민 만들기' 경쟁에 뛰어드는 선택이 현실적으로 가능하지 않았다. 독자적인 민족성을 만들어내기에는 너무도 수가 적고, 넓은 영역에 분산되어 있다. 이민자들은 그들을 주류사회에 통합시키려는 다수자들의 국민 만들기에 저항하거나 거부하지 않았다. 그러나 이민자들이 시도했던 것은 통합 조건의 재협상이다. 사실 최근 이민 국가들에서 최근의 '다문화주의'에 대한 많은 논쟁들은 바로 통합의 조건을 재협상하는 것에 대한 논쟁이다. 이민자들은 그들이 다수자들의 언어로 운영되는 제도에 통합될 때, 통합에 있어서 보다 관용적이거나 다문화적인 접근을 요구하고 있다.

이민자 집단들은 상대적으로 짧은 기간의 시간 이후에 최소한의 요건들을 통과하면, 시민이 될 수 있는 권리를 부여하는 국가들에서 형성된다. 그런데 이민자는 두 가지 범주로 구별될 수 있다. 즉 시민이 될 수 있는 권리를 가지고 있는 사람과 그렇지 못한 사람이 구분된다. 이민자 집단은 오직 전자의 경우에만 해당

되며, 후자의 경우는 '메틱'이라는 집단으로 구별된다. 후자의 경우와 같이 시민이 될 수 있는 기회를 한 번도 부여받지 못한 이주자들이 있다. 이러한 사람들은 미래의 시민으로, 심지어는 장기 거주자로도 생각되지 않는다. 이들은 공권력에 의해 적발되거나 범죄를 저지를 경우 추방의 위험에 직면한다. 그럼에도 불구하고, 이들은 공동체를 형성하거나, 어떤 형식의 고용에 참여하거나, 결혼을 해서 가정을 이루기도 한다. 마이클 왈쩌는 고대 그리스의 용어를 빌려와서 이러한 집단을 '메틱'(metics), 즉 폴리스로부터 배제되었음에도 불구하고 장기로 거주하고 있는 사람들이라고 부른다. 메틱들은 통합에 막대한 장애물-법적, 정치적, 경제적, 사회적, 심리적-에 직면하고 있기 때문에, 그들은 사회에서 주변부로 존재한다. 이들은 처음에는 이민자로 인정받지 못했지만, 이민자들과 같은 경로로 주류 사회에 통합될 수 있기를 원한다.

출처: 설동훈 외, 2006.

〈그림 2〉 유입국 사회의 이민자 통합유형

국민국가의 '국민만들기(nation-building)'의 역사적 과정에서 현실적으로 존재하는 다른 종족, 다른 민족은 배제 또는 동화의 대상이 되었다. <그림 2>에서 보는 바와 같이 역사적으로 볼 때 시민권에 대한 이민자들의 요구에 대해 근대의 국민국가들은 상이한 방식으로 대응하였다. 미국과 캐나다와 같은 전통적인 이민국가들은 제한적으로 이러한 요구들을 수용해 왔다. 그러나 자신들을 이민국가로 생각하지 않고 단일민족의 이데올로기를 고수한 국가들은 이민자들의 시민권에 대한 요구들에 거부해 왔다. 독일과 오스트리아 등 민족적 동질성의 이념을 고수한 국가들은 이주자들의 시민권을 인정하지 않는 경우가 많으며, 이주자들을 국내 공동체에 통합시키려 노력하지 않고, 추방 혹은 자발적 귀환의 형식을 통해 국가를 떠나도록 만들었다.

한국은 민족에 대한 혈통주의적 정의를 고수하고 있는 독일이나 일본과 마찬가지로 화교를 포함한 이주자들에 대해 차별배제의 정책을 지속해 왔다. 한국은 단일민족의 이데올로기를 고수하기 위해 이주자와 이들의 자녀들을 국민의 구성원으로 받아들이지 않는 차별배제정책을 취했다. 차별배제정책은 장기적인 혹은 영구적인 정주를 인정하지 않기 위해서 이주민들에게 안전한 거주지위를 부여하는 것을 거부하고, 귀화를 어렵게 만든다. 이러한 정책에 의해 이주민들은 노동시장의 일부 영역에는 제한적으로 접근이 허용되지만, 복지제도나 정치참여 등과 같은 다른 영역에의 접근이 거부되는 차별적 배제의 상황에 놓이게 된다. 이러한 차별적 배제를 통해 화교들은 불리한 사회경제적 지위에 놓이게 되었다. 그리고 한국 사회가 오랫동안 견지해온 배제와 차별의 정책은 화교의 내적인 집단 정체성을 강화시켰다.

화교는 한국을 포함한 전 세계 90여 개국에 흩어져 살고 있다. 이들의 숫자는 약 3,800만 명이며, 이중 77%는 아시아에 살고 있다. 특히 동남아시아 화교의 힘은 매우 막강해서, 국민의 태반이 중국계인 싱가포르는 말할 것도 없고, 인도 네시아, 말레이시아, 태국 등에서 화교자본은 금융, 교역, 투자 등의 근대적인 산업을 장악하여 국가를 움직인다고 해도 과언이 아니다. 하지만 한국 화교의 사회경제적 사정은 매우 다르다. 경제적으로 주도권을 잡은 것도 아니고, 정치나 문화 분야에서 두각을 나타내는 것도 아니다. 오히려 있는지 없는지 잘 모를 정도로 조용하게 묻혀 있는 소수자라고 하는 편이 맞을 것이다.[17]

한국화교의 역사가 약 130여년 되었지만, 그들은 한국에서 이방인으로 남아 있다. 화교의 한반도 이주는 19세기 말 시작되었으며, 일제 강점기에 화교의 수는 꾸준히 증가했다. 1942년에는 약 80,000명의 화교가 체류했다. 그러나 대한민국정부의 수립과 중국의 공산정부의 수립 등을 계기로 본국과 단절이 이루어지면서 이들의 무역업은 큰 타격을 받게 되었고, 이후 화교를 포함한 외국인의 경제활동을 제약하는 갖가지 법적 규정과 정책들이 시행됨에 따라 화교 경제 전체의 위축이 초래되었다.[18] 이런 상황에서 1970년대 들어 미국 등지의 이민 문호가 확대되자 비교적 재정형편이 좋은 사람들 가운데 해외로 재이주하는 사람이 크게 늘어났다. 한국의 화교는 이들에 대한 지속적인 한국정부의 억제정책으로 그 수가 줄어들게 되었다. 화교의 수는 1972년 3만 3,000명을 정점으로 지속적으로 줄어서 지금은 2만 명을 조금 넘는다. 세계에 흩어져 정착한 각국의 화교들이 대체로 그 나라의 국민이 되어서 나름대로 잘살고 있는 것에 비하면 한국의 화교 숫자가 줄어든 것은 매우 유별나 보인다. 수많은 화교가 한국을 떠났다. 화교가 한국을 떠날 때에는 그만한 이유가 있다는 이야기다. 화교들은 자신들의 수가 줄어든 이유를 '한국 사회의 차별 때문'이라고 분명하게 잘라 말한다.[19] 다

---

17 박경태, 2008, 145쪽.
18 화교경제에 타격을 준 법적 규정과 정책의 구체적 내용에 대해서는 다음을 참조. 박은경, 1986.
19 박경태, 2008, 143쪽.

시 말해서 화교는 한국 사회에서 장기간 동안 '메틱'으로 존재해 왔다고 볼 수 있다. 이것은 화교에 대한 차별배제정책으로 인하여 나타난 결과이다.

Ⅳ. 화교의 시민권

1. 법적 시민권

사회 속의 인간의 지위를 규정하는 요인은 여러 가지가 있을 수 있다. 그 중 오늘날의 국가의 법체계 내에서 가장 뚜렷한 기준에 입각한 구별은 국적에 따른 구분이다. 사람들은 국적의 유무에 따라 '국민'과 '외국인'으로 뚜렷하게 구별된 다.[20] 오늘날 국경과 내외국인의 경계를 넘어서는 새로운 권리관념과 정체성이 등장하고, 이에 따라 시민권이 더 이상 국민국가를 단위로 향유되는 것이 아니라 는 주장이 제기되고 있다.[21] 비록 외국인에 대한 보편적 인권의 보장에 기초한 탈국민국가적 시민권(citizenship)의 개념이 국제적으로 옹호되기도 하지만, 국 민국가에의 소속은 여전히 인간의 지위를 결정하는 중요한 요인이며, 각국은 국

---

[20] 한국화교는 거의 대부분 중국 산동성 출신 이주자와 그 후예들이며 중화민국(대만) 국적을 가지고 있다. 거의 대부분의 한국화교가 대륙 출신이면서 대만 국적을 가지게 된 것은 냉전체제 구축에 따른 결과이다. 한반도에서 남북이 분단되고 중국에서 공산당 정권과 국민당 정권이 분리되면서, 남한과 북한이 각각 중화민국(대만), 중화인민공화국(대륙)과 외교관계를 맺게 되자 남한의 중국인들은 개인적인 의사와는 상관없이 소위 '자유진영'에 속해 있던 중화민국의 국적을 취득하게 되었다. 장수현, 2004, 263쪽.

[21] 시민권의 개념을 탈국민국가화의 방향으로 재정립하려는 시도에 대해서는 다음을 참조. Linda Bosniak, "Denationalizing Citizenship", T. Alexander Aleinikoff and Douglas Klusmeyer (eds.), Citizenship Today: Global Perspectives and Practices (Washington, DC, Carnegie Endowment for International Peace), 2001.

민과 외국인을 구별하여 차별적으로 대우한다.

16세기 이래 서구의 사회들에서는 중세의 왕권이나 교회권과는 구별되는, 보다 엄밀하게는 이것들에 대립되는 근대적 자연법에 기초를 둔 인권의 개념이 등장하였다. 자연권 이론은 절대주의 국가와 반대되는 자유주의 국가의 철학적 전제를 제공하였다. 자연권 이론은 모든 인간은 누구나 다 예외 없이 생명과 자유, 안전, 행복 등과 같은 근본적인 권리들을 자신의 의지나 다른 사람들의 의지와는 상관없이 본래부터 보유한다고 본다. 국가나 지배자는 이 기본권을 침해해서는 안 되며, 더 나아가 다른 사람들에 의해서 있을 수 있는 침해로부터 이 기본권을 보호해야 한다.[22] 근대 초기에 등장한 인권의 개념은 이성적 존재로서의 인간에게 근원적으로 주어진 권리를 의미하지만, 현실에서 인간의 권리는 근대의 국민국가에 의해 시민권의 제도를 통해 보장되었다.[23] 영국은 청교도혁명(1642~1647년)과 명예혁명(1688~1689년)을 통해 생겨난 입헌군주정부가 시민에게 권리를 부여하기 시작했다. 미국에서는 독립전쟁(1775~1789년)을 통해 세워진 국가가 시민의 권리를 보장하기 시작했다. 프랑스에서는 프랑스혁명(1789~1799년) 결과 생겨난 프랑스공화국이『인간과 시민의 권리선언(The Declaration of the Rights of Man and the Citizen)』을 공포하고 그것을 뒷받침하는 시민권의 법과 제도를 만듦으로써 프랑스공화국의 시민이 인권을 가지게 되었다. 나폴레옹 전쟁 이후 국민국가와 시민권 제도는 유럽 여러 나라로 확대되었다.

시민권은 정의상 사람들을 법아래 동등한 권리를 갖는 개인들로 간주한다. 이런 점에서 근대적 시민권은 봉건적 질서와 대립된다. 봉건적 정치 질서의 경우,

---

22 자연법 이론은 자유주의의 철학적 전제로 볼 수 있다. 그것은 인간의 본래 모습(the nature of man)에 대한 가설적 또는 선험적 이해에 근거하기 때문이다. 인간의 본래 모습에 대한 자연법적 이해는 어떤 종류의 경험적 및 역사적 근거를 가지고 있지 않았다. 보비오, 1992, 16쪽.

23 최현, 2004.

사람들은 그들의 종교적, 종족적, 신분적 귀속성에 따라 정치적 지위가 결정된다. 집단 귀속성으로부터 도출된 권리에 입각한 사회 질서는 근대의 자유주의적 시민권에 입각한 사회와 첨예하게 대립된다.

한국 사회에서 시민권을 가진다는 것은 무엇보다도 먼저 법적으로 국민이 되는 것을 기반으로 한다. 법적으로 시민권은 국적과 같은 의미를 가진다. 국민과 외국인의 구분과 관련하여 헌법은 국민의 요건을 정하는 것을 법률에 위임하였고, 이에 따라 국적법은 이를 정하고 있다. 현행 국적법은 출생에 의한 국적 취득의 가장 중요한 경로로서 부 또는 모가 대한민국 국민이라면 그 자녀에게 대한민국 국적을 인정하는 부모양계혈통주의를 취하고 있다.[24] 한국에서 법적으로 국민이 되는 것은 혈통을 기반으로 하고 있다. 혈통주의에 근거한 국적제도를 가지고 있는 한국 사회에서 거의 대부분의 구성원은 태어나면서 혈연에 의해 대한민국 국민이 된다. 공통의 역사, 공통의 문화, 특정 영토와의 연관성, 연대의식, 혈통을 공유한다는 의식을 바탕으로 형성된 집단을 '에스니(ethnie)'라 정의한다면, 한국의 경우 '국민(nation)'은 뚜렷한 종족적 기원(ethnic origin)을 갖는다.[25] 즉 종족적 정체성을 준거점으로 하는 국민의 구성이 나타나는 것으로 특징지을 수 있다.

한국 사회가 화교에 대해 보여 온 배타성에는 강한 종족적 민족주의가 작용했다. 단일민족의 혈통을 신봉하는 '우리' 의식은 한국 사회를 삶의 근거지로 삼고 기능적으로 통합되어 있는 화교나 외국인을 포용하는 데 장애가 되어왔다. 반면, 종족적 민족주의는 국적이라는 경계를 넘어 종족성을 공유하는 집단과의 특별한

---

24 이 원칙은 1997년 개정된 국적법에 의한 것이다. 1948년 국적법이 제정된 때로부터 1997년 개정 전까지는 국적은 부계를 통해 대물림된다는 부계혈통주의를 취하고 있었다. 따라서 대한민국 국민인 모와 외국인 부사이에서 태어난 자녀는 대한민국 국민이 아니었다.

25 ethnie 개념에 대해서는 다음을 참조. Anthony D. Smith, *The Ethnic Origins of Nations*. Oxford, Blackwell, 1986.

유대를 강조한다. 한국 사회의 '국민됨'에 대한 종족적 이해는 화교를 영원한 '외국인'으로 배제한다. 전세계에서 '차이나타운이 없는 유일한 나라'가 한국이라고 할 정도로 화교에 대한 한국 사회의 태도는 비동화적 분리주의로 특징진다.[26] 한국 사회에서 화교는 외국인으로 주변화되고, 화교공동체는 철저하게 비시민권자로서의 삶을 강요받아왔다.[27] 한국 사회에서 시민권을 부여받지 못한 화교는 출입국, 거주, 경제활동 등에 있어 많은 제약을 받았다. 1961년 「외국인 토지법」에 의한 토지소유의 전면 금지는 화교들의 경제기반을 박탈했으며, 그들의 직역을 제한했다. 1968년 법개정으로 660제곱미터 이하의 주거지와 185제곱미터 이하의 상업용 토지는 소유할 수 있게 되었으나, 이는 소규모 중국음식점 등 영세한 사업 밖에는 허용치 않는 것이었다.

대한민국정부 수립 이후 화교는 국내에 거주하는 장기거주 외국인으로 3년마다, 1998년 이후는 5년마다 갱신해야 하는 거주비자만으로 체류할 수 있었다. 이들은 2002년부터 영주권을 받을 수 있게 되었고, 이에 따라 정주의 권리가 확보되었다. 영주권 상태에서 노동권에 대한 법적 제한은 없다. 그러나 복지권에 대해서는 여전히 심각한 제한이 계속되고 있다.[28] 공공부조와 사회적 취약자에 대한 각종 서비스는 철저하게 내국인으로 제한되어 있으며, 외국인의 경우 영주권자라 하더라도 한국인과의 혼인관계에 있거나 한국인 미성년 자녀를 둘 때에만 선별적으로 제공된다. 따라서 실업이나 장애와 같은 생존위기 시 지원에서 철저하게 내국인과의 차별을 감당해야 하는 실정이다. 화교는 외국인이지만 내국인과 다름없이 주민세, 교육세, 재산세 등의 납세의무를 지고 있으나, 「국민기초생활보장법」에서는 대한민국 국민에 한하여 지원을 명시하고 있기 때문에 F-2

26 원숙연, 『한국행정학보』, 제42권 제3호, 40쪽, 2008.
27 오경석, 2007, 47쪽.
28 이병렬, 김희자, 2011, 여름호, 345쪽.

비자(거주)든 F-5비자(영주)를 가진 화교가 복지혜택을 받을 수 있는 방법은 없다. 한국의 화교는 한국과 역사적으로 특수한 관계이고 오랜 기간 영주하고 있음에도 불구하고, 최근에 등장한 외국인 노동자와 마찬가지로 차별과 배제의 대상인 것이다.

2. 문화적 시민권

마샬은 『계급, 시민권, 사회적 발전』을 통해서 처음으로 '시민권(citizenship)'이라는 개념을 정치사회학적으로 분석하였다. 여기에서 마샬은 시민권을 "사회가 시민에게 부여한 권리와 의무에 기반을 둔 사회적 멤버쉽"이라고 정의한다. 그는 시민권을 '권리(rights)'와 '멤버쉽(membership)'과 라는 두 가지 차원으로 구분하였다.[29] 다시 말해서 시민권은 일련의 권리와 의무로 규정된 단순한 법적 지위만을 의미하지 않는다. 그것은 또한 정치공동체의 구성원임을 표현하는 정체성을 의미한다. 마샬은 시민권의 이 두 가지 요소가 밀접히 연관되어 있음을 잘 이해하고 있었다.

그런데 시민권에 대해 이해는 권리로서의 시민권으로 축소됨에 따라 멤버쉽으로서의 시민권의 개념은 간과되는 경우가 많다. 그렇지만 시민권의 개념은 권리의 차원으로만 환원될 수 없는 의미를 가지고 있다. 오히려 시민적 권리들은 공동체의 구성원이라는 지위에 부여된 권리들이며, 따라서 시민적 권리들은 시

---

[29] '시민권'이라는 번역 용어가 citizenship의 개념을 권리개념으로 축소시킬 수 있다고 보고, 멤버쉽의 의미를 포괄할 수 있는 새로운 용어로 대체할 필요가 있다는 주장이 제기된다. 무페의 논문을 번역한 이병천은 citizenship을 '시티즌쉽'으로 번역한다. 반면 발리바르의 논문을 번역한 윤소영은 citizenship을 '시민성'으로 새롭게 번역한다. 이병천, 2003; 윤소영, 2003.

민적 멤버쉽을 전제한다. 그리고 공동체 내에서 시민적 멤버쉽은 시민적 권리들을 통해 구체적으로 확인되며, 시민들은 시민적 권리의 행사를 통해 자신들의 시민적 정체성을 구성한다. 시민권을 시민의 권리라는 측면에만 국한하여 이해할 경우, 시민권의 개념이 함축하고 있는 다양한 의미들을 간과하게 된다. 시민권에 대한 설명이 시민적 권리 자체에만 초점을 둘 경우, 시민적 권리로부터 배제된 다양한 집단들에 대한 설명에는 한계를 나타낸다. 시민적 멤버쉽의 기준 및 성격을 고려하지 않을 경우, 시민권의 집단 차별적 측면을 파악할 수 없게 된다.

시민권이 가지고 있는 다양한 측면들을 설명하기 위해 시민권에 대한 세분화된 개념규정이 시도되고 있다. 무페는 시민권을 '시민의 지위를 가진 자가 누릴 수 있는 권리'만이 아니라 '권리와 연계되어 있는 의무', '시민적 지위의 법률적 제도적 표현(국적)', '시민으로서의 지위를 얻기 위한 자격 및 요건' 등으로 세분화 한다.[30] 시민권 개념을 세분화하여 이해하려는 노력은 국내의 학자들에 의해서도 시도되고 있다. 서관모의 경우, 시민권을 '시민의 소속, 시민의 권리, 시민의 자격 등을 아우르는 말'로 정의한다.[31] 이와 유사하게 최현은 시민권을 '국적', '시민이 갖는 지위', '시민의 의무', '시민에게 요구되는 자질' 등의 측면들로 구분한다.[32]

한국 사회에서 국민의 자격을 구별하는 중요한 기준의 하나는 '종족성(ethnicity)'이다. 종족성의 관념은 국민국가를 구성하는 과정에서 동원되지만, 그리고 국민국가를 단위로 한 정체성과 중첩되는 경우가 적지 않지만, 국적과는 정반대로 그 기준이 매우 모호하다. 그러나 그것은 국적 못지않게, 때로는 국적

---

30 무페, 2003; 이병천, 2003,
31 서관모, 1996, 135쪽.
32 최현, 2004, 311쪽.

보다 더 뚜렷한 구별 짓기의 소재로 활용된다. 한국 사회에서 국적과 종족성은 상호관계를 맺으면서 인간을 구별하는 기준으로 작용한다(<표 2> 참조).

<표 2> 국적과 종족성에 따른 사회구성원의 구분

		국적	
		있음	없음
종족성	같음	남한에 거주해온 한국계 국민 북한이탈주민	외국국적 동포 재외동포 자격 없는 동포
	다름	혼혈인 귀화자	비한국계 외국인 (화교)

출처: 이철우, 2003, 43쪽.

국적을 기준으로는 국민과 외국인이 구별된다. 국민 사이에는 종족성 내지 종족에 따른 구별이 있다. 한국계 국민과 비한국계 국민, 즉 혼혈인과 귀화한 외국인이 구별된다. 외국인 중에는 종족성을 기준으로 재외동포로 인정되는 집단이 존재한다. 이들 집단들과는 달리 화교는 국적과 종족성에서 모두 구별된다. 비록 화교는 국적과 종족성에서 구별되지만 오랜 기간 동안 한국 사회에 정착하여 살아왔다. 한국에 삶의 터전을 가지고 있음에도 불구하고, 국적과 종족성에 따른 차별로 인해 '완전한 시민권'을 획득하지는 못한 채 오랜 기간 동안 차별 속에서 생활하여 왔다. 개인의 판단과 선택에 따라 국적을 취득한 이주자들에게 법적인 시민권, 다시 말해서 '국민'이 된다는 것이 바로 완전한 시민권(citizenship)을 획득하는 것을 의미하는 것은 아니다. 이들이 사회적 구성원으로 인정되는 과정에서는 언어, 종교, 관습 등의 문화적 요소들이 중요한 작용을 한다.

근대 이전의 세계에서는, 종족, 종교, 계급, 성, 종교의 차이가 공통의 문화를 불가능하게 만든다. 이와는 달리 근대의 사회에서는 '공통적 문화'가 사회 전체에 확산된다. "근대화는 공통의 경제·정치·교육 제도에 구현되어 있는, 표준화된 언어를 포함하는 공통적 문화가 사회 전체에 걸쳐 확산되는 것과 관계된다."[33]

근대의 사회에서 '공통적 문화'는 경제적, 정치적, 이념적 이유들로 인해 만들어 진다. 킴리카는 그와 같은 근대의 문화를 '사회제도적 문화(societal culture)'로 개념화한다. 즉 근대의 문화는 사회구성원들에 의해 공통의 가치와 언어로 공유 되고, 또한 공통의 경제·정치·교육 제도들로 구체화 된다.

그리고 근대의 사회제도적 문화는 민족문화의 경향이 있다. 각 국가들에서 단일 한 공통의 문화를 만들어 내기 위한 압력이 존재하는 상황 속에서, 한 문화가 살아남고 발전하기 위해서 문화는 사회제도적 문화이어야만 한다. 독특한 문화 를 형성하고 유지하려는 역량과 동기는 '민족들(nations)' 또는 '인민들(peoples)', 즉 문화적으로 구별되고, 지리적으로 집중되며, 그리고 제도적으로 완결된 사회들 의 특성이다.

근대의 사회들은 서로 다른 배경을 가진 사람들을 '공통적 문화'로 통합해 왔다. 그런데 이러한 공통의 문화가 국가 내에 존재한다고 할지라도, 이것이 단 일한 문화를 구성하는 것은 아니다. 한 국가 내에서 공통적 문화는 단일한 문화 로 존재하는 것이 아니라, 대부분의 국민들을 포함하는 지배적 문화로 존재한다. 그리고 지배적 문화의 바깥에 있는 사람들은, 예를 들면 이민자들과 소수민족들 은 소수집단 문화에 속하게 된다. 즉 이들은 '문화적 구성원권'(cultural membership)에 있어서의 불평등'의 상황에 처하게 된다.

> 언어, 국내행정경계, 공휴일, 국가상징물에 대한 정부 결정들은 불가피하게 특정한 종족문화적 및 민족집단의 요구와 정체성을 인정, 수용, 지지하는 것을 포함한다. 국가 는 불가피하게 특정 문화적 정체성을 촉진하고, 그럼으로써 다른 문화정체성들에 불이 익을 준다.[34]

---

33 킴리카, 2010, 158쪽. 근대 이전의 시기에 공통적 문화는 존재하지 않았다. 중세 시대에는 다양한 경제적 계급이나 카스트들이 공통의 문화를 공유하지 않았다. 문화가 '민족적'일 필요 는 없었다. 문화는 특정한 지역, 특정한 집단에 속한다고 말할 수 있다.

킴리카가 지적했듯이 근대의 국민국가에서 문화적 다양성이 '정상적' 시민('normal' citizen)의 모델에 의해 무시되거나 억압되었다. 지배적 민족의 문화는 정상적 시민과 비정상적 시민을 구분하는 기준으로 작용하였고, 정상성 모델에서 이탈한 사람은 누구라도 배제, 주변화, 침묵화, 동화의 대상이 되었다. 그래서 종족적 소수자 집단은 주류사회로의 진입이 거부되었고, 설사 허용되었다 하더라도, 시민이 되기 위해서는 정상성으로의 동화가 요구되었다.

화교와 같은 타민족의 이주자들에게 문화적 동질성을 강조함으로써 생기는 효과는 두 가지 측면에서 나타난다. 하나는 불평등과 차별에 의한 배제를 합리화한다는 점이다. 국민국가의 헤게모니적 문화는 이주자들의 이질적 문화를 문제시함으로써 이들에 대한 사회적 배제의 정당한 근거로 사용된다. 화교의 고유한 문화는 정상적인 한국인의 문화와 차이와 갈등을 만들어내는 것으로 간주되는데, 이렇게 함으로써 사회적 불평등과 차별은 화교들의 한국 문화에 대한 불완전한 적응과 동화에 기인한 것으로 합리화된다. 이 경우 화교의 문화는 한국 사회의 주류문화에 동화되어야 할 대상으로 간주된다. 또한 문화적 동질성에 대한 강조는 차별을 정당화할 뿐만 아니라 종족적, 문화적 차이를 부각시키면서 화교를 2등 시민으로 고착화시킨다.

화교와 같은 이주자들의 경우 국민이 된다는 것은 자연스런 과정이라기보다는 문화적 적응의 과정이다. 자신의 오래된 문화적 정체성을 포기하면서까지 한국 사회에 적응해야할 경우, 이주자들은 주류문화의 수용을 매우 억압적인 것으로 경험한다. 피부색, 외모, 언어 등과 같은 종족적, 문화적 차이는 이주자들이 법적인 권리를 얻게 된다고 하더라도 사회구성원으로서의 포섭과 배제를 경계 짓는 중요한 역할을 한다. 따라서 한국 사회 내부에 다양한 종족적 정체성을 지

---

34 킴리카, 2010, 221쪽.

닌 사람들의 증가는 법적, 정치적 시민권을 넘어서서 한 사회의 문화적 권리를 동등하게 누려한 한다는 문화적 시민권을 중요하게 부각시킨다. 시민권의 주요한 요소인 문화적 권리는 주류 언어와 문화에 대한 접근권, 소수자의 언어와 문화를 보전할 권리, 서로 다른 관습과 라이프 스타일을 인정받을 권리, 교육적 평등 등을 포함한다.

Ⅴ. 맺는말

오늘날 우리의 삶은 전 세계로 펼쳐지는 세계화의 사회적 환경으로부터 분리시킬 수 없다. 이러한 세기 전환기의 변화는 시간과 공간의 압축과정 속에서 진행되고 있다. 시간과 공간의 압축으로 인해 이동의 속도와 거리가 증대한다. 이런 점에서 오늘날 우리들이 살고 있는 사회의 두드러진 특징은 더욱더 빨라지고 확장된 유동성이다. 이 가속화된 이동의 흐름들은 자본, 노동, 상품, 정보, 이미지 등으로 구성된다. 오늘날 '기호와 공간의 경제'의 주체와 객체는 시간과 공간을 가로질러 점점 더 빨라지는 순환 속으로 빠져들고 있다. 오늘날 사회는 이러한 가속화된 이동이 경제, 사회구조, 문화적 해석양식 등에 끼치는 영향을 분석하지 않고서는 설명될 수 없다. '기호와 공간의 경제'의 명제는 훨씬 더 급속화되는 주체와 객체의 순환이다.[35]

35 래쉬, 어리, 1998, 16쪽. 주체와 객체가 더 많이 더 빨리 순환하게 되었다는 의미에서 탈현대주의는 현대주의에 대한 비판 또는 급진적 거부라기보다 현대주의의 급진적 확장이다. 이런 점에서 탈현대주의는 현대주의보다 더 현대적이다. 탈현대주의는 가속화된 회전시간, 순환의 속도, 주체와 객체의 제거 가능성 등을 증폭시킨다. 탈현대주의에 대한 이들의 이러한 해석은 탈현대주의를 현대주의의 심화와 확대로 규정한 기딘스의 논의에 의거한 것이다. 이런 점에서 기딘스는 탈현대주의를 '후기 현대주의' 또는 '고도 현대주의'로 파악한다. 기딘스, 1990.

오늘날 '이주의 시대'에서 종족적 소수자 문제는 중요한 탐구 주제의 하나로 등장하고 있다. 그 이유는 세계화에 의해 추동된 현대 세계 질서의 구조적 변동과 맞물려 있는 소수자 문제의 중요성에 기인한다. 세계화의 진전은 국가와 민족의 경계를 뛰어 넘는 사회질서의 필요성을 더욱 증대시키고 있다. 국가와 민족의 경계를 넘어설 수 있는 실천적이고 이론적 쟁점은 종족적, 민족적 소수자를 통해 모색될 수 있다.

사실상 20세기의 대부분에 걸쳐 종족문제는 전통적으로 근대적 공동체의 구성에 관련된 문제들에 관심을 가졌던 정치철학뿐만 아니라 사회학으로부터 역사학에 이르기까지 많은 학문분야에서 주변적인 문제로 간주되었다. 그런데 그러한 무관심은 과거의 일이 되었고, 1990년대에 접어들면서 다문화주의 문제는 학문적 연구의 중요한 주제로 전면으로 부상하고 있다. 이러한 변화에는 몇 가지 이유가 있다. 공산주의의 붕괴가 동유럽에서 '종족민족주의(ethnicnationalism)'의 파고를 일으켰다. 공산주의의 잿더미로부터 자유민주주의로 이행할 것이라고 여겨졌던 낙관적 가정은 종족문제와 민족주의 문제로 인해 빗나가게 되었다. 또한 민주주의가 오랜 기간 동안 확립된 국가들에서도 종족문제들이 분출하였다. 많은 서방 국가들에서 이민자와 난민에 대한 주민들의 반발이 빈번하게 나타났고, 또한 몇몇 서방 국가들에서 소수민족들의 분리주의 운동이 더욱 증대되고 있다.

갑작스럽게 다문화 사회로 진입하고 있는 한국 사회에서 화교와 같은 문화적 다원성의 요소들이 완전한 시민권자로 통합되지 못한다면, 한국 사회에서 종족적 소수자 문제는 심각한 사회적 쟁점으로 부각될 위험이 있다. 한국보다 먼저 이주의 세계화를 맞은 나라들은 이주민의 시민권을 배제하고 다문화주의를 실현하지 못해 종족적 및 민족적 갈등을 양산했다. 1970년대 이후 선진 국가들에서 동화주의의 한계를 극복하기 위해 다문화주의가 등장하였다. 한국 사회의 경우

최근 화교뿐만 아니라 국제결혼 이주여성, 이주노동자 등이 새로운 시민으로 국가의 구성원으로 받아들이는 논의들이 진행되고 있다. 그런데 오랜 기간 동안 '비시민권자'의 삶이 강요되었던 화교의 사례가 보여주는 바와 같이 종족적 소수자들에게 적극적으로 시민권을 부여하는 조치에 대하여 많은 사람들이 거부감을 가지고 있다.

근대 초기에 확립되기 시작한 근대적 시민권은 '공통의 권리'에만 초점을 두었고, '공통'의 범주 외부에 있는 다문화적 소수자들은 시민적 권리로부터 배제되었으며, 이런 이유로 전통적 시민권 모델은 문화적 다원주의에 의해 보충되어야 한다. 다문화주의에 대한 논의는 다양한 민족적 정체성을 가지는 사회 구성원들을 어떻게 통합할 것인가에 대한 문제에서 비롯되었다. 킴리카가 주장한 바와 같이, 다문화적 국가에서 국가 통합과 정치적 안정을 위해서 다문화적 국가 내에 존재하는 다양한 종족적, 민족적 소수자들의 시민권은 보장되어야 한다. 세계화의 시대에 이주민의 시민권은 국민국가의 경계를 넘어 부여되어야 하며, 국가는 이주민의 시민권 확대를 점차적으로 개선해 나가야 한다. 그렇게 함으로써 한국 사회는 화교와 같은 이주자들을 다문화적으로 통합할 수 있을 것이다.

| 참고문헌 |

김기호, 『초국가시대의 이주민 정체성』, 서울대학교 석사학위 논문, 2005.

김경국 외, 「중국 해외이민의 제 명칭분석 연구」, 『중국인문과학』, 31, 2005.

김광억, 『종족과 민족』, 서울: 아카넷, 2005.

기든스, 『포스트모더니티』, 서울: 민영사, 1990.

네그리, 하트, 『제국』, 윤수종 역, 서울: 이학사, 2001.

니시가와 나가오, 『국민이라는 괴물』, 윤대석 역, 서울: 소명, 2002.

래쉬, 어리, 『기호와 공간의 경제』, 박형준 역, 서울: 현대미학사, 1998.

무페, 「시티즌십이란 무엇인가」, 『시민과세계』 제3호, 2003.

박사명 외, 『동남아의 화인사회』, 서울: 전통과현대, 2000.

박경태·장수현, 『국내거주 화교 인권실태조사』, 국가인권위원회 연구용역 보고서, 2003.

박경태, 『소수자와 한국사회』, 서울: 후마니타스, 2008.

박은경, 『한국화교의 종속성』, 서울: 한국연구원, 1986.

보비오, 『자유주의와 민주주의』, 황주홍 역, 서울: 문학과 지성사, 1992.

서관모, 「시민성 개념의 새로운 구축을 위하여」, 『경제와사회』, 통권 31호, 1996.

설동훈 외 2명, 『결혼이민자 가족실태조사 및 중장기 지원정책방안 연구』, 여성가족부, 2006.

양필승·이정희, 『차이나타운 없는 나라: 한국 화교 경제의 어제와 오늘』, 서울: 삼성경제연구소, 2004.

오경석, 『한국에서의 다문화주의』, 서울: 한울, 2007.

원숙연, 『한국행정학보』, 제42권 제3호, 2008.

이병렬, 김희자, 「한국이주정책의 성격과 전망」, 『경제와사회』, 통권 90호, 2011.

이병천, 「상탈 무페, 시티즌십이란 무엇인가」, 『시민과세계』, 제3호, 2003.

이선미, 「국제이주의 이론적 도전」, 『사회와이론』, 통권 16집, 2010.

이유선, 『실용주의』, 서울: 살림, 2008.

이철우, 「지역, 종족성, 국적에 근거한 차별과 한국사회」, 한국사회이론학회, 『차별과 우리사회』, 서울: 푸른사상, 2003.

______, 「탈국가적 시민권은 존재하는가」, 『경제와사회』, 통권 79호, 200.

장수현, 「한국화교의 현실과 도전」, 『한국의 소수자, 실태와 전망』, 최협 외, 서울: 한울아카데미, 2004.

______, 「이산민의 초국가성과 다층적 정체성」, 『현대중국연구』, 제11집 2호, 2010.

킴리카, 『현대정치철학의 이해』, 장동진 역, 서울: 동명사, 2005.

______, 『다문화주의 시민권』, 장동진 역, 서울: 동명사, 2010.

최 현, 「시민권: 자유주의와 전체주의를 넘어서」, 『경제와 사회』, 통권 63호, 2004.

최 현, 「탈근대적 시민권 제도와 초국민적 정치공동체의 모색」, 『경제와 사회』, 통권 79호, 2008.

출입국외국인정책본부, 『통계연보』, 2010.

Bosniak, Linda, "Denationalizing Citizenship", T. Alexander Aleinikoff and Douglas Klusmeyer (eds.), *Citizenship Today: Global Perspectives and Practices* (Washington, DC, Carnegie Endowment for International Peace), 2001.

Brubaker, Rogers, "Immigration, Citizenship, and the Nation-State in France and Germany: A Comparative Historical Analysis", in Bryan Turner and Peter Hamiton (eds.), *Citizenship: Critical Concepts., Vol. 1* (London: Routledge.), 1994.

Smith, Anthony D. *The Ethnic Origins of Nations* (Oxford, Blackwell), 1996.

Soysal, Yasemin Nuhoglu, *Limits of Citizenship; Migrants and Postnational Membership in Europe* (Chicago: The University of Chicago Press.), 1994.

Chapter 04

소수자로서 조선족의 이주 역사와 정체성 변동*

이민호 한국한의학연구원

* 이 글은 『인문과학연구』, 제30집(2012)에 실린 「소수자로서 중국 조선족의 이주사 및 정치, 사회 환경 변화에 따른 정체성 변동」의 내용을 수정·보완한 것입니다.

I. 서론

소수자 문제에 있어서 '정체성'은 핵심적 쟁점이다. 소수자는 기존의 사회질서 내에서 끊임없이 정체성의 위기를 경험하기 때문이다. 본고는 한 사회 내에서 '소수자는 자신의 정체성을 어떻게 형성하는가?', 그리고 '소수자는 어떤 이유로 정체성의 위기에 빠지게 되는가?' 하는 물음들에 답하기 위해 중국 조선족을 분석 대상으로 삼아 고찰하고자 한다.

정체성은 한 인간에 대해 '나는 누구인가'라는 근본적 질문에 대한 대답이다.[1] 그것은 사회적·역사적·문화적 맥락을 떠나 독립적으로 형성되는 것이 아니라 사회적 과정에 뿌리를 두고 형성된다.[2] 따라서 민족 집단은 원초적인 집단으로서 개인들이 자기를 정의하는 가장 기본적인 준거집단이다. 민족 정체성의 형성에서 가장 근본적인 것은 타자의 존재의식이다. 민족정체성은 '타 개인이나 집단의 그것들과 연관성을 지니는 것'으로서 인간이 민족 집단에의 소속감은 항상 타자와의 대비 혹은 구별 속에서 형성된다.[3] 중국 조선족의 경우 일제시대의 상호작

---

1 정체성이란 라틴어 Identification에서 유래한 것으로 '전적으로 동일한 것', '정체' 등의 의미를 지니고 있다. 정체성은 자기정의, 주체성, 자각, 존재증명, 최근에는 자아정체감(또는 동일화)과의 관련으로 동일성이라고도 한다(박아청, 『아이덴티티의 세계』, 교육과학사, 1993, 23쪽. 이하 앞서 인용한 논저는 박아청, 1993 식으로 약칭함).
2 고지영, 『중국 조선족 정체성 변화 분석』, 전남대학교 석사학위 논문, 2003, 10쪽.
3 김해란, 『중국과 한국의 조선족 정책이 조선족 정체성에 미친 영향』, 전남대학교 석사학위 논

용의 주요 대상은 일본인과 만주인이었으나, 신중국의 건설 이후에는 그것이 한족이었다가 한·중 수교 이후에는 한국인이 중요한 존재로 부각되었다.[4]

중국 조선족은 '월경민족'으로서 중국의 소수민족이 되어 1980년대 이전까지 대다수가 연변지역과 동북3성에 몰려있음으로써 민족적 도전을 별로 받지 않은 채 중국이 시행하는 소수민족보호정책 속에 살았다. 중국이 개혁개방과 함께 1980년대 말 이후 조선족 사회는 중국 내부로부터 오는 시장경제의 충격과 한국이나 외부로부터 오는 충격을 동시에 받으면서 나는 '누구인가'를 묻는 계기를 맞았다.[5]

그동안 이 문제에 대한 학계의 선행연구도 활발하게 진행되어 왔다. 중국 조선족의 정체성 관련 기존 연구는 첫째 중국의 개혁개방 이후의 사회 환경의 변화로 인한 민족정체성의 변화[6], 중국 정부의 소수민족정책과 한국정부의 대조선족 정책이 조선족의 정체성에 끼친 영향[7], 민족교육에 의한 정체성 변화[8] 등 측면에서 접근하고 있다. 이와 관련하여, 조선족 학계의 시각은 '중국 공민으로서 중국 동북지역의 개척자'라는 인식이 주를 이루고 있다. 예를 들면, 김원석은 "중국의

문, 2009, 12쪽.

4 권태환 편저,『중국 조선족사회의 변화-1990년 이후를 중심으로』, 서울대학교출판부, 2005, 120쪽.

5 권태환 편저, 2005, 222쪽.

6 고지영, 2003; 최우길,「중국 조선족의 정체성 변화에 관한 소고」,『재외한인연구』, 8, 1999; 강재식,「중국 조선족 사회의 변화와 민족정체성에 관한 연구」,『아태연구』, 7, 2000.

7 김해란, 2009; 장공자,「중국의 소수민족정책과 조선족의 정체성 확립에 관한 연구」,『사회과학연구』, 20(1), 2003; 김홍주,『중국의 소수민족정책과 재중교포의 정체성』, 서강대학교 석사학위 논문, 2003; 공봉진,「중국의 조선족에 대한 정책 변화가 조선족 정체성에 미친 영향」,『비교문학연구』, 18, 2006.

8 강보유,「중국 조선족의 모국어 생활과 모국어 교육」,『현대사회과학연구』, 10, 1999; 이종목,「중국 조선족 정체성에 관한 연구-중국 조선족의 교육환경과 문제」,『현대사회과학연구』, 10, 1999; 조윤덕,『중국조선족의 정체성 형성과 교육』, 강원대학교 박사학위 논문, 2001.

조선족은 중국 동북지방의 개척자와 건설자일 뿐만 아니라 사회주의 현대화 건설과 개혁개방의 적극적 참여자이다. 중국의 조선족은 중국특색이 있는 민족문화를 가진 민족이며, 중국의 국적을 취득한 합법적인 중국공민이다. 중국인은 중화민족에 속하며 중화민족대가정의 일원이다."[9]고 했고, 李晶은 "조선족의 정체성은 중화인민공화국 국민이라는 정치적인 정체성과 중화인민공화국의 56개 민족의 일원인 동시에 한반도를 모태로 한 한민족이라는 민족정체성을 가지고 있다."[10]고 했다.

중국 내 조선족의 존재는 다민족 국가로 소수민족 문화 전체를 중국화하려는 현재 중국 정부의 '통일적 다민족 국가론'[11]의 제창과 맞물리면서 한국과 중국 사이의 문화 충돌의 한 원인을 제공하고 있는 것도 사실이다. 현재 중국에는 1억 명 이상의 소수민족이 존재하며, 이들의 거주지역은 전체 국토 면적의 64%를 차지하고 있다. 최근의 중국 소수민족문제는 기존의 문화적·종교적 문제와 함께 빈곤문제까지 겹쳐 복잡한 양상을 띠고 있다.[12]

소수자로서 조선족 정체성의 형성 및 변화를 분석하는 것은 현재의 조선족 사회를 이해하는 것은 물론이고, 동아시아의 근·현대 역사문제와 동아시아 공동체를 모색하는 현 단계에서 가장 중요한 논제 가운데 하나이다. 따라서, 본고에서는 중국의 소수자로서 조선족의 정체성 형성과 변화 과정을 다음 몇 가지

---

9 金元石, 「關于中國朝鮮族的含義」, 『中國邊疆史地研究』 第4期, 2003.

10 李晶, 「朝鮮族的認同意識研究」, 中央民族大學博士學位論文, 2007.

11 중국의 소수민족 통합정책에서 비롯된 '통일적 다민족 국가론'은 내용과 적용범위를 확대하면서 적지않은 문제가 발생하였다. '동북공정'의 사례에서 보듯이 단지 중국 국내문제로 그치지 않고 그 역사를 공유하는 인접국과의 갈등이 증폭되어 외교문제로 파급되었으며, 심각한 분쟁을 야기하였다(강현사, 「중국 학계의 중국민족사 서술 분석」, 강현사 외 저, 『중국 학자들의 소수민족 역사서술』, 동북아역사재단, 2008, 16쪽).

12 조경란, 「현대중국의 소수민족에 대한 '국민화' 이데올로기 : 중화민족론을 중심으로」, 『시대와철학』, 17(3), 2006, 78쪽.

측면에서 검토하고자 한다. 우선 그들이 한반도에서 중국 영역으로 이주 및 정착하는 역사를 통해 정체성의 형성 문제를 접근하고자 한다. 다음, 근대의 시작과 일본의 한반도 및 중국 대륙에 대한 침략과 해방, 중국 공산당의 집권 및 소수민족정책, 중국의 개혁개방과 1992년 한·중 수교 등 동북아의 정치·사회 환경의 변화에 따른 조선족의 정체성 변화 과정을 살펴보고자 한다. 이어서, 중국의 소수자로서 조선족에 대한 중국 현지에서의 심층면접을 실시하고, 그 자료에 기반하여 현재 조선족의 정체성을 탐색하고자 한다.

Ⅱ. 조선족의 형성과 이주 역사

1. 토착과 이주에 관한 몇 가지 견해

현재 중국 경내에서 생활하고 있는 조선족의 이주 역사에 대해서는 다양한 견해가 존재한다. 민족 이동은 왕조 교체와 같은 역사적 격변기에 진행되었으며, 일부 학자는 그들이 지속적으로 이곳에 거주해왔기 때문에 토착민족으로 보아야 한다는 견해를 제시하기도 한다. 최근 이 문제를 둘러싸고 다양한 학설들이 등장하고 있는데, 의견을 정리하면 다음과 같다.

첫째, 이 지역의 토착민족으로 보는 견해이다. 이 견해를 주장하는 사람들은 "중국 동북에 고조선 고구려 등 국가를 건립하였고, 발해를 세웠으며, 그 후 요·금·원·명대에는 이 지역에서 다른 민족과 잡거하였다. 따라서, 현재의 조선족의 시원은 고구려 내지 고조선으로 올라가야 한다."[13]고 주장한다. 또한 고

---

13 길림성 소수민족 『다섯가지 총서』 편집위원회, 『朝鮮族簡史』 討論稿, 제1장, 1쪽.

려 때 중국으로 이주하여 정착한 사람들은 그들이 고구려의 후예라는 인식을 갖고 있으며, 명말 청초에 이주한 무리도 있고, 근대 이후 이주하여 정착한 사람들도 존재한다는 것이다. 이들 중 고려시대에 이미 이곳에 정착하였던 사람들과 관계된 자료는 『조선왕조실록』에도 보인다.

> 臣이 『遼東志』를 보건대, 東寧衛에 소속된 高麗 사람이 洪武年間에 3만여 명이 되었으며, 永樂年間에 이르러서 漫散軍이 또한 4만여 명이 되었습니다. 지금 遼東의 戶口에서 고려 사람이 10분의 3이 살고 있어 서쪽 遼陽으로부터 동쪽으로는 開州까지 남쪽으로는 海州·蓋州의 여러 고을에 이르기까지 聚落이 서로 연속하였으니, 이것은 진실로 국가에서 汲汲히 軫慮할 것입니다.[14]

이로부터 당시 요동에는 고려 이주민이 집거하고 있었다는 것을 알 수 있다. 그들 중 일부는 조선으로 돌아갔거나 한족 또는 만족으로 동화되기도 했지만, 고려인의 후손이라는 인식을 갖고 생활해오고 있는 사람들도 존재한다. 현재 요녕성의 대안, 해성, 요양, 철령 등지에 살고 있는 일부 고씨들은 고려인의 후손으로 자신들을 '요동고씨'라 부르고 있다. 예를 들면, 고지겸은 1928년 해성에서 출생하였는데, 어렸을 때부터 조부와 부친으로부터 "우리 선조는 조선국왕이다. 우리는 조선국왕의 후손이다."는 말을 들었으며, 조부로부터 『高氏族譜』를 받았는데 그 조상은 고구려 20대 장수왕이라는 것이다.[15]

하지만 이러한 토착민족설에 대해 "조선민족의 선조가 건립하였다는 고조선이나 고구려는 독립국가로서 한국사의 범주에 속하며, 고조선이나 고구려의 유민은 혈통상에서나 민족성에 있어서 지금의 조선족과 직접적인 연계가 없다."[16]

---

14 『世祖實錄』卷34, 世祖10年(1464) 8月 1日 壬午: "臣見 『遼東志』, 東寧衛所屬高麗人, 洪武年間 三萬餘人, 及永樂 漫散軍亦四萬餘人. 今遼東戶口, 高麗人居十之三, 西自遼陽, 東至開州, 南至海盖, 諸州聚落相屬, 此誠國家汲汲軫慮者也."

15 崔峰龍, 「中國 朝鮮族의 移住史와 族譜와 意味」, 『동양예학』, 12, 2004, 5쪽.

고 하여 현재 조선족의 직접적인 선조로 보기 어렵다는 비판을 제기하기도 한다.

둘째, 중국에서 활동하고 있는 조선족 역사학자들은 중국 조선족을 '遷入民族'[17], 혹은 '跨境民族'[18]으로 규정하면서 대체로 한반도에서 중국의 동북지역으로 이주하여 이 지역을 개척하면서 삶을 영위해 온 것으로 설명한다. 다만 이들이 언제 이주해 오기 시작했는지에 대해서는 또 몇 가지 견해가 있다.

① 조선족의 천입 시작을 원·명 시기로 보아야 한다는 견해[19]: 이 주장은 명대에 이미 국경이 존재하였고, 그 이후에 이주한 사람들을 조선족의 범주 안에 포함시켜야 한다는 것이다. 하지만 당시 이주하였던 조선인들은 이미 동화되어 어떠한 흔적도 남기지 않았고, 또 그 후손들을 찾을 수도 없기 때문에 지금의 조선족과 관련성을 찾을 수 없으므로, 이것을 시작으로 보기는 어렵다는 비판을 제기하기도 한다.[20]

② 조선족의 이주를 명말·청초(17세기 초)로 보는 견해[21]: 이 주장은 '遼寧省 蓋州市, 本溪縣과 河北省 靑龍縣 朴氏 朝鮮族에 대한 조사 연구'를 통해 조선족 이주의 시작과 역사의 상한선을 명말·청초 즉 17세기 초로 보고 있다. 명말·청초 청과의 전쟁에서 패한 조선인 가운데 상당수가 포로로 끌려와 현재 중국 동북 지역에 그 후손들이 남아 있으니 그들은 족보를 가지고 있으며, 이를 근거로 만주족 혹은 한족으로 되어 있던 족적을 조선족으로 바꾸기도 하였다.[22]

---

16 金泰國, 「中國에서의 朝鮮族 歷史 研究」, 『동북아연구』(조선대), 96-Ⅰ, 1996, 129쪽.

17 金泰國, 1996, 125쪽.

18 崔峰龍, 2004, 3쪽.

19 高永一, 『中國朝鮮族歷史研究』, 延邊敎育出版社, 1986.

20 金泰國, 1996, 130쪽.

21 朴昌昱, 「試論朝鮮族的遷入及其歷史上限問題」, 『朝鮮族研究論叢』(1), 延邊大學出版社, 1987, 1-29쪽; 姜龍範外, 「遼寧省 蓋縣, 本溪縣과 河北省 靑龍縣 朴氏 朝鮮族에 대한 社會歷史調査」, 『朝鮮族研究論叢』(1), 延邊大學出版社, 1987, 30-77쪽.

22 즉 遼寧省 蓋州市 陳屯鄕 朴家村 주민 277명, 本溪縣 山城子鄕 朴普村의 구재곡, 회피 등의

하지만 明末·淸初의 이주자들은 그 당시 이주형식에 관계없이 明에 귀부한 자는 漢籍에, 淸에 귀부한 자는 滿洲籍에 편입되었다. 청 정부는 청조의 발상지를 보호하며 백두산 지역에서 산출되는 인삼·녹용 등 특산물을 독점하여 만주족의 생계를 유지하고 자신들의 풍속을 보존하기 위해 1677년부터 백두산 이북 1,000여리의 지역을 封禁地域으로 획정하였다. 이러한 봉금정책은 19세기 60년대까지 약 200년 간 지속되었으며, 그 결과 동북 지역의 개발과 경제발전을 지연시켰으며, 한중간의 교류에도 지장을 주었다.[23]

③ 19세기 중·후반이라는 견해: 17세기에 중국 동북에 이주한 이들이 가입한 것은 한족이나 만족의 공동체였으므로 지금의 조선족 공동체의 형성과는 아무런 관계가 없다. 그러므로 이들의 역사는 조선인 유이민사의 범주에 속할 뿐이지 중국 조선족의 역사 범주에 속할 수 없다는 것이다.[24] 결국 현재 조선족의 직접적 조상은 19세기 중·후반부터 이곳으로 이주해온 사람들이라는 것이다.

이상 몇 가지 견해를 통해, 현재 중국 동북지역에는 고구려 고조선 등 고대국가 시기부터 명·청 교체와 병자호란까지 역사적 경험을 통해 우리민족이 생활하고 있는 것은 사실이지만, 족보를 통해 조선적 회복을 신청한 극소수를 제외하면 이들을 현재의 조선족과 연결시키는데 무리가 있는 것은 사실이다. 그 보다는 19세기 중엽 이래 청의 봉금정책이 해제되면서부터 본격적인 이주가 시작된 이

주민 1,234명, 河北省 靑龍縣 팔도하자향 탐구촌과 대장향 맹가움집촌의 박씨 성을 가진 350여 명이 자신들의 선조가 350년 전 한국에서 이주해 온 한국인이고 자기들은 한국인의 후예이기에 조선족으로 민족을 옮겨 달라는 청원을 한 것이다. 원래 한족 중에는 박씨 성이 없기에 이들 박씨 성을 가진 청원자들은 조선적을 회복했다. 이에 요녕성 봉성현 일대에 거주하는 문씨, 김씨, 백씨들도 한국인을 증명하는 족보를 갖고 있어 이들 또한 조선적 회복을 신청했다(이광규, 『격동기의 중국조선족』, 서울: 백산서당, 2002, 23쪽).

23 朴昌昱, 「19世紀 80~20世紀初 《間道》 와 中國朝鮮族 問題에 對한 中韓兩國間의 爭端」, 『동북아연구』(조선대), 96-Ⅰ, 1996, 47쪽.

24 金泰國, 1996, 132쪽.

래 형성되었다고 보아야할 것이다.

2. 근대 이후 조선인의 이주와 정착

근대 조선인의 중국 동북 지역으로의 이주는 19세기 중반 서구 제국주의의 침략과 청조의 세력 약화가 뚜렷해지면서 시작되었다. 조선족의 이민거주지는 동북 각 지역에 비교적 광범위하게 분포하였는데, 그 중에서도 현재의 길림성, 특히 연변 지역에 가장 많이 거주하였다. 현재 중국 내 유일한 조선족 자치주인 延邊은 길림성 동남부에 위치해 있으면서 백두산과 두만강을 경계로 북한과 국경을 접하고 있다. 이곳은 역사적으로 중원의 한족 문화의 영향을 비교적 적게 받으면서 거란·여진 등 다양한 민족의 삶의 터전이었다가 19세기 말, 청조 정부의 '封禁政策'이 해제되면서 본격적으로 우리 민족의 이주가 시작되었다. 다음의 <표 1>은 연변 지역의 역대 행정 관할 변천 과정을 나타낸 것이다.

<표 1> 연변 지역의 역대 행정 관할 변천 과정[25]

時代	所屬	時代	所屬
漢	4郡→高句麗	金	海蘭路 總管部
隋	靺鞨의 白山部	元	開元路
唐	渤海	明	奴児干都使
遼	東境道	淸	封禁

1860년대부터 본격적으로 진행된 조선 이민자의 중국 동북 지역으로의 월경 경로는 ① 압록강을 건너가는 경우, ② 두만강을 건너가는 경우, ③ 연해주와

---

25 張文宣, 「延邊朝鮮族自治州醫療衛生歷史概況」, 『中華醫史雜志』 11-3, 1981, 1쪽.

시베리아 지역으로부터 우수리강과 흑룡강을 통해 들어가는 경우 등이 있었다.[26] 이들은 연변을 중심으로 압록강과 두만강 유역에서 북부와 서부 지역으로 진출하여 동북 내지로까지 확산되었다.

조선족의 이주과정은 크게 3단계로 구분할 수 있다.[27] 제1단계는 1860년대[28] 부터 1910년 한일합방 시기까지로 생계를 위해 이민한 시기로 조선족 이민자 집단의 초보적인 이민자 거주지가 성립하였다. 1860년대 후반 조선에서는 자연재해가 빈발하였는데, 그 때문에 대규모 饑民이 발생하였고 이들은 국경을 넘어 중국 동북지역으로 이주하였다. 특히, 1869년과 1870년 조선의 會寧府는 청 정부에 이재민 구조를 요청하였고, 그 결과 조선 주민들의 두만강 북안으로의 이주를 허가받았다.[29] 이후 1880년 연변 지역이 전면적으로 개방된 후 조선인들의 이주가 합법화되면서 이주민 수가 크게 증가하였다.

제2단계는 1910년 한일합방부터 1931년 9.18사변까지로 이 시기에는 주로 애국지사의 중국 이주가 많았는데, 이들은 연길, 단동 등 도시를 중심으로 조선족 집단거주지를 형성하였다. 당시는 이동의 규모가 커지고 이동 동기 또한 다양해지면서 일제의 핍박으로부터의 정치적 도피를 포함하여 농토를 잃은 농민들의 대량 이주가 이루어져 급격한 인구증가율을 기록하게 된다. 특히, 1915년에서

---

26 趙英蘭, 2004, 62쪽.

27 근대 이후 조선인의 중국 동북지역으로 이주과정을 3단계로 보는 시각이 일반적이며, 4단계로 보는 견해(이광규, 『재중한인』, 서울: 일조각, 1994, 3쪽; 고지영, 2003, 21쪽)도 있으나 이 경우에는 1945년 해방 이후부터 1952년 연변 조선족 자치주가 성립된 시기까지로 이주라기보다는 정착기로 표현하고 있다.

28 중국 조선족 학자 중에는 중국 근대사의 시작이라고 할 수 있는 아편전쟁이 일어난 1840년을 기점으로 잡는 경우도 있다.(趙英蘭, 「東北朝鮮移民社會經濟輿文化考察(1840-1945年), 中國人民大學 書報資料中心, 『(復印報刊)民族問題研究』 2004-11(原載『東北亞論壇』 2004-5), 61쪽).

29 이바오중(衣保中), 「조선인의 이주와 중국 동북지역의 논 개발-근대 중국 동북지역의 논 개발사 연구에 대한 새로운 시각-」, 『농업사연구』, 3(2), 2004, 63쪽.

1920년 사이에는 연평균 증가율이 9.76%로 그 직전 5년에 비해 약 3배에 달하고 있다(<표 2> 참조).

<표 2> 중국 조선족의 인구 추이 (1910년~2000년)[30]

연도	인구 총수	연평균 성장률	연도	인구 총수	연평균 성장률
1910	222,000		1944	1,658,572	3.35
1915	282,070	3.36	1953	1,120,400	
1920	459,427	9.76	1964	1,339,600	1.62
1925	531,973	2.93	1982	1,765,200	1.53
1930	607,119	2.64	1990	1,923,361	1.07
1940	1,450,384	11.24	2000	1,923,842	0.00

제3단계는 1931년 9.18사변부터 1945년 8.15해방까지 일본 제국주의의 이민정책에 따른 강제이주가 이루어져 동북 조선족 집단거주지역이 만들어졌다. 이 시기 일본은 만주국을 세운 다음 한반도로부터 농민을 이주시킨 후 만주 지역을 개척함으로써 대륙 침략을 위한 경제 기반을 조성하고자 했다. 일제는 이 사업을 보다 계획적으로 추진하기 위해 조선총독부와 만주국이 '재만 조선인 지도요강'에 합의하고 조선총독부는 만주 조선족 개척주식회사를 설립하기도 했다.[31] 조선인의 중국 동북 지역으로의 이주는 해방 전인 1944년에 이미 165만 여 명으로 증가하였다가 해방으로 많은 사람들이 귀국함으로써 신중국 성립 초기에는 다시 110만여 명까지 줄어들기도 했다.

<hr>

30 권태환 편저, 2005, 17쪽.
31 고지영, 2003, 23쪽.

3. 조선족 역사에 대한 인식 문제

조선족은 중국 동북 지역에 거주하면서도 의, 식, 주는 물론이고 풍속 등 문화적 정체성을 유지하였다. 초창기 이주 조선인은 교육을 중시하여 이미 1880-90년대에 사숙, 학당을 설립하였는데,[32] 1916년에 이르러서는 동북 3성 지역에 각종 사립 중·소학교가 238곳, 학생이 63,000여명에 달할 정도였다.[33]

조선족의 경제활동은 한반도에서의 경험을 바탕으로 수전농업을 통해 지역 개발에도 일조하였다. 이와 관련하여 대략적인 통계에 의하면, 1920년대 길림성의 연변 및 길림지구 수전의 100%와 통화지구 수전의 85%, 흑룡강성 수전의 100%, 요녕선 개원 지구 수전의 90%, 흥경지구 및 심양지구 수전의 85%, 무순지구 수전의 80%, 단동지구 수전의 70%가 모두 조선 인민에 의해 개발·경작되었다.[34]

또한 일본의 침략에 맞서 청산리전투 등 항일운동을 전개했던 조선족은 1931년 9.18사변으로 일본이 만주를 점령한 후에는 중국공산당과 민족해방 투쟁에 적극적으로 참여했고 각종 반일조직도 건립하였다.[35] 1933년 초에는 연길, 화룡, 왕청, 훈춘 등 4개 현의 유격대를 '중국노동홍군32군 동만유격대'로 편성하여 항일무장투쟁을 전개하였다. 당시 중국공산당은 토지개혁과 민족평등 정책을 내세워 조선족의 적극적인 참여를 유도하였다.

그러면 이러한 조선족의 항일운동의 역사적 가치는 어떻게 평가할 수 있을까?

---

32 趙英蘭, 2004, 63쪽.

33 延邊大學民族研究所編, 『朝鮮族研究論叢』(三), 延邊人民出版社, 1991, 10쪽.

34 趙英蘭, 2004, 63쪽.

35 당시 조선족이 조직한 혁명단체로는 '반일회', '반제동맹', '농민협회' 등이 있었다(고지영, 2003, 28-29쪽).

중국공산당이 권력을 장악하고 있고, 조선족이 중국 소수민족의 일원으로 살아가고 있는 현실에서 그들의 항일운동을 한국사의 범주에서 다룰 것인지 아니면 중국사의 범주에서 다룰 것인지에 관한 역사인식의 문제에 있어서 학자들 사이에 다양한 견해가 존재한다.

우선 그들의 역사를 중국사의 범주에 포함시켜야 한다고 주장하는 학자들이 있다. 그 근거로 다음 두 가지를 들고 있다. 첫째, 이 시기 항일운동의 기본적인 주체가 중국의 조선족이었고, 그들의 후손이 지금도 중국에 남아 중화인민공화국의 모든 권리를 행사하는 중국 조선족이기 때문이다. 둘째, 당시 민족주의자들이나 공산주의자들은 모두 역사적인 제한성으로 말미암아 '조선독립'이나 '조선혁명'의 구호를 제기하였을 뿐 중국 조선족의 실제 상황에 부합되는 반제반봉건 구호를 제기하지 못하였다. 1930년에 와서야 중국 공산당의 영도 밑에서 비로소 반제반봉건적인 투쟁강령을 제기할 수 있었다. 따라서, 이 시기 조선족 인민들의 반일운동은 당연히 중국 조선족의 역사범주에 속해야 한다는 것이다.[36]

하지만, 이 시기 조선족의 역사를 당연히 한국사의 범주에 포함시켜야 한다는 견해도 존재한다. 그 이유로 첫째, 당시 조직된 반일단체들의 이름이나 그들이 제출한 구호와 추구했던 최종목표가 조선의 완전한 독립을 이루려는 데 있었고, 둘째, 당시 중국 동북지방에 거주하고 있었던 한민족의 대다수가 중국 국적에 가입하지 않은 '교민'이었다는 사실을 지적한다.[37]

다음 조선족 학자 가운데 일부는 제3의 해석 방법을 제시하기도 한다. 즉 당시의 조선인민은 반제반봉건의 역사적인 사명을 가지고 두 가지 기치를 제창하였는데, 하나는 조선의 독립을 위하여 싸우는 것이고, 다른 하나는 중화민족의 해방을 위해 싸웠다고 인식한다.[38] 그들은 이러한 두 가지 역사사명이 특수한

---

36 金泰國, 1996, 133-134쪽.
37 金泰國, 1996, 133쪽.

역사시기에 제기된 것이라고 주장한다.

조선족 역사가 사이에서조차 근현대 연변(간도) 지역에서의 조선 인민의 항일 운동에 대한 역사인식에 이처럼 다양한 견해가 제시되는 것은 정체성 문제와 더불어 국가와 민족·영토 관련 역사인식의 혼란을 반영한다고 하겠다. 또한 현대 중국 정부의 민족정책 및 국가통합전략과 밀접한 관련이 있다고 생각된다.

Ⅲ. 근·현대 조선족 정체성의 추이

조선족은 국가정체성과 민족정체성이 분리되면서 중국사회에서 큰 갈등 없이 그들 나름대로의 통합된 정체성을 유지해왔는데, 거기에는 몇 가지 요인이 작용하고 있다. 첫째, 조선족은 티베트나 위구르족이 한족과 갈등관계에 있는 것에 비해 체제에 순응하고 다수민족과 공존하려는 태도를 견지하였다. 둘째, 조선족은 전체 인구에서 차지하는 비중이 0.15%에 지나지 않아 수적으로 소수자이고 정치권력 측면에서도 소수자로 당과 정부에 전적으로 협조하였다. 셋째, 사회주의 체제에서 소수민족으로 전통문화를 유지하고 우대정책의 혜택 속에서 조선족은 기존 체제를 지지하고 그 안에서 신분상승을 추구하였다.[39]

중국 조선족은 다른 소수민족과 달리 스스로 이주해 들어온 민족으로 그들만의 공동체를 형성하고 문화와 생활양식을 유지하며 살아왔지만, 내부적으로는 크게 3단계를 거치면서 자신의 집단 정체성을 유지, 변화시켜 왔다. 해방 이전의 일제 침략시대, 신중국 건설 이후 개혁개방 이전까지의 시기, 개혁개방 이후의

---

38 朴昌昱, 1987, 25쪽.
39 윤인진, 『코리언디아스포라』, 서울: 고려대학교출판부, 2004, 65쪽.

중국 사회 변동 및 한국과 중국의 본격적인 교류가 시작된 1990년대부터 현재까지가 이들 각 단계에 해당한다.[40] 각 단계별 정체성의 변동 추이와 특징을 살펴보면 다음과 같다.

1. 해방(1945년)이전의 디아스포라 정체성

이민자들의 정체성은 반드시 스스로의 의지에 의해서만 결정되는 것은 아니다. 그 자체가 주어진 사회의 정치 경제적 산물이기도 하다. 차별이 별로 없는 사회와 심한 사회, 단일민족 국가와 다민족 국가, 이민의 배경, 기원국가의 국제적 지위와 문화적 특성, 종족의식 등이 함께 작용하여 이민 집단의 자아의식은 형성된다. 즉 수용국가 또는 사회의 여러 요인과 배출국가와 사회의 여러 요인이 복합하여 이민자들의 정체성이 결정된다. 특히, 세대를 거치면서 수용사회에 대한 귀속의식과 문화적 동일시가 강화되는 것도 일반적인 현상이다. 그러나 이 또한 이민 집단에 따라 수용국가의 소수민족이나 이민 집단에 대한 정책에 따라 달라진다.[41]

조선족의 정체성은 중국의 주류민족인 한족과 기타 소수민족과 함께하는 역사과정 속에서 형성되었다. 즉 중국 조선족의 정체성은 자신을 스스로 중화민족의 상징과 동일시하는 동시에 민족 집단의 독특한 상징과 자신을 동일시하고 이를 타민족집단으로부터 인정받는 과정을 거쳐 형성되었다.[42]

---

40 조선족 정체성의 변화 추이를 일제 침략시대, 신중국 건설 이후 개혁개방이 본격적으로 효과를 나타내기 시작한 1980년대 말에 이르는 시기, 그리고 한국과 중국의 본격적인 교류가 시작된 1990년대 이후 현재까지로 규정하는 시각도 존재한다(권태환 편저, 2005, 140-141쪽).

41 권태환 편저, 2005, 119-120쪽.

중국의 조선족은 여러 번 정체성의 변화를 경험하였는데, 20세기 초까지 그들은 단순한 '월경민'에 불과하였다. 그러다가 그들의 존재가 국가적으로 관심의 대상이 된 것은 일제의 조선침략이 본격화되면서부터이다. 만주의 조선인 인구 규모가 커지고 일본이 만주에 적극적인 진출을 시도하면서 만주 조선인은 정치적인 쟁점으로 떠오르게 되었다. 형식적으로 조선인의 신분은 일본인과 만주인의 중간에 위치하였으나, 실제로는 양쪽 모두의 눈치를 봐야하는 '한계인'의 처지에 있었다.[43]

중국 대륙에 오랫동안 거주해온 다른 소수민족들이 중국을 자신들의 본국으로 여길 수 있었던 것에 비해 조선족은 모국을 떠나 이주해온 월경민족이었기 때문에 상대적으로 강한 모국의식을 지니고 있었다.[44] 당시 조선족은 일본의 대륙 침략에 대항하여 중국 공산당과 함께 적극적으로 항일투쟁에 참여하였지만, 그것은 중국인으로서가 아닌 한민족의 일원으로 참가한 것이다. 이 점은 해방 이전까지 중국 국적을 취득한 조선인은 그리 많지 않았던 사실을 통해 알 수 있다. 1929년까지 중국 국적에 가입한 인구는 11만 5천명으로 전체 이민 인구의 8%에 불과했다.[45]

조선조 말에서 일제시대에 걸친 기간에 만주에 정착한 조선인은 대부분 스스로를 영주이동자로 규정하지 않고 '일시적으로 불가피하게 이주한 그러나 언젠가는 돌아갈 사람'으로 간주했다.[46] 그들은 관념적으로는 '디아스포라정체성', 또는 '나그네 정체성'을 가졌다고 할 수 있다.[47] 이 점은 해방 직후 70만명에

---

42 고지영, 2003, 26쪽.
43 권태환 편저, 2005, 121쪽.
44 김해란, 2009, 39쪽.
45 김해란, 2009, 40쪽.
46 권태환 편저, 2005, 122-123쪽.
47 샤프란(William Safran)에 의하면 디아스포라(diaspora)는 다음의 내용을 특징으로 한다. ①

달하는 조선인이 다시 고국으로 돌아왔다는 사실을 통해서도 짐작할 수 있다.

이처럼 해방 이전까지 조선족이 조선을 조국으로 인정했던 이유는 다음 몇 가지 요인을 들 수 있다. 첫째, 조선족은 한반도에서 단일 민족으로 형성된 이후 중국으로 천입하였기에 조선 민족의 공통된 속성과 특성을 지니고 있으며, 언어, 문화 측면에서 한반도의 조선 민족과 동질성을 갖고 있었다. 둘째, 조선족은 그들이 한반도에서 태어나고 성장하였으며, 그들의 부모 혹은 친지들이 여전히 한반도에 살고 있기 때문에 한반도에 특별한 애착을 지니고 있었다. 셋째, 조선족은 조선의 독립과 광복을 위해 투쟁하였으므로 조선을 조국으로 인식하였다.[48]

2. '조국'과 '모국'이 분리된 이중정체성

1945년의 해방과 연이은 1949년 중화인민공화국의 성립 및 그 과정에서 진행된 토지개혁 등 중국의 정치·사회 환경의 변화는 중국에 거주하는 조선인들의 정체성에도 커다란 변화를 가져왔다. 당시 중국 공산당은 중국 동북지역에 거주하는 조선족의 동북지역 개발과 항일전쟁에서의 공헌을 평가하여 중국 소수민족의 일원으로 인정하였다.[49] 1945년 항일전쟁의 승리 후 중국 공산당은 조선

특정의 기원지에서 변방 외시로의 분산, ② 고향 또는 고국에 대한 집단적 기억, ③ 수용사회로부터 받아들여지리라는 희망의 포기와 이로 인한 수용사회로부터의 소외 또는 차단, ④ 조상의 고국을 자기들이 궁극적으로 돌아갈 참된 이상적 집으로 보는 관점의 채택, ⑤ 고국에 대한 정치 경제적 몰입, ⑥ 고국과의 지속적인 관계 맺음 등이다. 나그네 정체성은 재일 한인의 정체성 논의에서 John Lie가 사용한 개념으로 디아스포라 정체성과 같은 내용을 갖는 것으로 이해할 수 있다(권태환 편저, 2005, 123쪽, 각주2) 재인용).

48 고지영, 2003, 67쪽.

49 김해란, 2009, 40쪽.

족의 공민자격을 인정하고, 그들에게 토지를 분배해주었으며, 지방정권에도 참여할 수 있는 길을 열어줌으로써 조선족이 중국 국적에 가입할 수 있었다.[50] 1948년 8월 중국 연변 지구당 위원회의 「연변 민족문제에 관하여」에서는 "연변에 거주하는 조선민족 인민 중 호적을 가진 자는 모두 중국 공민이고, 호적이 없이 잠시 거주하는 자는 모두 조선교민이다. 정부의 비준을 얻은 이후에 이주해 갔다가 후에 다시 돌아오는 자와 상급 정부의 비준 없이 새로이 이주해 온 자는 조선교민이다. 비록 가족이 조선에 있지만 호주와 재산이 연변에 있는 자는 정부 비준을 거친 후 중국 공민으로 승인될 수 있다."[51]고 하여 중국 조선족과 조선교민의 차이를 명확히 하였다.

신중국이 다민족 국가를 표방하고 이에 기초한 소수민족정책을 채택하면서 조선인들도 중국의 시민권을 가지게 되었고, 주요 소수민족의 하나로 인정되어 '조선족'이라고 불리게 되었다. 즉 일제시대의 '조선인' 명칭이 '조선족'으로 바뀌게 된 것이다. 국가정체성과 민족정체성이 분리되면서 조선족 정체성은 '조국'과 '모국'의 분리로 특징지울 수 있다. 조선족은 자기 집을 떠나 중국으로 이주하여 정착하였고 중국은 그들을 식구로 받아들였다. 이를 혼인에 비유하면, 중국은 시집이고, 조선은 친정에 해당된다.[52]

특히, 이 시기 조선족은 출신지와 관계없이 북한을 모국으로 생각하였다. 그것은 해방 직후 북한에 사회주의 정권이 수립되었고, 중국도 공산당이 정권을 장악함으로써 그 체제에 편입될 수밖에 없었기 때문이다. 그리고 이러한 인식은 한국전쟁을 계기로 더욱 확고해졌다. 약 10만 여명에 달하는 조선족이 '항미원

---

50 김해란, 2009, 23쪽.

51 김병호, 「중국의 민족이론정책과 법률에 있어서의 연변 조선족의 지위」, 『평화연구』, 8(1), 2000, 162-163쪽.

52 권태환 편저, 2005, 125쪽.

조 보국위민'의 기치 아래 한국전쟁에 참가한 것은 이를 뒷받침한다.[53]

1950년 초에는 신중국의 소수민족정책으로 조선족으로서의 민족정체성의 지위를 보장받았다. 즉 1954년 헌법에 "중화인민공화국의 각 민족은 모두 평등하다. 어떤 민족에 대한 멸시와 압박도 금지되며, 민족의 단결을 파괴하는 행위를 금지하고 대민족주의와 지방민족주의를 반대한다. 각 소수민족이 거주하고 있는 지방은 지역자치를 실시하고, 자치기관을 설립하며 자치권을 행사한다."고 규정하여 민족구역자치를 인정하고 있다. 중국정부는 기본적으로 소수민족이 분리독립을 주장하지 않는 한 언어, 문자, 종교, 풍속 등 문화적인 측면에서 그들의 정체성을 보장하였다. 조선족은 중국의 민족정책으로 중국 공민이 되는 한편 민족학교를 세우고 민족교육, 문화를 유지할 수 있었다. 특히 조선족은 다른 민족과 달리 자신들이 유교적 문화배경을 지니고 한글을 가진 문화민족이라는 점, 중국의 건국 과정에서 어느 민족 못지않게 기여했다는 점, 교육열이 높고 깨끗한 민족이라는 점 등에 대해 자부심과 긍지를 가지고 있었다.[54]

하지만, 1950년대 후반부터 전개된 '대약진운동'과 '문화대혁명' 시기에는 국내정치 변화와 더불어 소수민족지구에 대한 정치적·사상적 통합을 목표로 급진적인 동화정책을 전개하였다.[55] 그 결과, 문화대혁명 시기 연변에서만 2,000여명이 사망하고 3,000여명이 불구자가 되었으며, 수 만 명이 북한으로 도망치기도 했다.[56] 또한 민족문화도 큰 수난을 당했는데, 『연변일보』는 『新華社電信』으로 개명되어 한자로 출간되었고, 연변대학 등 고등교육기관에서는 조선어 대신 중국어로 강의하도록 했다.[57]

---

53 (사) 해외교포문제연구소, 2008, 73쪽.

54 고지영, 2003, 61쪽.

55 김해란, 2009, 35쪽.

56 남연주, 『중국의 소수민족 정책-조선족을 중심으로』, 영남대학교 석사학위 논문, 2003, 50쪽.

57 김옥녀, 『중국정부의 소수민족정책에 관한 연구-조선족사회를 중심으로』, 서울대학교 석사학

이 시기 중국 조선족은 다민족통일국가인 중국에서 정치적으로는 중국 국적을 가진 중국인이지만, 혈통적으로는 한민족이기 때문에 국가정체성과 민족정체성이 서로 일치하지 않는 이중정체성을 형성하고 있었다. 또한, 민족적 자부심과 긍지를 지니고 있었음에도 불구하고, 중국 사회의 중심부에서 멀리 떨어진 외각에 존재했고 통제의 대상이 되어야만 했다.

3. 개혁개방과 한·중 수교, 그리고 정체성의 혼돈

문화대혁명 이후 실용주의 세력의 등장과 개혁개방정책의 시행은 소수민족정책에도 그대로 반영되었다. 1978년 헌법은 민족문제와 관련하여 1954년 헌법 정신을 회복하여 각 민족 고유의 언어, 문자, 풍속에 대한 자유의 인정과 민족구역 자치기관의 민족대표 선출에 관한 자율권 허용 등을 주요 내용으로 하고 있다.

'현대화'를 모토로 진행된 중국의 개혁개방정책은 중국사회의 급속한 변화를 가져왔으며, 그에 따라 조선족 사회의 동요도 함께 진행되었다. 주로 조선족 공동체 안에서 조선어를 쓰고, 조선족과 결혼을 하며 조선족과 관계를 맺으면서 생활하던 조선족들의 외지로의 진출이 시작된 것이다. 더욱이 그러한 경향은 1992년 한·중 수교가 이루어지고 많은 조선족이 한국으로의 진출을 모색하면서 중국 동북의 조선족 사회는 심하게 요동쳤다. 많은 조선족 지식인들은 조선족 자치 지역에서 외부로의 이탈이 조선족 정체성의 소멸과 궁극적으로는 조선족사회의 해체를 가져올 것이라는 우려를 표명하고 있다.[58]

위 논문, 2006, 91쪽.

연변 조선족 자치주가 성립될 당시 조선족 비율은 60% 이상이었지만, 현재는 30%대로 떨어진 상태이다. 이 지역에서 조선족의 인구비율이 줄어드는 이유는 조선족 자체의 문제와 한족을 비롯한 비조선족의 연변으로의 유입이라는 두 가지 요인이 동전의 양면처럼 작용하고 있기 때문이다. 그 중 조선족 자체의 문제는 크게 3가지로 요약할 수 있다. 첫째, 조선족의 출산 기피와 관련된다. 조선족 여성들의 출산율은 계획생육정책을 시행하고 있는 한족보다 낮다. 둘째, 조선족 여성들이 한국 등지로 결혼하여 나감으로써 가임여성이 줄고 있다. 1990년대 중반 이후 대체로 연평균 2천여 명의 가임 적령 여성이 중국을 떠난 것으로 추계되고 있다. 셋째, 새로운 직업을 찾아 다른 지역으로 이주하는 사람들이 급격하게 늘고 있다.[59]

1990년대에 들어서면서 본격화된 중국 조선족의 이동은 크게 3가지로 분류된다. 첫째, 산재된 농촌 거주자들의 인근 도시지역을 향한 이동이다. 둘째, 동북 3성 이외의 지역으로의 이동이다. 여기에는 북경, 상해와 같은 거대도시로의 이동과 청도 위해 등 연해지역으로의 이동이 포함된다. 셋째, 외국으로의 취업이동으로, 이 가운데 가장 중요한 것이 한국으로의 노동이동이다.

1980년대 중반 이후 적국이었던 한국과 중국 사이에 각종 교류가 활발해지고 서울올림픽 등을 통해 한국의 모습이 중국에 알려지고, 1992년 두 나라 사이에 정식 수교가 이루어지면서 조선족의 모국의식에 혼란이 발생했다. 조선족과 한국 사이에 친척 방문이 활발해지고 경제 교류가 활성화되면서 조선족은 한국을

---

58 이와 관련해서, 金强一은 조선족 자치지구에서의 인구 유출은 매년 높아지는 추세이며, 이는 조선족 사회의 공동화와 인구 구성 비율의 하강을 초래할 것인데, 인구유출이 만약 지금과 같은 추세로 진행된다면 앞으로 20-30년 후에는 필연적으로 조선족 사회가 해체될 위기에 처할 것으로 파악하고 있다(金强一, 「朝鮮族社會人口流動和集居地空洞化問題的對策研究」, 中國 人民大學 書報資料中心, 『(復印報刊)民族問題研究』 2004-9(原載『東疆學刊』2004-3), 38-39쪽).

59 (사) 해외교포문제연구소, 2008, 76쪽.

'기회의 땅'으로 인식하게 되었다. 따라서, 모국도 북한에서 한국으로 바뀌게 되었다. 그러나 그들의 새로운 모국 관념은 한국인들과의 관계가 깊어지면서 상처를 입게 되고 자신들을 한족과는 물론 한국인들과도 구분하는 의식을 형성하게 된다.[60]

많은 조선족들은 한국에서의 경험을 통해 자신들이 한국 사회의 구성원으로 받아들여지지 않고 차별 대우를 받는다는 사실을 인식하게 된다. 한국에 일정 기간 체류하였던 조선족에 대한 사회조사에 의하면, 응답자의 43%가 한국 사람들이 자신들을 차별하고 무시했다고 느끼고 있으며, 70%는 노력한 만큼의 대우를 받지 못했고, 33%는 일에 대한 보수를 제 때 못 받은 적이 있다고 응답했다.[61] 결국 한국에서 일정 기간 체류하였던 조선족들은 한국에서의 경험을 통해 자신의 정체성을 새롭게 정립하게 된다.[62]

IV. 심층면접에 나타난 조선족 정체성 문제

그렇다면, 현재 중국에 거주하고 있는 조선족들은 그들의 정체성에 관해 어떤 생각을 갖고 있을까? 1860년대부터 형성되기 시작해 1940년대 후반에 이르러 중국 소수민족의 일원으로 정착하여 중국 내 소수자로서 삶을 살아왔다. 본 고의 다음 내용은 신중국 수립 이후 약 60년의 시간이 흐른 지금 조선족의 정체성을 탐구하기 위해 지난 2010년 중국 상하이에서 22명의 조선족을 상태로 인터뷰를 진행한 결과를 바탕으로 하고 있다(<부록 2> 참조).

60 권태환 편저, 2005, 142쪽.
61 황승연, 「중국 동포들의 한국사회 적응실태」, 『교포정책자료』, 49, 1994, 15쪽.
62 고지영, 2003, 69쪽.

면접에 응한 조사대상자의 인적 사항을 간단히 정리하면, 이들은 모두 동북지역출신으로 상하이에서 대학(혹은 전문대학)을 다니기 위해 온 3명을 제외하면 개인 사업이나 직장을 구해서 이동해온 사람들이다. 성별로는 남자 7명, 여자 15명이었고, 연령별로는 20대 12명, 30대 2명, 40대 2명, 50대 6명으로 모두 1950년 이후에 출생한 이민 3, 4세대인 것으로 생각된다.

중국의 소수자로서 조선족에 대한 심층면접은 중국 내에서의 다수자와 소수자와의 관계, 교육, 사회적 차별과 그에 대한 대응전략, 법률적 보호 및 정부와의 관계, 편견 문제와 더불어 국가와 민족 국적 등에 대한 정체성 관련 문제들을 중심으로 조사를 진행했다.

현재의 국적 및 민족 문제와 관련하여 "당신은 조선족이라고 생각하십니까? 아니면 중국인이라고 생각하십니까?"라는 질문에는 대부분이 "중국에 사는 조선족", "중국에 있는 소수민족으로서 조선족" 혹은 "둘 다 맞다"고 응답하였다. 이러한 경향은 조선족 학자의 예전 조사 결과와도 일치한다. 즉 중국 중앙민족대학의 李晶은 그의 박사학위 논문에서 "조선족을 어떻게 생각하는가?"라는 질문에 전체 응답자 107명 중 93%에 달하는 102명이 "중국 소수민족의 하나이며, 중국인이다."고 대답하였고, 반면, "중국에 거주하고 있는 한반도 이주민이다."고 대답한 사람은 단 5명에 불과한 것을 통해서 조선족은 그들 스스로가 중국인이라는 정체성을 소유하고 있음을 알 수 있다.[63]

조선족으로서의 정체성 유지에 관해서는 대부분이 유지해야 하는데, 그 방법으로는 언어와 문화를 통해서라고 대답했다. 다음 사례도 이를 증명한다.

질문 : 당신은 조선족으로서의 정체성을 유지해야 한다고 생각하십니까?
응답 : 유지해야한다고 생각합니다.

[63] 李晶, 2007, 19쪽.

질문 : 어떤 방법으로 유지해야 한다고 생각하십니까?

응답 : 전통적인 문화를 가지고 있는 것이 가장 중요합니다. 그리고 음식도 중요하다고 생각합니다. 음식을 먹으면서 내가 그렇게 느끼는 것 같습니다.　　　　(사례 6)

'중국인 조선족'은 언어와 문화를 통해 그들의 민족적 정체성을 유지해야 한다고 생각하면서도 중국 내에서는 한족의 외연에 존재하는 소수자라는 인식이 강하게 자리 잡고 있다. 스스로가 소수자라는 인식은 그들이 조선족 자치 지역에서 조선족끼리 집단적으로 생활하고 있을 때에는 없었지만, 외지로 진출하여 한족과 함께 생활하는 과정에서 또한 조선족 자치지역 내에서도 외지로의 이탈에 따른 인구비율이 감소하면서 그러한 인식을 갖게 되는 것으로 생각된다. 다음 사례는 이러한 사실을 잘 보여준다.

질문 : ○○씨께서는 중국사회에서 소수자라고 느끼신 적이 있나요?

응답 : 예전에는 없었는데, 지금은 소수자라는 인식이 있어요. 예전에 연길에는 보통 조선족들이 많으니까 몇 십 만 명 그렇게 사니까 조선족들이 많으니까 편했는데, 지금은 다 외지에 나가고 뿔뿔이 흩어져 없어졌으니까 조선족들이 사라지는가 싶어요.

（사례 15）

다음, 중국 내 소수자로 살아가고 있는 이들에게 본인이 조선족이라는 사실을 외부에 밝히는지, 그리고 자신이 조선족이라는 사실이 싫었던 적이 있는지를 질문하였다. 대부분의 사람들은 당당하게 밝힌다고 대답하였고, 조선족이라는 사실에 자부심을 가진다고 했다. 하지만 일부는 조선족 민족학교를 다님으로써 중국어(한어) 구사능력이 떨어져 중국인(한족)과의 의사소통에 문제가 있다는 것을 지적하면서 싫었던 적이 있다고 대답했다. 다음 사례는 이러한 경향을 잘 보여준다.

질문 : 자신이 조선족이라고 한국인이나 중국인에게 밝히시는 편이세요?

응답 : 그럼요. 떳떳하게 밝히죠. 엄마 아버지가 나를 이 세상에 태어나게 했는데 엄마
　　　아버지가 조선족인데 중국 땅에 살지만 조선족이라고 당당하게 밝히죠.
질문 : 당신은 자신이 조선족이라는 사실이 싫으셨던 적이 있습니까?
응답 : 자라면서 어릴 때. 그러니까 **30**대 초반 **20**대 후반 지금보다 어렸을 때 중국에서
　　　살지만 민족학교 다녔으니까 중국 언어가 안 돼요. 그러니까 중국말을 속 시원하게
　　　표현을 못해요.

(사례 2)

　　민족학교를 다니면서 고도의 민족적 정체성을 유지하는 이들이지만 중국에서 적응하고 다수자인 한족 사회에서 성공하기 위해서는 중국어를 더 잘했으면 하는 현실적인 욕구를 외면할 수는 없었다. 다음 사례를 보자.

　　저는 자식이 크면 한국말보다 중국말을 더 잘 했으면 좋겠어요. 왜냐하면 조선족들이 중국에 태어나서 살면서 한국이 아니잖아요? 중국에서 사는 한 중국말을 잘 해야 사회에서 사업도 잘 되고 그럴 것 같아요. 그리고 반대로 조선족들이 한국에서 살 때는 한국에서 인정을 못 받잖아요. 솔직히 외국인이니까. 친척들도 한국에서 많이 일하고 있는데, 얘기 들어보면 한국 사람도 아니고 조선 사람도 아니고 중국 사람도 아니에요. 왜냐하면 호적은 중국이 국적인데 중국 사람들하고 대화 할 때는 대화가 좀 어렵거든요 중국말을 그만큼 따라가지 못해요. 왜냐하면 평소에 조선말을 계속 쓰다가 학교 다닐 때 중국어를 배워서 사용하기 때문에. 물론 중국말을 잘하는데도 한족하고 대화할 때 표현이 잘 안 될 때가 있어요. 그래서 이것도 아니고 저것도 아니고 그렇게 됐어요.

(사례 3)

　　위의 사례(28세 여)는 언어의 문제가 단순히 주류사회의 구성원인 한족과의 의사소통의 장애 문제에만 국한되지 않고 현재 중국 조선족 정체성의 혼돈 상황을 그대로 반영하고 있다는 점에서 중요하다. 한국에서는 외국인으로 대접받고, 중국에서는 중국인이지만 중국인(한족)과 의사소통도 제대로 되지 않는 소수자 '중국인 조선족'으로서의 힘든 삶의 모습을 발견할 수 있으며, 그 때문에 차라리 자식은 한국어보다는 중국어를 잘했으면 하는 희망을 나타내고 있는 것이다.

다음, 자녀의 결혼관에 대한 질문을 통해 정체성 문제에 접근했다. 그들은 현재도 그렇지만 자식들도 조선족으로서의 정체성을 유지하고 특히 자녀의 결혼 문제에 있어서도 조선족과 결혼하고 만약 한족과 결혼하더라도 조선족 호적을 갖기를 원하는 경향이 강했다.

> 질문 : 자녀가 어느 나라 사람과 결혼하길 원하십니까?
>
> 응답 : 제 때부터 그렇고 자식들도 그렇고 삼대에도 그렇고. 우리 민족하고 우리 민족끼리 결혼하길 원합니다. 어째 그러는가 하니 아들이 중국며느리를 삼는다 하면 어떻게 보면 언어상에서도 애들이 중국에서 사니까 중국말을 많이 하거든요. 중국 사람으로 변할 것 같고 우리 민족이 좀 줄어드는 그런 기분이 나고 여자라면 당연히 무조건 중국사람 되지 않습니까? 그러니까 우리 민족을 하나 잃는 것 아닙니까? 우리 민족을 잃지 않기 위해서 우리 민족을 한 명이라도 잃지 않기 위해서 우리 민족하고 결혼했으면 좋겠습니다.   (사례 16)

민족을 잃지 않기 위해서 같은 민족끼리 결혼했으면 한다는 의미는 그들이 중국 내에서는 스스로가 소수자라고 생각하고 있기 때문에 자기보존 본능이 작용한 것으로 해석할 수 있겠다.[64]

V. 결론

본고는 소수자로서 중국 조선족의 정체성을 이해하기 위해 그들의 중국으로의 이주 역사와 근·현대 동북아의 정치·사회 환경의 변화와 관련하여 살펴보

---

64 이와 관련하여 2000년 인구센서스 자료에 의하면, 조선족의 '민족간 통혼율'은 7.95%로 인구 백만 명 이상 소수민족 가운데 가장 낮은 민족간 혼인율을 보이고 있다(박광성, 『세계화시대 중국조선족의 노동력 이동과 사회변화』, 서울대학교 박사학위 논문, 2006, 160쪽).

았다. 현재의 조선족이 중국 동북지역에 정착하게 된 역사적 전개과정에 대해서는 종래 학계에서 이들을 토착민족으로 보는 시각도 존재하지만, 대부분의 사학자들은 청말 봉금정책이 해제된 것과 조선의 국내 상황이 맞물리면서 이주가 시작되었으며, 이들 이민자의 성격을 천입민족(월경민족, 과경민족)으로 보는 시각이 우세하다. 이후 조선인의 민족이동은 서구와 일본 제국주의의 중국 침략과 청의 멸망, 그리고 국·공 내전 등 중국 내부 정세의 변화와 조선의 정치 환경이 변하면서 급속히 증가하였다.

19세기 중·후반 이래 약 150여년의 시간이 흐른 현재까지 조선족은 시대 환경의 변화에 따라 다양한 정체성의 변화를 경험하였다. 1945년 해방이 되기 이전까지 이 지역의 조선인은 언젠가는 고국으로 돌아갈 '디아스포라 정체성'을 지니고 있었다고 할 수 있다. 이러한 사실은 당시 이 지역에 거주하고 있던 조선인의 대부분이 중국 국적을 취득하지 않았다는 점을 통해서도 알 수 있다. 그리고 실제로 40%에 달하는 많은 조선인이 해방과 함께 귀국했다.

해방 이후 중국 공산당의 토지개혁과 소수민족정책의 영향으로 이 지역의 '조선인'은 '중국인 조선족'으로 다시 태어나게 된다. 이 시기 조선족은 국가정체성과 민족정체성이 분리되는 이중정체성을 소유하게 되었다. 중국 국적의 소수민족이지만 언어와 문화로 한족과 분리되었고, 민족교육을 통해 정체성을 유지하였다. 당시 조선족은 조선족끼리 혼인하고 가족을 이루었으며, 대부분이 농촌에서 조선족 마을을 이루어 생활함으로써 폐쇄적인 환경을 유지함으로써 안정적인 정체성 유지가 가능하였다. 조선족 성체성의 특징으로는 민족언어와 민족음식, 강한 가족적 유대, 그리고 높은 교육열을 꼽는다. 조선족의 교육에 대한 강조는 이민 초기부터 각종 학교가 세워졌다는 점, 그리고 조선족의 교육수준이 계속 중국의 어떤 민족보다도 높았다는 점에서 확인할 수 있다.[65]

개혁개방과 동시에 중국 사회에 산업화가 진행되고 더욱이 1988년 서울올림

픽을 계기로 한국의 실상이 전해지고, 1992년 한·중 수교가 이루어짐으로써 조선족 사회는 급속한 변화를 경험하게 된다. 외지로의 급격한 인구 유출과 더불어 인구 감소는 조선족 자치구의 공동화를 초래하고 해체 위기로까지 연결되었다. 다른 한편, 한국으로의 취업 이민자 또한 급격하게 증가하였지만 모국은 자신들이 확실하게 '중국인'이라는 확신을 심어주게 된다. 그들은 스스로가 '한족'과 구별되지만 한국인도 될 수 없다는 사실을 깨닫게 된다. 그러한 그들에게 한국생활에서 경험한 차별적인 태도와 정부의 예측이 불투명한 정책은 그들에게 더욱 혼란을 가중시키는 것이었다.

본 고에서 인용한 심층면접을 통해 현재 조선족이 갖고 있는 국가와 민족에 관한 정체성의 특징은 다음 몇 가지로 요약 가능하다. 그들은 대부분이 스스로를 '중국인 조선족'으로 인식하고 있으며, 조선족에 대한 강한 자부심을 느끼고 있었다. 그들의 이러한 정체성은 한국과의 수교 이후 특히 한국으로 취업 이민을 와서 한국인들이 그들을 '교포'로 보거나 아예 '중국인'으로 인식하는 상황에서 더욱 강화되고 있는 느낌이다. 다른 한편, 민족적 정체성을 유지해야 한다는 그들의 의지와는 달리 다수자인 한족과의 의사소통 문제를 해결해야 하는 상황에서 민족교육을 포기할 수밖에 없는 상황에 직면한 것도 사실이다. 조선족 민족학교가 감소하고 있다는 사실은 이러한 위기를 대변한다고 할 수 있다. 이 점은 조선족 자치구의 공동화 문제와 더불어 앞으로 조선족 사회가 해체될 수 있는 위험인자라 할 수 있다.

---

65 이와 관련하여, 2000년 센서스 결과에 따르면, 6세 이상 조선족 가운데 고중 이상 학력을 가진 사람은 33.3%에 달한다. 한족은 16.2%, 다른 소수민족은 11.2%에 불과하다(권태환 편저, 2005, 95쪽).

| 참고문헌 |

『世祖實錄』

강보유, 「중국 조선족의 모국어 생활과 모국어 교육」, 『현대사회과학연구』, 10, 1999.

姜龍範 外, 「遼寧省 蓋縣, 本溪縣과 河北省 靑龍縣 朴氏 朝鮮族에 대한 社會歷史調査」, 『朝鮮族硏究論叢』(1), 延邊大學出版社, 1987.

강재식, 「중국 조선족 사회의 변화와 민족정체성에 관한 연구」, 『아태연구』, 7, 2000.

강현사 외저, 『중국 학자들의 소수민족 역사서술』, 서울: 동북아역사재단, 2008.

高永一, 『中國朝鮮族歷史硏究』, 延邊敎育出版社, 1986.

고지영, 『중국 조선족 정체성 변화 분석』, 전남대학교 석사학위 논문, 2003.

공봉진, 「중국의 조선족에 대한 정책 변화가 조선족 정체성에 미친 영향」, 『비교문학연구』, 18, 2006.

권태환 편저, 『중국 조선족사회의 변화-1990년 이후를 중심으로』, 서울: 서울대학교출판부, 2005.

길림성 소수민족 『다섯가지 총서』편집위원회, 『朝鮮族簡史』討論稿.

金强一, 「朝鮮族社會人口流動和集居地空洞化問題的對策硏究」, 中國人民大學 書報資料中心, 『(復印報刊)民族問題硏究』 2004-9(原載『東疆學刊』 2004-3)

김병호, 「중국의 민족이론정책과 법률에 있어서의 연변 조선족의 지위」, 『평화연구』, 8(1), 2000.

김옥녀, 『중국정부의 소수민족정책에 관한 연구-조선족사회를 중심으로』, 서울대학교 석사학위 논문, 2006.

金元石, 「關于中國朝鮮族的含義」, 『中國邊疆史地硏究』 第4期, 2003.

金泰國, 「中國에서의 朝鮮族 歷史 硏究」, 『동북아연구』(조선대), 96-Ⅰ, 1996.

김해란, 『중국과 한국의 조선족 정책이 조선족 정체성에 미친 영향』, 전남대학교 석사학위 논문, 2009.

김홍주, 『중국의 소수민족정책과 재중교포의 정체성』, 서강대학교 석사학위 논문, 2003.

남연주, 『중국의 소수민족 정책-조선족을 중심으로』, 영남대학교 석사학위 논문, 2003.

박광성, 『세계화시대 중국조선족의 노동력 이동과 사회변화』, 서울대학교 박사학위 논문, 2006.

박아청, 『아이덴티티의 세계』, 서울: 교육과학사, 1993.

朴昌昱, 「試論朝鮮族的遷入及其歷史上限問題」, 『朝鮮族研究論叢』(1), 延邊大學出版社, 1987.

(사) 해외교포문제연구소, 『재외동포정책개발 및 재외동포재단 비전설정연구-해외동포의 당면 정책과제를 중심으로-』, 2008.

延邊大學民族研究所編, 『朝鮮族研究論叢』(三), 延邊人民出版社, 1991.

윤인진, 『코리언디아스포라』, 서울: 고려대학교출판부, 2004.

이광규, 『격동기의 중국조선족』, 서울: 백산서당, 2002.

이광규, 『재중한인』, 서울: 일조각, 1994.

이바오중(衣保中), 「조선인의 이주와 중국 동북지역의 논 개발-근대 중국 동북지역의 논 개발사 연구에 대한 새로운 시각-」, 『농업사연구』, 3(2), 2004.

李晶, 「朝鮮族的認同意識研究」, 中央民族大學博士學位論文, 2007.

이종목, 「중국 조선족 정체성에 관한 연구-중국 조선족의 교육환경과 문제」, 『현대사회과학연구』, 10, 1999.

장공자, 「중국의 소수민족정책과 조선족의 정체성 확립에 관한 연구」, 『사회과학연구』, 20(1), 2003.

張文宣, 「延邊朝鮮族自治州醫療衛生歷史概況」, 『中華醫史雜志』, 11(3), 1981.

조경란, 「현대중국의 소수민족에 대한 '국민화' 이데올로기 : 중화민족론을 중심으로」, 『시대와철학』, 17(3), 2006.

趙英蘭, 「東北朝鮮移民社會經濟與文化考察(1840-1945年), 中國人民大學 書報資料中心, 『(復印報刊)民族問題研究』 2004-11(原載『東北亞論壇』 2004-5)

조윤덕, 『중국조선족의 정체성 형성과 교육』, 강원대학교 박사학위 논문, 2001.

崔峰龍, 「中國 朝鮮族의 移住史와 族譜와 意味」, 『동양예학』, 12, 2004.

최우길, 「중국 조선족의 정체성 변화에 관한 소고」, 『재외한인연구』, 8, 1999.

황승연, 「중국 동포들의 한국사회 적응실태」, 『교포정책자료』, 49, 1994.

Chapter 05

재일 코리안의 역사적 성격과 아이덴티티*

이진원 서울시립대학교 국제관계학과

---

* 이 글은 『일본학보』 제89집에 발표한 「아이덴티티 변용의 측면에서 본 재일코리안」의 내용을 수정·보완한 것입니다.

Ⅰ. 서론

재일 코리안[1]은 일본 사회에서 특별한 위치에 있는 소수자이다. 이러한 재일 코리안의 위치는 한반도와 일본의 특수한 역사적 관계에서 형성되었다. 이들의 선조가 한반도에서 일본에 이주하여 살게 된 것도 한반도와 일본이 꼬여진 관계를 맺으면서 시작되었다. 그 결과, 한반도와 일본의 관계가 변화하여도 이들의 일본 사회에서의 위치는 매우 특별하였다. 또한 국제적인 환경이 변화하여 국제화가 진행되면서도 이들의 일본 사회에서의 위치는 여전히 변화하지 않았다고 할 수 있다.

본고는 이러한 재일 코리안들이 어떠한 독특한 위치에 있는가를 살펴보고자 한다. 한반도에서 일본에 이주하여 살게 된 초기 재일 코리안들의 위치는 어떠하였는가, 또 1945년 일본이 패망하고 나서 일본에 계속하여 살게 된 재일 코리안들은 어떠한 위치를 갖고 있었는가, 그리고 국제화의 흐름을 타고 많은 외국인들이 일본에 거주하여 살게 되면서 이들 속에서 재일 코리안들의 위치는 어떠했는가를 살펴볼 것이다.

아울러, 이러한 역사적 흐름 속에서 재일 코리안들은 자신들의 아이덴티티를 어떻게 생각하고 있는가를 살펴볼 것이다. 소수자들이 자신들의 아이덴티티를

---

1 일본에서 거주하고 있는 한국적, 북한국적의 사람들을 '재일 한국인', '조선인'이라고 부르고 있지만,* 본고에서는 한국적, 북한국적을 구분하지 않고 '재일 코리안'이라고 지칭한다.

유지하려는 의지와 방법이 시대의 흐름에 따라 변화하듯이 재일 코리안들도 세대가 지남에 따라 자신들의 아이덴티티를 유지하려는 의지와 방법이 변화하고 있다. 본고에서는 재일 코리안들이 세대에 따라 아이덴티티를 유지하려는 의지와 방법이 어떠한 변화와 차이를 보이고 있는가를 파악해 보고자 한다. 이를 위해, 본고에서는 관련 문헌 분석내용과 더불어 재일 코리안들을 상대로 진행한 심층 면접자료를 활용할 것이다. 이 심층면접 자료는 일본 도쿄와 오사카 지역을 중심으로 2010년 1월부터 10월까지 수집한 20개의 사례이다.

본고와 같은 관점에서 재일 코리안을 연구한 업적은 매우 많다. 재일 코리안들의 형성과 그들의 역사에 대해 가장 눈에 띄는 자료로는 재일 코리안 역사작성위원회의『역사교과서 재일 코리안』[2]이 있으며, 후쿠오카 야스노리(福岡安則)의『在日韓国朝鮮人』[3]도 재일 코리안의 역사를 잘 정리하고 있다. 또한, 재일 코리안들의 위치에 대해는 김현선이「재일 코리안의 축제와 민족 정체성」이라는 논문을 통하여 "과거에는 일본인과 이항대립적인 관점에서 민족성이 주장되고 획득되는 양상이었다면, 현재는 상호 공존의 관계를 지향하면서 그럼에도 불구하고 다른 한편으로 민족성을 유지해가는 모습을 띠고 있다 하겠다."[4]라고 하여 재일 코리안들의 일본 사회에서의 변화를 설명하고 있다.

재일 코리안의 아이덴티티에 대해서도 많은 연구 업적이 있다. 전형권은 자신의 논문「일본의 보수화와 재일 한인의 국적문제: 디아스포라 정체성의 동학」을 통하여 "1세나 2세들과는 달리, 그 비율이 점점 늘고 있는 제3세, 4세의 재일 한인들은 더 이상 조국과의 동일시를 통한 정체감에 집착하지 않는 경향이 강하다. … '재일 한인'으로서의 독자적인 정체성을 추구하며…"[5]라고 주장하면서

2 歴史教科書在日コリアンの歴史作成委員會編,『歴史教科書 在日コリアンの歴史』, 明石書店, 2010.
3 福岡安則,『在日韓国朝鮮人』, 中公新書, 2008.
4 김현선,「재일 코리안의 축제와 민족 정체성」,『日本研究論叢』, 제26호, 2007, 483쪽.

재일 코리안들의 아이덴티티의 변화를 설명하고 있다. 최영호도 재일 코리안사회의 아이덴티티에 대하여 "재일 교포 1세에 비하여, 2, 3세 이후에는 민족의식이나 역사의식이 희박해져 가고 있다."[6]라고 분석하였다.

본고는 이러한 연구 업적을 바탕으로 재일 코리안들이 일본에 이주하여 살아오는 역사를 통하여 어떠한 특수한 위치를 차지하고 었었는지에 대한 성격을 규명하고, 심층면접 자료를 통하여 재일 코리안들의 아이덴티티가 어떻게 변화하였는지를 그들이 아이덴티티를 유지하려는 의지와 방법을 통하여 살펴봄으로써 기존 연구를 보완하는 것을 목적으로 한다.

Ⅱ. 특수한 사람들: 재일 코리안의 역사

1. 특수한 일본인으로서의 재일 코리안:
피지배민족으로서의 재일 조선인

한반도에서 일본으로 이주해 사는 사람이 공식적으로 급격하게 증가한 것은 1910년 한일합방 이후라고 알려져 있다. 1910년 이전 일본에 거주하는 조선인의 수는 공식 통계와 실질적인 수에 차이가 있다. 한일합방 이전인 1909년 공식 통계에 따르면, 일본에 사는 조선인의 숫자는 790명이었지만[7], 실제로는 천여 명이 넘었을 것으로 추산되고 있다. 그리고 이들은 주로 탄광 노동자, 철도공사

---

5 전형권, 「일본의 보수화와 재일 한인의 국적문제: 디아스포라 정체성의 동학」, 『한국동북아논총』, 제43집, 2007, 118쪽, 122쪽.

6 최영호, 「재일교포사회의 형성과 민족 정체성 변화의 역사」, 『韓國史研究』, 140, 2008.

7 中尾宏, 『在日韓国朝鮮人問題の基礎知識』, 明石書店, 2005, 10쪽.

등에 투입된 노동자들이고, 엿장수 등 행상인이었다.[8] 즉 공식 통계에 잡히지 않은 많은 조선인들이 일본에서 거주하고 있었던 것이다.

1910년 이후 재일 코리안의 공식적인 통계상 숫자가 급격하게 증가하게 된 배경으로는 토지조사사업이라고 보고 있다.[9] 토지에 대한 사유개념이 없었던 조선인들은 자신들이 경작하던 토지를 자신들의 토지로 신고하지 않았고, 이러한 조선의 대부분의 토지는 조선총독부가 최대의 지주가 되어 있는 동양척식주식회사를 비롯한 일본 회사에 저가에 불하되었다. 이로써 조선인들은 일본인 지주의 소작인으로 전락하여 토지에서 이탈되는 현상이 일어나고, 토지에서 이탈한 조선인들은 생활을 위해 농촌을 떠나 도시로 이주하였으며, 일부는 일자리를 찾아 일본으로 이주하였다. 그 결과, 1911년 2,527명이었던 재일 코리안의 수는 토지조사사업이 끝나는 1918년에는 22,411명으로 10배나 증가하였다(<표 1>, <그림 1> 참조).

<표 1> 1911년~1945년 재일 코리안의 수[10]

연도	재일 코리안	연도	재일 코리안	연도	재일 코리안
1911	2,527	1923	80,415	1935	625,678
1912	3,171	1924	118,152	1936	690,501
1913	3,635	1925	129,870	1937	735,689
1914	3,542	1926	143,798	1938	799,878
1915	3,917	1927	165,286	1939	961,591
1916	5,624	1928	238,102	1940	1,190,444
1917	14,502	1929	275,206	1941	1,469,230
1918	22,411	1930	298,091	1942	1,625,054
1919	26,605	1931	311,247	1943	1,882,456
1920	30,189	1932	390,543	1944	1,936,843
1921	38,651	1933	456,217	1945	1,115,594
1922	59,722	1934	573,695		

8 福岡安則, 『在日韓国朝鮮人』, 中公新書, 2008, 22쪽.

9 歷史敎科書在日コリアンの歷史作成委員會編, 『歷史敎科書 在日コリアンの歷史』, 明石書店, 2010, 9쪽. 中尾宏, 위의 책, 10쪽, 福岡安則, 위의 책, 23쪽.

10 mindan http://www.mindan.org/shokai/toukei.html#01(2011/2/4).

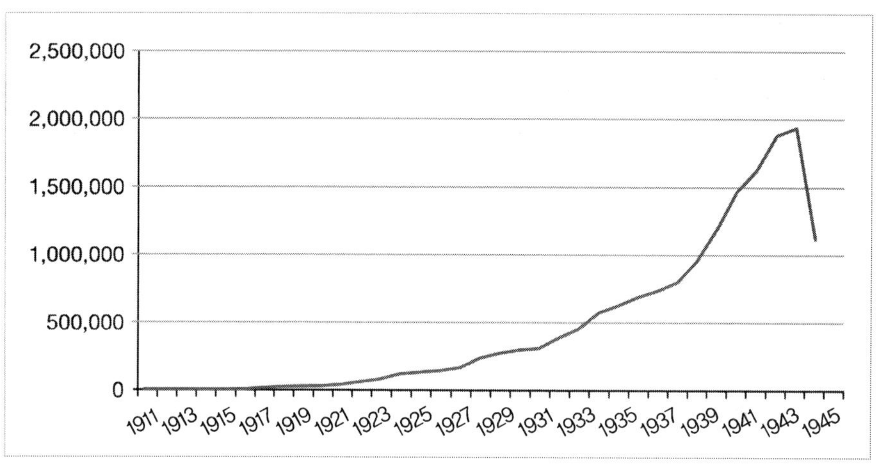

〈그림 1〉 1911～1945년 재일 코리안의 수적 변화 그래프

이와 더불어, 1920년에 실시한 산미증산계획도 조선인들이 대량으로 일본으로 일자리를 찾아간 계기이다. 일본 내에서 부족한 쌀을 한반도에서 보충하려는 일본정부는 쌀 증산을 명목으로 한반도의 수리시설 확충 등을 강제로 실시하였고, 이 부담을 농민들에게 떠넘김으로써 이에 견디지 못한 농민들은 토지에서 이탈하게 되었다. 토지조사사업으로 토지를 수탈당하면서 생활을 위해 일본으로 이주하였던 조선인들은 이번에는 산미증산계획으로 쌀을 수탈 당하면서 생존을 위해 일본으로 이주하였다. 이에 따라, 1924년에는 재일 코리안의 숫자가 공식적으로 10만 명을 넘어서 118,152명이 되었다(<표 1>참조). 일본 사회 내에 급격하게 조선인 이주자가 증가하게 되자 일본 정부는 1919년 조선인들의 일본 도항금지제도를 실시하였고, 1929년에는 일본으로 가기 위해서는 거주지 경찰서의 소개서 등을 요구하였다.[11] 당시 조선인들은 일본의 지배 하에서 살고 있으면서도 일본에서 거주하는 것이 자유스럽지 못하였던 것이다.

---

11 中尾宏, 위의 책, 11쪽.

일본에 거주하는 조선인들은 일본사회 내에서 특수한 위치를 차지하고 있었다. 이들은 탄광노동자를 비롯하여 영세한 공장의 노동자, 청소업 등 잡역직에 일본인의 반 이하의 임금으로 고용되었고, 엿장수나 고물상을 운영하면서 얻는 낮은 수입으로 생활비가 저렴한 슬럼가 등에 거주하지 않으면 안 되게 되었다. 또한, 고향을 떠난 외로움을 달래기 위해 자신들만의 집단 거주지를 형성하여, 익숙하지 않은 일본식 생활방식이 아닌 고향에서의 생활양식을 구사하면서 동향회나 친목회 등을 구성하기도 하였다.[12]

토지조사사업과 산미증산계획이 경제적 이유 등 '간접적 강제'에[13] 의한 조선인들의 일본 이주였다면, 1930년대의 조선인의 일본 이주는 직접적인 강제 연행에 의한 것이었다. 1937년 중일전쟁이 발발하면서 전쟁이 확대되고 일본의 산업을 군수산업으로 전환되고 많은 젊은 노동력은 전장으로 내몰렸다. 이로 인해, 일본 내에서는 노동력 부족 현상이 일어나게 되어 일본의 석탄연합회에서는 '반도 노동자의 단체 이입 및 보호광부(죄인노동)의 입광허가'를 요구하게 되었다. 일본 정부는 탄광업계의 요구에 따라 1939년 조선총독부와 협의하여 '조선인 노무자 모집 요강' 및 '도항 취급요령'을 결정하였고, 기업은 조선총독부와 협력하여 '통제모집'을 실시하였다. '관 알선'이라는 이름의 강제 연행은 조선의 각 읍면에 '인원공출'을 할당하는 방식으로 추진되었다.[14] 이들은 매우 열악한 환경 속에서 무임금 노동에 가까운 노동 착취를 당했고, 항상 강제 연행 장소로부터의 탈출을 시도하는 생활을 영위하고 있었다.[15] 이들은 일본에서 노동을 하지만 강제적으로 동원되었으며, '조선인 노무자' '반도 노농자'라는 이름이 붙여

---

12 歷史敎科書在日コリアンの歷史作成委員會編, 위의 책, 35쪽.
13 中尾宏, 위의 책, 11쪽.
14 歷史敎科書在日コリアンの歷史作成委員會編, 위의 책, 46-47쪽.
15 강제 연행으로 징용된 조선인들의 숙소는 도망을 방지하기 위한 시설을 갖추고 있었다.

져 있었다.

이와 함께, 1938년에는 '육군특별지원병령'으로 많은 조선인들이 일본의 군대로 동원되었고, 1944년부터는 조선인에게 징병령을 실시하여 누계 1만 7066명의 조선인이 병사로 동원되었다.[16] 또한 정확한 숫자는 파악이 되지 않지만, 많은 여성들이 '일본군 위안부'라는 이름으로 강제 연행되기도 하였다.

일본에 이주한 조선인들 숫자의 변화를 보면, 이상에서 설명한 일본 정부의 정책과 깊은 관련이 있다. 1911년에 비해 1920년대에는 15배 이상의 증가를 보였고, 1930년대에는 1920년대의 10배에 가까운 증가를 보였다. 1940년대가 되면서는 100만을 넘어서는 조선인들이 일본에 이주하여 삶을 꾸리고 있었다. 그렇지만, 앞에서 설명한 것과 같이 이들은 이주의 배경은 특별했으며, 이주한 이후 삶을 꾸리고 있던 일본에서의 위치도 매우 특수하다고 할 수 있다. 대부분의 재일 코리안들은 열악한 임금과 환경 속에서 일본의 하층계급으로 편입될 수밖에 없었고 직·간접 강제에 의해 일본에 살면서 떠나온 조선을 그리워하며 고수해온 한반도의 풍습과 생활은 그들을 '반도인', '조선인'이라는 이름으로 차별 받게 하는 원인이 되었다. 즉 국적은 일본인이었지만 일본 내의 식민지 지역의 주민으로 일본인과는 다른 위치에 있는 '특수한 일본인'이었다고 할 수 있다.

2. 특수한 외국인으로서의 재일 조선인: 외국인으로서의 재일 코리안

일본 국민으로 일본의 패전을 맞은 재일 코리안들은 일본 정부에 의해서는

---

[16] 위의 책, 53쪽.

외국인으로, 연합국 점령군에 의해서는 특수한 지위의 국민으로 취급을 받았다. 1947년 일본 정부가 발표한 외국인등록령에 따르면, 일본의 국적을 갖지 않은 자를 외국인으로 규정하면서 제11조에 "대만인 가운데 내무대신이 정한 자 및 조선인은 이 칙령의 적용에 대해서는 당분간 이를 외국인으로 한다."라고[17] 하여 식민지 지배로 인해 일본에 이주하여 거주해 지금까지 일본 국적을 갖고 살아온 이들은 한반도와 대만 출신이라는 이유로 국적을 박탈당했고 외국인으로 간주되었다. 이에 따라, 이들은 일본국민의 권리가 인정되지 않아 선거권을 부여받지 못한 것은 물론이고 일본 정부의 전쟁 희생자에 대한 원호법 대상에서도 제외되었다. 일본을 점령한 연합국 점령군도 초기에는 해방 국민으로 취급했으나, 1948년부터는 일본인도 아니고 그렇다고 일본 국적을 이탈한 것도 아닌 특수한 지위를 가진 국민으로 취급하였다.[18]

전후 초기 일본 정부가 재일 코리안들에게 취한 정책에 대해 후쿠오카 야스노리는 "전후 일본 정부가 실제로 취한 정책은 … 재일 조선인에게 기본적으로 인권을 인정하려고 하지 않는 <억압>정책이었다. 일본 정부는 스스로 식민지 지배정책으로 인해 생겨난 재일 조선인이라는 존재를 일본 사회에서는 '귀찮은' 존재로 여기고 단순한 치안유지의 '관리' 대상으로만 여기고 있었다."[19]고 한 것에서 재일 코리안들에 대해 일본 정부가 어떤 시각을 갖고 있었는지를 알 수 있다. 일본 정부의 관리의 대상이 된 재일 코리안들은 외국인등록령에 따라 외국인으로 항상 등록증명서를 휴대하고 다녀야 하는 불편함을 감수하지 않으면 안 되었다.[20] 더욱이 외국인이기 때문에 언제는지 강제퇴거의 대상이 될 수

---

17 Wikisource http://ja.wikisource.org/wiki(2011/3/28).

18 http://www.chosun.com/politics/news/200508/200508260151.html(2011/3/28).

19 福岡安則、위의 책, 48쪽.

20 외국인등록령 제10조(Wikisource http://ja.wikisource.org/wiki(2011/3/28)).

있다는 불안한 생활을 하지 않을 수 없었다. 일본정부가 1951년 정한 「출입국 관리령」에 따르면, 제39조에 "입국경비관은 용의자… 해당한다는 의심이 있다는 상당한 이유가 있을 때 수용명령서에 의해 그들을 수용할 수 있다."고 하여 일본에 생활 근거를 갖고 있는 재일 코리안들을 일본사회에서 강제로 퇴거할 수 있는 근거를 마련하였다. 실제로 1950년에 외무성은 출입국관리청을 설치하고 나가사키(長崎)현에 오오무라(大村) 수용소를 만들어 한국전쟁으로 인한 밀항자와 출입국관리령의 강제퇴거 대상자를 한국으로 추방하려는 준비작업을 진행하였다.[21]

일본 정부가 재일 코리안을 치안유지의 '관리'대상으로 여겨 시행한 정책 중의 하나가 '외국인 지문날인제도'이다. 1952년 「외국인 등록법」 제14조의 규정에 의해 지문날인이 의무화되고 이를 거부하는 경우에는 체포될 수 있었다. 이 지문날인의 발상은 외국인을 잠재적인 범죄인으로 보는 것으로 외국인으로 간주된 재일 코리안들이 이에 해당하게 되었다. 재일 코리안들의 일본 내에서의 특수하고도 불안한 지위는 한·일 국교 정상화에서 문제가 되어 일부가 개선될 때까지 지속되었다.

당시 일본 내에서 거주하는 재일 코리안의 숫자는 <표 2>에서 보는 바와 같이 외국인 등록령이 발표되었을 때인 1947년에 59만명이 넘었고 출입국관리령, 「외국인 등록법」 등이 시행될 때인 1950년부터는 54만명에서 1955년에는 57만명이 넘었다. 그 후 1965년 한·일 국교 정상화로 재일 코리안들의 지위가 일부 개선될 때까지 60만명에 가까운 재일 코리안이 일본에 거주하였다.

---

21 歴史教科書在日コリアンの歴史作成委員會編, 위의 책 81쪽.

<표 2> 1946년~1965년 재일 코리안[22]

연도	재일 코리안	연도	재일 코리안
1946	647,006	1956	575,287
1947	598,507	1957	601,769
1948	601,772	1958	611,085
1949	597,561	1959	619,096
1950	544,903	1960	581,257
1951	560,700	1961	567,452
1952	535,065	1962	569,360
1953	575,287	1963	573,537
1954	556,239	1964	578,545
1955	577,682	1965	583,537

그렇지만 일본 내에 거주하는 재일 코리안들은 다른 외국인과는 다른 입장에 있었다. 이들이 일본에 거주하게 된 배경이 피지배민족으로 직·간접적인 강제에 의한 것이었고, 1945년 일본이 패망하기 전까지 일본의 국적을 갖고 있었다. 또한, 이들은 가족과 생활의 기반이 일본에 있었기 때문에 쉽게 조국으로 돌아갈 수 없는 모든 생활을 일본에 뿌리 내리고 있는 외국인이었다. 그렇지만 이들은 일본 정부에 의해 강제적으로 국적을 박탈당했을 뿐만 아니라 일본 주민으로의 권리를 인정받지 못한 것은 물론이고, 항시 강제퇴거 가능성이라는 불안감과 정기적인 외국인 등록 갱신이라는 불편함 속에서 살고 있었으며, 외국인으로서도 치안유지를 위한 '관리' 대상으로 취급을 받게 되었던 것이다.

재일 코리안들이 일본 사회 내에서 거주하는 외국인이지만 다른 외국인들과는 다른 특수한 위지에 있다는 것을 인식하여, 힌국과 일본 정부는 1965년 한·일 국교 정상화를 기하여 "대한민국과 일본국간의 일본국에 거주하는 대한민국 국민의 법적 지위와 대우에 관한 협정"을 체결하였다. 이 협정의 목적에 대해 한·일

양국은 "대한민국과 일본국은 다년간 일본국에 거주하고 있는 대한민국 국민이 일본국의 사회와 특별한 관계를 가지게 되었음을 고려하고, 이들 대한민국 국민이 일본국의 사회 질서 하에서 안정된 생활을 영위할 수 있게 하는 것이 양국간 및 양국 국민간의 우호관계 증진에 기여함을 인정하여 다음과 같이 합의하였다."고 하여 일본 사회에 거주하는 재일 코리안들의 특별한 위치를 인정하였다. 제1조에는 "일본국 정부는 다음의 어느 하나에 해당하는 대한민국 국민이 본 협정의 실시를 위해 일본국 정부가 정하는 절차에 따라 본 협정의 효력 발생일로부터 5년 이내에 영주허가의 신청을 하였을 때에는 일본국에서 영주를 허가한다."라고 하여 "1945년 8월 15일 이전부터 신청 시까지 계속하여 일본국에 거주하고 있는 자, 이들의 직계비속으로 1945년 8월 16일 이후 본 협정의 효력 발생일로부터 5년 이내에 일본국에서 출생하고 그 후 신청 시까지 계속하여 일본국에 거주하고 있는자," 등 재일 코리안의 영주를 보장하였고, 제3조에서는 "제1조의 규정에 의거하여 일본국에서 영주가 허가되어 있는 대한민국 국민은 본 협정의 효력 발생일 이후의 행위에 의하여 다음 어느 하나에 해당되는 경우를 제외하고는 일본국으로부터 퇴거를 강제당하지 아니한다."라고 규정하여 강제 퇴거에 대한 불안감을 제거하였다.[23]

그 후 재일 코리안들은 일본 사회에서 특수한 위치에 있음으로 인해서 박탈당한 자신들의 권리를 찾는 운동을 펼치게 된다. 1970년 히다치(日立) 취업 차별 사건을 계기로 취업에서의 국적조항 취업 차별 철폐운동을 전개하였다. 일본에서 태어나 일본 학교에서 교육을 받고 일본에 살면서 일본인과 다름없이 일본어를 구사하지만, 취업 당시 원래의 이름을 사용하지 않은 채 취업을 한 사실과 단지 국적이 일본이 아니라는 이유로 취업에 차별을 받는 것에 대한 저항운동이

---

[23] 대한민국과 일본국간의 일본국에 거주하는 대한민국 국민의 법적 지위와 대우에 관한 협정 http://www.chosun.com/politics/news/200508/200508260151.html(2011/3/28).

었다. 이때의 주장은 일본에서 재일 코리안으로 살아가기 위해서는 자신의 의사와 상관없이 일본 명(通名)을 사용하지 않을 수 없었다는 사실을 주장하였다. 즉 일본 사회에서 특수하게 살아가지 않으면 안 되었던 재일 코리안들의 입장을 호소하였다.[24] 이 사건을 계기로 재일 코리안에 대한 차별에 저항하는 많은 운동단체들이 생겨났으며, 1976년에는 사법시험에 합격하였지만 일본 국적을 갖고 있지 않다는 이유로 귀화를 강요받는 사건이 발생하였다.[25] 이 두 사건에 대해 일본 사법부는 특수한 위치에 있는 재일 코리안의 주장을 인정하여 국적조항 철폐 운동을 한 걸음 진전시켰다. 이와 함께 공영주택 입주 차별, 아동수당지급의 국적조항 철폐, 국민연금 적용 문제 등이 제기되었다.[26]

이러한 운동은 공무원국적조항철폐운동으로 발전하여, 1979년 오사카(大阪) 부의 야오(八尾)시는 일본의 지방자치단체에서는 처음으로 시직원의 국적조항을 철폐하였다.[27] 그 이후 많은 지방자치단체에서 공무원의 국적조항을 철폐하여 재일 코리안들이 지방자치단체의 일반 사무직 공무원으로 진출하였다.

재일 코리안을 치안유지를 위한 '관리'의 대상으로 간주하는 외국인등록시 지문날인을 거부하는 운동은 1980년대 이후 활발하게 진행되었다. 재일 코리안들은 '범죄인 만에게 강제로 하게 되어 있는 지문 날인이 외국인에게 강요된다는 것은 민족차별이며 인권침해이다.'라는[28] 생각으로 지문날인 거부운동을 전개하여 일본 전국적으로 전개되었다. 그 결과, 1990년대 말에는 지문날인제도가 전폐되는 결실을 맺었다.

24 歴史教科書在日コリアンの歴史作成委員會編, 위의 책, 98쪽.

25 위의 책, 100-102쪽.

26 이러한 문제는 1980년대 이후 일본이 국제인권규약, 난민조약 등을 비준하면서 해결되었다. (위의 책, 105쪽)

27 위의 책, 109쪽.

28 위의 책, 113쪽.

이 시기 재일 코리안들은 1945년 일본이 패망하기 이전부터 식민지인 한반도로부터 와서 살고 있었다는 이유만으로 특수한 외국인으로 취급을 받았고 그 저변에는 피지배 민족으로서의 재일 코리안이라는 민족적 차별이 있었음을 부인할 수 없다.

3. 특수한 소수자로서의 재일 코리안

재일 코리안들이 일본 내의 특수한 외국인으로서의 권리를 찾기 위한 운동을 활발하게 전개하여 성과를 거두고 있는 가운데 국제환경의 변화와 일본의 경제환경 등의 변화로 일본으로 이주하여 생활을 영위하는 외국인이 증가하였다. 일본이 경제성장으로 선진국 대열이 들어가고 국제 사회에서 영향력이 커지면서 국제사회는 일본의 국제적인 공헌을 요구하였고, 일본은 이에 부응하여 국제화전략을 추진하였다. 그 일환으로 일본 정부는 외국인들이 일본으로 이주하여 살아가는 조건을 완화하였고 환경을 조성하는 정책을 추진하였다. 이에 따라 일본 내의 외국인의 숫자가 증가하였다. 아래 <표 3>, <그림 2>, <그림 3>에서 보는 바와 같이 1985년 이후 일본 내의 외국인 비율이 증가하기 시작하였고 1998년 이후 꾸준하게 증가하여 총인구의 1%를 넘어서고 있으며, 외국인 등록자의 수도 1985년 85만에서 2000년에는 168만명을 넘었고 2008년 통계로는 220만명을 넘어서고 있다(<표 4> 참조).

〈표 3〉 일본의 총 인구 중 외국인 비율(1950~2008)[29]

연도	외국인 비율[30]	연도	외국인 비율
1950	1.72%	1998	0.97%
1955	1.55%	1999	0.98%
1960	1.55%	2000	1.03%
1965	1.54%	2001	1.09%
1970	0.58%	2002	1.12%
1975	0.57%	2003	1.17%
1980	0.57%	2004	1.19%
1985	0.60%	2005	1.22%
1990	0.72%	2006	1.26%
1995	0.91%	2007	1.32%
		2008	1.37%

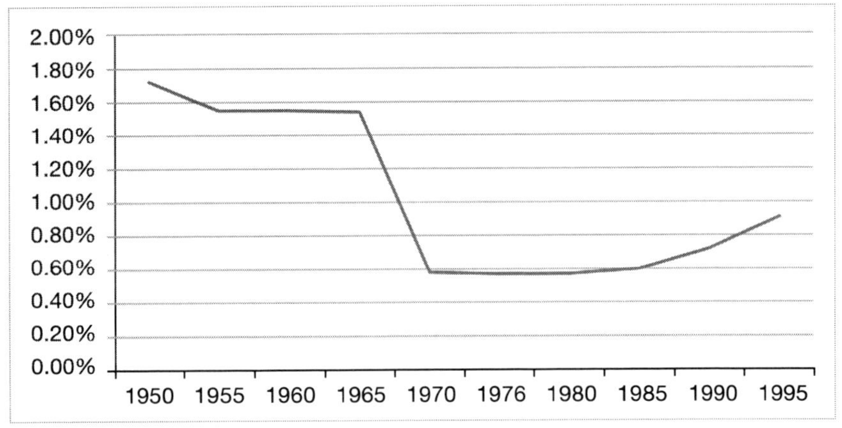

〈그림 2〉 일본의 총 인구중 외국인 비율 변화(1950~1995: 5년 단위)

〈표 4〉 일본의 외국인 등록자 수 (1985~2008)[31]

1985	1990	1995	2000	2005	2006	2007	2008
850,612	1,075,317	1,362,371	1,686,444	2,011,555	2,084,919	2,152,973	2,217,426

---

29 일본의 통계 http://www.stat.go.jp/data/nihon/02.htm(2011/3/30) 참조 작성.

30 일본의 총인구에서 일본인을 제외한 수를 외국인으로 간주하여 작성.

31 日本の統計 http://www.stat.go.jp/data/nihon/index.htm#mokuji(2011/3/29).

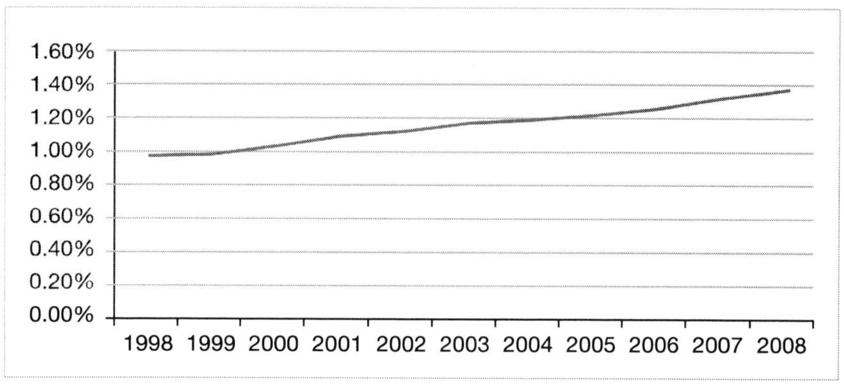

〈그림 3〉 일본의 총 인구중 외국인 비율 변화(1998~2008)

일본 내의 외국인의 수가 지속적으로 증가하는 경향을 보이면서 이들 외국인
은 재일 코리안들과는 다른 소수자로 일본사회에 거주하게 되었다. 일본 정부는
이에 대한 대책을 세우지 않을 수 없었다. 과거 일본 내에 거주하는 외국인의
90%가 재일 코리안이었을 때에는[32] 일본 정부는 소수자인 재일 코리안들에 대
해 '동화'정책에 초점을 맞추었다. 나카오 히로시는 일본 정부의 재일 코리안에
대한 동화 정책에 대해 "'재일'에 있어서 동화라는 것은 먼저 역사의 산물이라고
할 수 있다. …문화정책은 일본어 사용 강요와 공적인 장소에서의 조선어 금지
를 비롯하여 전국적인 조선어 출판물 통제와 금지, 창씨개명, 황궁 참배, 황민서
약 제창, 한마을 한사당의 신사 만들기 등을 강요… 폭력적인 동화정책… 조선
인의 민족적 아이덴티티를 권력에 의해 빼앗고 '황국신민'으로 육성…"이라는
역사적 배경과 함께 일본이 패망한 이후의 재일 코리안들에 대해서는 "1952년
샌프란시스코강화조약이 발효되면서 지금까지 공무원이었던 '재일 코리안'은 퇴
직을 하던가 귀화를 선택할까 하는 둘 중의 하나의 길이 강요되었다. … 본명은

---

32 1955년 일본의 외국인 총수 64만 1482명 중 재일 코리안은 90%를 점하는 57만을 넘었다(歷
史教科書在日コリアンの歷史作成委員會編, 위의 책, 77쪽).

일하는 곳에서는 사용하지 못했다. 아이들에게 (한국, 조선의) 이름을 쓰게 하는 것이 어려웠고 일본이름을 사용하는 것을 조건으로 기업이 채용하였다는 등의 사례… 일본인이 암묵적으로 동화를 강요…"라고 설명하고 있다.[33]

그런데 국제화시대를 맞이하여 숫자가 증가하기 시작한 일본 내 외국인들은 재일 코리안들과는 다른 입장이었고 일본 정부도 지금까지 재일 코리안들에게 취하던 정책과는 다른 정책을 생각하지 않으면 안 되었다. 일본 정부의 정책을 방향은 2006년과 2007년 총무성이 작성한 '다문화 공생 추진에 관한 연구회 보고서'에서 알 수 있다. 이 보고서에 따르면, 다문화 공생 추진의 배경으로 "1970년대까지는 일본의 외국인 주민의 대부분은 재일 한국 조선인 즉 종전 전 부터 계속해서 일본에 재류하고 있는 한반도 출신자 및 그 자손들이었다. 그러나 1980년대 이후 경제 활동의 국제화가 진행됨에 따라 국경을 초월한 사람들의 이동이 활발하게 되었다."라고 설명하면서 현재 일본 정부가 시행하고 있는 각 종 제도가 외국인을 받아들이기에는 충분히 대응하지 못하여 적지 않은 문제를 야기하고 있기 때문에 이에 대한 정비가 필요하다는 것이다.[34] 일본 정부가 생각 하고 있는 제도 정비 중 가장 큰 비중을 차지하고 있는 것이 '일본어에 의한 커뮤니케이션의 곤란함'이다. 이로 인해 일본 사회 시스템에 적응하지 못하고 지역 사회와의 교류가 부족하여 고립되고 있는 것이다. 따라서, 이들을 위해 '지 역에서의 정보의 다 언어화 및 일본어 및 일본 사회에 관한 학습지원을 체계적으 로 검토할 필요가 있다.'고 제언하고 있다. 2007년에 작성한 보고서에도 같은 내용이 보인다. 커뮤니케이션 지원 방법으로 "(1) 지역에서의 정보 다언어화 추 진의 구체적인 방법: A. 다양한 언어 다양한 미디어를 통한 행정 생활정보 제공,

---

33 中尾宏, 위의 책, 138-139쪽.
34 多文化共生の推進に関する研究会報告書(平成17年度).
　　http://www.soumu.go.jp/kokusai/pdf/sonota_b5.pdf(2011/3/18).

B. 외국인 주민의 생활 상담을 위한 창구 설치, 전문가 양성, C. NPO 등과의 연계를 통한 다언어 정보 제공, D. 지역 외국인 주민의 상담원 등으로의 활용, F. 행정 정보의 다언어화의 계획적인 추진, G. 통역 번역 서비스 충실, (2) 일본어 및 일본사회에 관한 학습지원의 구체적인 방법, … C. 일본어 및 일본사회에 관한 학습 지원, E. 영주허가 취득 시 일본어 능력 고려"를 제시하고 있다.[35]

그렇지만 일본 정부가 생각하고 있는 다문화 공생 측면의 외국인 정책은 재일 코리안들에게는 적용이 되지 않는 것이다. 같은 소수자의 입장이지만 새로 국제화 현상 이후 일본사회에 유입된 외국인들과는 달리 재일 코리안들은 일본에서의 커뮤니케이션에 곤란을 겪지도 않고 일본사회에 대한 이해가 부족하지도 않다. 즉 국제화된 일본 사회에서 재일 코리안들은 '특수한 소수자'라고 할 수 있다.

일본 사회가 국제화하면서 재일 코리안들의 의식에 변화도 보이기 시작했다. 이러한 변화에 대해 전형권이 "한국도 북한도 아닌 '재일 한인'으로서의 독자적인 정체성을 추구하면서 일본 사회에서 일본인과 동등하게 공존하고자 하는 소위 '공생'을 위한 시민운동 내지 문화운동을 통해 초국가적인 경계를 개척해 가고 있다."고 설명하고 있듯이[36] 모국어를 배우고 민족 문화 활동에 참여하거나 차별에 반대하는 행동에 참가하며 일본인과 연대를 도모하는 등의 활동을 활발하게 진행하고 있다. 재일 코리안들은 일본 사회에서 보다 적극적으로 살아가기 위해 '지방참정권 획득 운동'을 전개하였다. 다른 외국인들과는 달리 선조 때부터 일본 사회의 구성원으로 일본인과 다름없이 살아 온 자신들의 정치적 참여를 적극 추진하고자 하는 의지이다. 그 결과, 1993년에는 오사카부 키시와다(岸和

---

35 多文化共生の推進に関する研究会報告書(平成18年度).
  http://www.soumu.go.jp/menu_news/s-news/2007/pdf/070328_3_bt1.pdf(2011/3/18).
36 전형권, 위의 글, 120쪽.

田)시 의회에서 '정주 외국인에 대한 지방 참정권을 포함한 인권 조항에 관한 요망 결의서'가 가결되었고 '정주 외국인의 지방참정권을 인정하는 의결과 의견서'는 일본 전국의 1086개의 지방자치단체에서 채택되었다.[37] 일본 정부에 의해 일반 외국인들과는 다른 취급을 받고 있는 재일 코리안들은 일본 사회 운영에 적극적으로 참여하고자 하는 활동을 전개하였고, 이로 인해 일본 사회 내에서 '특수한 소수자'로서의 위치를 확고히 하고자 하였다.

Ⅲ. 재일 코리안의 아이덴티티

1. 아이덴티티와 재일 코리안

일본의 대표적인 사전인 코지엔(廣辭苑)에서는 아이덴티티를 "인격에 있어서의 동일성. 어떤 사람의 일관성이 성립되고 그것이 시간적 공간적으로 다른 사람이나 공동체에서 인정을 받는 것. 자기 동일성. 주체성."이라고 설명하고 있고, 동일성에 대해서는 "일반적으로 두 개 이상의 상이한 사물이 그 성질의 공통성 때문에 그 점에서 상호 구별할 수 없는 것. 협의의 의미에서는 사물이 그 자신과 같은 것(자기 동일성). 자기 인격이 자기로서 일관되는 것을 말함."이라고[38] 설명하고 있다. 이를 재일 코리안에 적용하여 보면, 재일 코리안들은 일본 사회에서 일본인들과는 다른 특수한 위치에 있었으며, 따라서 자의 혹은 타의로 자신들만의 아이덴티티를 가질 수 밖에 없었다. 재일 코리안들은 일본사회에서 '그 성질

---

37 (歷史敎科書在日コリアンの歷史作成委員會編,, 위의 책, 120쪽.
38 新村出 編, 『廣辭苑』第四版, 岩波書店, 1993.

의 공통성 때문에' '일관성이 성립되고 그것이 다른 사람이나 공동체에서 인정'
을 받게 되었다. 위키피디아 일본판이 아이덴티티를 동일성으로 설명하고 그 개
념의 하나로 "공동체(지역 조직 집단 등)로의 귀속의식"이라고[39] 설명하는 것과
같이 재일 코리안들은 일본에 거주하는 한반도출신 사람들의 공동체로 일본인과
는 다른 성질을 일관적으로 갖고 있었기 때문에 자신들만의 아이덴티티를 갖게
되었다. 그리고 그들의 아이덴티티의 기초는 자신들이 살아가는 사회의 민족(일
본민족)과는 다른 민족(한민족)이라는 의식이다. 그렇지만 이러한 민족의식을 바
탕으로 한 아이덴티티는 재일 코리안의 세대가 이어지면서 변화를 맞게 된다.
재일 코리안들이 일본에 거주하기 시작한 초기에는 한반도에서 갖고 온 생활 습
관과 문화를 자연스럽게 표출하지 않을 수 없었던 1세 혹은 2세와는 달리, 일본
에서 태어나 일본 사회 밖에 알지 못하는 3세, 4세는 부모와의 관계를 제외하고
는 민족을 의식하는 기회가 매우 적어지면서 민족의식을 바탕으로 한 아이덴티
티를 갖지 못하게 되었다. 재일 코리안 3세와 4세가 갖는 아이덴티티는 일본
사회가 자신들을 대하는 태도를 보고 갖게 된 것이라고 할 수 있다. 그리고 이러
한 상황 하에서 만들어진 아이덴티티에 따른 행동을 취하게 하였다. 일본어판
위키피디아에서 아이덴티티에 따른 정치 활동에 대해 "주로 사회적 불공정에 의
한 희생이 되고 있는 젠더, 인종, 민족, 성적 지향, 장애 등의 특정 아이덴티티에
기초한 집단의 이익을 대변하는 정치활동. 사회적으로 억압되어 있는 아이덴티
티 집단에 속하는 사람들은 그들에게 공통적인 사회문제를 해결하기 위해 그 아
이덴티티로 단결하여 싸워야하는 것으로 되어 있다. 개개의 아이덴티티 집단의
특유의 문제는 기본적으로 자신들의 손으로 해결해야하는 것으로 되어 있고 다
른 억압되는 아이덴티티 집단과 연대하는 것은 다른 아이덴티티 집단에게도 공

---

[39] Wikipedia http://ja.wikipedia.org/wiki/(2011/1/18).

통되는 보다 큰 사회문제와 대치할 때이다.”라고[40] 설명하고 있는 것과 같이 시대가 흐름에 따라 재일 코리안 3세와 4세는 1세와 2세가 갖는 아이덴티티와는 성질이 다른 아이덴티티를 갖게 되었다.

즉 재일 코리안 1세, 2세가 강하게 갖고 있던 자신들은 한반도에서 건너온 한민족이라는 의식은 3세와 4세가 되면서 일본사회에서 거주하는 외국인, 소수자라는 의식으로 변화하고 있다. 이에 대해 전자를 ‘민족 공동체적 아이덴티티’로 후자를 ‘정치공동체적 아이덴티티’로 규정할 수 있다. 민족은 “일정의 문화적 특징을 기준으로 하여 다른 것과 구별되는 공동체를 말함. 토지 혈연관계 언어의 공유(모국어)나 종교 전통 사회조직 등이 그 기준이 되지만 보편적이고 객관적인 기준을 만들어도 개념 내용과 일치하지 않는 경우가 많기 때문에 오히려 어떤 민족개념으로 귀속의식이라는 주관적 기준이 객관적 기준으로 되어 있다.”로[41] 설명된다. 1세와 2세의 재일 코리안들은 일본사회와는 다른 문화적 특징을 갖고 있으며, 토지, 혈연관계, 언어, 종교, 전통, 사회조직의 기준으로 보거나 한민족이라는 귀속의식으로 보아도 일본민족과는 다른 한민족으로서의 의식을 강하게 갖고 있었다. 그리고 이들은 “지연, 혈연, 우정 등 자연적으로 발생한 유기적 사회집단”인[42] 공동체를 형성하여 이에 대한 동일성을 느끼고 있었다고 판단하기 때문에 민족공동체적 아이덴티티가 강하다고 규정하였다.

이에 비해, 재일 코리안 3세, 4세는 공동체 의식을 갖고 있지만 민족에 대한 동일성 의식을 넘어서 “사람들이 생활하면서 따라가는 규칙. 지배 통치를 창조하고 유지하고 수정하고 또 파괴하는 행동”, “사회의 전반에 걸쳐 통지를 수반하고 유지 또는 수정하는 활동이고 사회적 활동인 대립, 협력”등과[43] 관계가 있는

---

40 위의 글.

41 wikipedia http://ja.wikipedia.org/wiki/(2011/4/6).

42 공동체를 의미하는 독일어 게마인샤프트(Gemeinschaft)의 설명(위의 글).

정치적 활동에 더 큰 의미를 두고 있다. 즉 재일 코리안 3세, 4세 등은 일본사회에서 특수한 위치에 있기 때문에 겪어야 하는 많은 문제를 해결하기 위해 정치공동체를 형성하는 데 관심을 갖고 있다고 생각하였기 때문에 정치공동체적 아이덴티티에 더 큰 의미를 갖는다고 규정하였다. 이를 심층면접 자료를 통해 좀 더 자세하게 살펴보자(<부록 3> 참조).

2. 민족 공동체로서의 재일 코리안

재일 코리안들 중 초기에 해당하는 1세와 2세는 한국인임을 잊지 않고 자녀들이 한국인임을 인식하기를 바라는 경향이 강했다. 식민지 시절부터 일본에 거주하기 시작한 심층면접 사례1의 경우에는 한국인임을 잊지 않고 있으며 지금도 자신의 고향을 아주 명확하게 기억하고 있다고 답변하였다. 2세인 한 재일 코리안(사례4)은 아이들이 일본 국적을 갖고 있음에도 한국인임을 잊지 않게 하기 위해 식구들의 반대에도 불구하고 한국학교를 보냈으며, 항상 아이들에게 한국을 잊어서는 안 된다고 교육을 하고 있다고 하였다.

1세와 2세는 생활 속에서도 한민족으로서의 아이덴티티를 유지하려는 경향이 강했다. 그 방법으로 먼저 한국음식을 고집하는 경우가 있었다. 사례1의 경우에는 한국음식은 마늘이 많이 들어가 일본인들이 싫어함에도 불구하고 집에서는 항상 한국음식을 먹었다. 자신은 항상 한국인임을 잊지 않았으며 한국인임을 잊지 않기 위해 한국음식을 먹었다. 그는 집에서 "김치를 만들고 마늘을 넣고 지지고 볶고 고춧가루를 넣고"한 한국음식을 만들어 먹었다고 한다. 4세대의 면접대

43 위의 글.

상자의 경우에는 부모의 한국음식에 대한 기억을 갖고 있다(사례 5). 집에서는 늘 한국음식을 먹었으며 할머니가 자주 한국 요리를 한 기억을 하고 있다. 일본인들은 음식을 할 때 주로 일본 된장을 사용하지만 자신의 집에서는 고춧가루를 사용하여 음식을 하였다고 한다. "집에서는 늘 한국 요리를 먹었어요. 김치도 그렇고 고등어 조림도 고춧가루를 넣었고 모든 음식에 고춧가루를 넣어서 만들어 먹었어요. … 할머니가 자주 한국요리를 했죠."라는 기억을 갖고 있는 것처럼 현재 젊은 재일 코리안들은 부모세대의 한국 음식을 기억하고 있다.

일본과는 다른 문화를 유지함으로써 민족의식을 유지하는 경우도 있었다. 일본에서 출생한 4세의 면접대상자(사례 13)는 자신의 부모는 지금도 제사를 지내고 있으며, 이것이 자신이 한국인임을 잊지 않게 해 준 것 같다고 말하고 있다. 그녀는 제사에 대해 "일본에는 그런 의식이 없고 (재일 코리안들은) 매년 같은 날 꼭 모여서 정식 제사를 치르기 때문에. … 한국 음식을 상에 차려서 먹고 한 것이 한국인이라는 걸 인식시켜 온 것 같아요. 일본에는 없는 의식이기 때문에 그걸 해 오면서 일본인과 자신을 구별하는 게 자연스럽게 배인 것 같아요. … 우리말을 안 쓰면서도 한국인을 지켜오게 한 것이 제사 역할인 것 같아요."하여 문화가 다른 일본사회에 살면서 부모세대가 지켜오고 있는 한민족의 제사의식이 자신을 한민족 아이덴티티를 갖게 하였다고 설명하고 있다.

한민족끼리의 결혼을 고집하는 경우는 초기 세대일수록 강했다. 사례 1의 경우는 지금은 자녀들이 결혼해서 행복하면 된다는 생각을 갖고 있지만 전에는 자녀들이 결혼할 때 한국 사람이 아니면 안 된다고 하였다고 답변하고 있다. 사례 1과 같이 식민지 시대부터 일본에서 거주하여 온 사례2의 경우도 마찬가지로 손자 손녀들은 상관없지만 자녀들이 일본인과 결혼하는 것에 반대하고 있다. 2세대로 남성인 사례 3의 경우에는 많은 나이임에도 불구하고 자신은 한국 사람과 결혼을 고집하고 있어 아직 결혼을 못하고 있다고 술회하고 있다. 2세대로 여성인 사례 4의 경우와 3세대로 여성인 사례 7의 경우도 부모님이 일본인과 결혼하는 것을 절대 반대하였다고 한다. 2세대로 80대인 사례8의 경우에는 자신과 형제들이 모두 한국인과 결혼하였고 자녀들에게도 한국 사람과 결혼을 해야 한다고 교육을 했다고 한다. 2세대인 사례9의 경우에는 자신의 시대에는 일본사람으로 부터 당하는 차별 때문에 한국인들끼리 결혼하지 않으면 안 되었다고 하면서 "일본인이 조선인을 받아들여주지 않고 쓰레기처럼 여겼던 시대라 일본이 하고 결혼하긴 힘들고..."라고 답변하였다. 따라서 형제들이 결혼할 때에는 절대적으로 한국인하고 하라고 하였다고 말했다. 3세와 4세의 경우에는 부모님으로부터 한국인과의 결혼을 강하게 권유 받았다. 4세대인 사례 13은 부모님이 일본사람과의 결혼은 절대로 안 된다고 하였으며 3세대인 사례 14는 부모가 강하게 한국인과의 결혼을 이야기하였으면 특히 할아버지가 강하게 말한 것을 기억하고 있다. 역시 3세대인 사례 15도 부모님이 같은 민족끼리 결혼해야 한다고 해서 재일 코리안과 결혼을 했다고 답변하였다.

박용구의 재일 코리안들의 결혼관에 대한 조사에서도 초기세대에 가까울수록 같은 민족끼리의 결혼을 원하는 것을 알 수 있다. 이에 따르면, 50대와 60대의 경우 같은 민족끼리의 결혼을 선호하는 경향이 강한 것으로 나타났다(<표 5> 참조).

<표 5> 재일 코리안의 결혼관 (단위 : %)

	반드시 동포와 결혼	가능한 한 동포와 결혼	별로 상관 없다	전혀 상관 없다
20대	7.7	25.6	33.3	33.3
30대	0	54.5	33.3	12.1
40대	13.3	33.3	43.3	10
50-60대	26.2	28.6	33.3	11.9
전체	12.5	34.7	35.4	17.4

자료: 박용구, 「재일 코리안의 나이 그룹별 정체성에 대한 실증분석」, 2009.[44]

[44] 『국제지역연구』, 제13권 2호, 2009.

즉 1세와 2세의 경우에는 자신들의 생활습관과 문화를 유지하고 혈연관계를 통하여 민족공동체적 아이덴티티를 유지하려는 경향이 강하였으며, 이를 자녀들에게 전달하려는 의지 또한 강하게 보이고 있다. 이들은 앞에서 설명한 바와 같이 직·간접 강제 연행으로 인해 일본에서 생활하게 되면서 자신들의 생활과 문화를 유지하고 이를 통하여 고향과 고향 사람들에 대한 그리움과 외로움을 달래였고 이를 유지하려는 노력을 보이고 있다.

3. 정치 공동체로서의 재일 코리안

재일 코리안들의 세대가 흐르면서 아이덴티티의 혼란이 더해지고 있는 것을 알 수 있다. 후쿠오카 야스노리는 재일 젊은 세대는 "가정 내에는 어느 정도의 민족 문화가 보존되어 있고… 많건 적건 주위의 일본인들과 이질적인 것을 갖는 것은 확실하다." 라는 경험과 "일본 사회에서 일본어를 모국어로 하면서 성장… 가치관 생활양식 등의 면에서 주변의 일본인들과 공통되는 것을 갖고 있다."는 경험을 동시에 하고 있다고 설명하고 있으며,[45] 재일 코리안들이 일본사회에서 살아가는 모습을 4개의 유형으로 구분하고 있다. 먼저 '공생지향 유형'으로 "일본 사회에서 민족 차별을 없애고 민족적 출신을 달리하는 사람들이 그 입장이 다르다는 것을 토대로 '함께 살아가는' 사회를 실현"하는 것, 두 번째로 '조국지향 유형'으로 "재외공민으로의 자각을 갖고 재일 조선인 사회를 유지하지 않으면 안 된다"라는 의식을 갖는 것, 세 번째로 '개인지향 유형'으로 "개인적 성공을 추구"하는 것, 네 번째로 '귀화지향 유형'으로 "자신의 국가는 한국 조선이

45 福岡安則, 위의 책, 80쪽.

아니라 일본이다."라고 인식하는 것이다.[46] 즉 재일 코리안들이 일본 사회 내에서 자신들의 삶의 모습과 목표를 어떻게 해야 할 것인가에 대해 통일되어 있지 않고, 따라서 과거의 민족 공동체적 아이덴티티는 더 이상 자신이 추구하는 아이덴티티일 수가 없다.

재일 코리안들은 세대가 지나면서 삶과 사고의 방식도 많이 바뀌고 있다. 가장 두드러지게 나타나는 것이 일본 국적을 선택하는 재일 코리안의 꾸준히 증가하고 있는 것이다. 1952년의 232명을 시작으로 꾸준히 증가하여 1만명을 넘는 해가 1995년과 2003년 2004년이고, 1952년부터 2008년까지의 합계는 29만 6168명으로 조사되었다(<표 6>, <그림 4> 참조).[47]

<표 6> 재일 코리안 중 일본 국적 선택자

연도	인원수	연도	인원수	연도	인원수	연도	인원수	연도	인원수
1952	232	1964	4,632	1976	3,951	1988	4,595	2000	9,842
1953	1,326	1965	3,438	1977	4,261	1989	4,759	2001	10,295
1954	2,435	1966	3,816	1978	5,362	1990	5,216	2002	9,188
1955	2,434	1967	3,391	1979	4,701	1991	5,665	2003	11,778
1956	2,290	1968	3,194	1980	5,987	1992	7,244	2004	11,031
1957	2,737	1969	1,889	1981	6,829	1993	7,697	2005	9,689
1958	2,246	1970	4,646	1982	6,521	1994	8,244	2006	8,531
1959	2,737	1971	2,874	1983	5,532	1995	10,327	2007	8,546
1960	3,763	1972	4,983	1984	4,608	1996	9,898	2008	7,412
1961	2,710	1973	5,769	1985	5,040	1997	9,678	2009	
1962	3,222	1974	3,973	1986	5,110	1998	9,561	2010	
1963	3,558	1975	6,323	1987	4,882	1999	10,059	合計	296,168

[46] 위의 책, 92-97쪽.
[47] mindan http://www.mindan.org/shokai/toukei.html#01(2011/2/4).

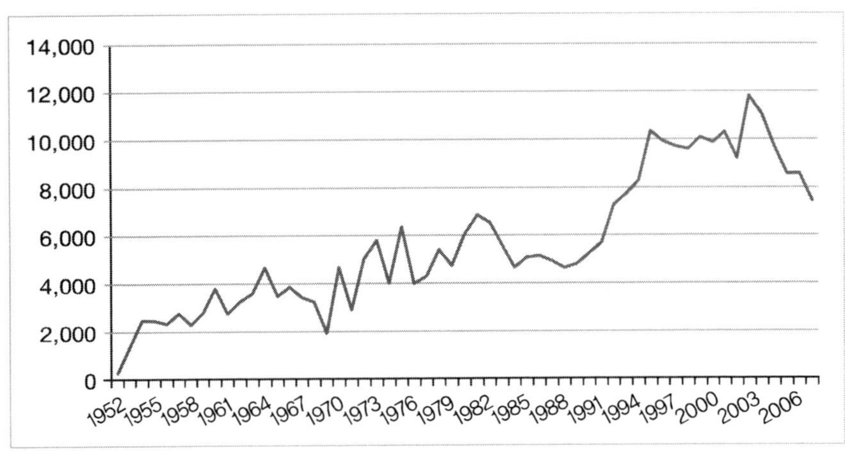

〈그림 4〉 재일 코리안 중 일본 국적 선택자의 비율 변화

일본인과 결혼을 하는 재일 코리안들도 꾸준히 증가하는 경향을 보이고 있다. 결혼 상대자의 비율을 보면 재일 코리안들끼리 결혼하는 비율은 점차 감소하고 있는 반면에 일본인과 결혼하는 비율을 점차 증가하고 있다(<표 7>, <그림 5> 참조).[48]

〈표 7〉 재일 코리안의 결혼 상대자

년도	재일 코리안끼리 결혼	일본인과 결혼	년도	재일 코리안끼리 결혼	일본인과 결혼
1955	66.90%	30.50%	1997	14.90%	84.00%
1965	64.70%	34.60%	1998	13.90%	84.80%
1975	49.90%	48.90%	1999	12.70%	86.70%
1985	28.00%	71.60%	2000	12.10%	87.20%
1987	25.00%	74.50%	2001	10.40%	88.80%
1990	15.80%	83.70%	2002	10.70%	87.40%
1991	16.80%	82.50%	2003	10.70%	87.20%
1992	17.60%	81.50%	2004	10.30%	87.40%
1993	18.40%	80.70%	2005	9.40%	88.30%
1994	17.50%	81.70%	2006	8.90%	88.50%
1995	16.60%	82.20%	2007	9.50%	87.80%
1996	16.30%	82.50%			

48 mindan http://www.mindan.org/shokai/toukei.html#01(2011/2/4)

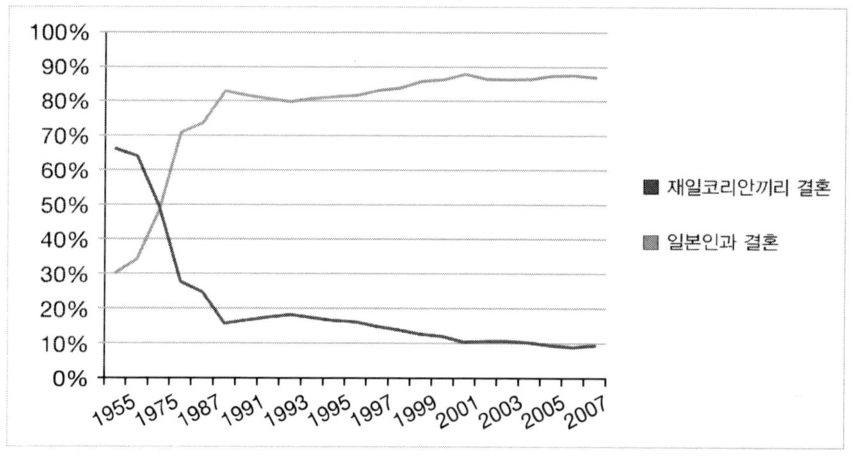

〈그림 5〉 재일 코리안의 결혼 상대자 변화

이러한 경향은 심층 면접조사에서도 나타난다. 1세인 사례2 의 경우 자녀들이 일본인과 결혼하는 것을 반대하였지만, 손자 손녀들의 경우에는 상관이 없다고 답변을 하였다. 3세인 사례 6과 사례 10, 사례 11의 경우도 아이들의 결혼 상대에 대해 국적을 상관하지 않는다고 하였다. 이중 사례 10을 제외하고는 부모님들은 자신들에게 한국인과 결혼 할 것을 권유하였지만, 자신들의 자녀 세대에 대해서는 일본인과의 결혼도 좋다는 의견을 갖고 있다.

그렇지만 이들이 일본 사회에서 완전히 동화되어 살지도 못하는 입장이었다. 후쿠오카 야스노리는 이러한 재일 코리안들의 현실적인 상황에 대해 "'재일' 젊은이의 대다수가 많건 적건 피차별의 경험을 하고 있으며, 일본인의 편견을 느꼈다. 그리고 아이덴티티 갈등에 고민하는 체험을 하고 있다. 어떠한 삶을 살면 좋은가? 출구가 보이지 않는 혼미한 상태"라고 설명하고 있다.[49] 따라서, 이들은 과거 재일 코리안들이 추구하던 민족 공동체적 아이덴티티를 대체할 것을 찾지

[49] 福岡安則、위의 책, 79쪽.

않으면 안 되었다. 이들이 가장 먼저 인식한 것이 자신들이 일본 사회의 소수자 중의 한 집단이라는 것이다. 이들은 2세인 사례4의 경우에는 자신은 '일본인이 될 필요도, 한국인이 될 필요도 없이 그냥 나로 살면 된다고 생각 … 한국인임을 감추건 밝히건 자신은 소수자라고 생각'하였고 자녀들에 대해 '오히려 우리아이들이 소수자라는 생각'을 갖기를 바란다고 하였다. 3세인 사례 6도 자신을 '소수자'라고 생각하고 있으며 "내가 외국 국적이니까 일본 사회에서는 소수자이고"라고 하고 있으며, 같은 3세인 사례 15도 "재일 한국인은 일본사회의 소수민족이라고 생각한다. 한국 사람도 아니고 일본 사람도 아닌 독자적인 아이덴티티를 가지고 있는 소수민족"이라고 답변하였다. 그리고 오히려 소수자의 장점을 살리는 것을 생각하는 적극적인 입장을 취하는 경우도 있다. 4세인 사례5는 "내가 소수자이기 때문에 가능한 일이 무엇인가"를 생각하였다.

따라서, 이들은 앞에서 설명한 바와 같이 차별에 반대하는 행동에 참여하거나 시민운동과 문화운동 등에 관심을 갖게 되었다.[50] 또한 재일 코리안들이 자신들의 목소리를 내고 입장을 대변할 수 있는 수단으로 참정권을 획득하는 문제에 적극적이 되었다. 심층면접 대상자들의 대부분이 참정권에 매우 적극적인 입장을 표시하고 있으며, 참정권을 얻으면 반드시 권리를 행사할 것이고(사례 11, 12, 14), 참정권을 받아 일본인과 같은 대우를 받고 싶다고 하였다(사례 7). 재일 코리안들은 일본사회에서 일본인과 동등하게 세금을 지불하고 있기 때문에 참정권은 당연히 행사할 수 있어야 한다고 하고 있다(사례 6). 사례 15의 경우에는 재외동포로서 한국에서 투표권을 행사하는 것보다는 일본 내에서 참정권을 행사하는 것에 더욱 적극적이다.

즉 이들은 이제 민족적 의식을 갖고 문화와 생활을 지키는 것을 넘어서서 일

---

50 주36) 참조.

본 사회의 소수자로서 자신들의 이익을 정치적 행동을 통해서 추구하고자 한다. 이를 위해서 같은 소수자 입장에 있는 다른 집단이나 혹은 생각을 같이 하는 일본인들과의 연대를 도모하여 정치적 행동을 취하고 있다.

Ⅳ. 결론

이상에서 설명한 바와 같이 재일 코리안이 한반도에서 이주하여 일본사회에 정착하는 과정에서 현재까지 일본에서의 위치는 변화하였다. 초기에는 식민지출신의 피지배민족이었지만 일본이 패망한 이후에는 일본 사회에서 외국인으로 취급을 받았으며 일본 사회가 국제화되면서부터는 다문화 공생의 대상의 하나가 되었다. 그렇지만 어느 시대를 막론하고 일본 사회에서 재일 코리안들이 차지하고 있는 위치가 특수하다는 성격은 변함이 없다. 재일 코리안들이 한반도에서 이주하여 정착하는 과정자체가 매우 특수하였으며, 일본이 패망하면서 재일 코리안을 외국인으로 규정하였음에도 다른 외국인들과는 다른 특수한 외국인으로 취급되었고, 일본이 국제화하여 다문화 공생 정책을 추진하면서도 다른 소수자 집단과는 다른 특수한 위치에 있다고 할 수 있다. 그런데 여기서 '특수하다'는 것은 좋은 의미가 아닌 '매우 불리한 의미의 특수함'이었다. 피지배 민족으로서 지배 민족 사회에 이주하여 살아가면서 시작된 차별은 그 이후에도 개선되지 않아 이러한 불리한 특수함은 지속되었다.

한편, 이들 재일 코리안이 갖고 있는 아이덴티티에는 변화하는 양상을 보인다. 세대가 지남에 따라 새로운 세대의 재일 코리안들은 초기의 재일 코리안들과는 다른 생활 환경과 사회 환경을 경험하게 된다. 즉 초기의 재일 코리안들이 이주 초기에 갖고 있던 한반도에서의 생활 습관은 점차 없어지고 새로운 세대의 재일 코리안들은 특수한 위치 혹은 살아가는 사회의 민족(일본민족)과는 다른 민족(한민족)으로서의 자각을 더 크게 느끼게 되었다. 즉 초기 재일 코리안들이 갖고 있던 민족 공동체적 아이덴티티는 그 성격이 변하여 특수한 위치에 있는 소수자를 자각함으로써 생기는 정치 공동체적 아이덴티티가 되었다. 재일 코리안은 아이덴티티 자체가 없어지는 것이 아니라 그 성격이 변화한 것이다.

| 참고문헌 |

고스기 야스시외 엮음, 황영식 옮김, 『해체와 재구성 정체성』, 서울: 한울, 2007.
권숙인, 『다문화 사회 일본과 정체성 정치』, 서울: 서울대학교 출판문화원, 2010.
김현선, 「재일 코리안의 축제와 민족 정체성」, 『日本研究論叢』, 제26호, 2007.
박용구, 「재일 코리안의 나이 그룹별 정체성에 대한 실증 분석」, 『국제지역연구』, 제
        13권 2호, 2009.
마누엘 카스텔 지음, 정병순 옮김, 『정체성 권력』, 서울: 한울아카데키, 2008.
윌 킴리카 저, 장동진 역, 『다문화주의 시민권』, 서울: 동명사, 2010.
전형권, 「일본의 보수화와 재일 한인의 국적문제: 디아스포라 정체성의 동학」, 『한국
        동북아논총』, 제43집, 2007.
최영호, 「재일교포사회의 형성과 민족 정체성 변화의 역사」, 『韓國史研究』, 140,
        2008.
福岡安則, 『在日韓国朝鮮人』, 中公新書, 2008.
新村出 編, 『廣辞苑』第四版, 岩波書店, 1993.
歴史教科書在日コリアンの歴史作成委員會編, 『歴史教科書 在日コリアンの歴史』, 明石
        書店, 2010.
中尾宏, 『在日韓国朝鮮人問題の基礎知識』, 明石書店, 2005.
マイケル・ケニー, 『アイデンテイテイの政治学』, 日本経済評論社, 2005.

http://ja.wikipedia.org/
http://ja.wikisource.org/

http://www.chosun.com/
http://www.mindan.org
http://www.soumu.go.jp/
http://www.stat.go.jp/

Chapter 06

한국 국민정체성의 '민주적 반추'와 통일 문제*

한승완 국가안보전략연구소

* 이 글은 『사회와철학』 2011, 10월호에 같은 제목으로 실린 논문을 수정·보완한 것입니다.

Ⅰ. 들어가는 말

한국인이라는 말로 우리는 다양한 것을 떠올릴 수 있다. 무엇보다 먼저 대한민국이라는 영토 내에 거주하며 한국 국적을 소유한 사람을 생각할 수 있다. 하지만 이에 못지않게 한국인이라는 이름은 국경 밖의 어느 곳에 거주하든, 현재 어떤 국적을 갖고 있든, 조상이 한국인이었던 사람과 그 후손을 포함하는 더 큰 인구집단을 연상시키기도 한다. 또한, 국내적으로는 외적인 용모, 언어, 종교 등에서 일반적인 한국인과 다르지만 한국인으로 기꺼이 포용하고자 하는 국제결혼 이주 여성, 즉 다문화가족의 여성과 자녀도 한국인이다.

한국인은 이처럼 더 이상 그 의미가 단순한 개념이 아니다. 이러한 변화는 우선 사상 유례가 없는 규모와 깊이로 상품, 정보, 자본과 함께 인력이 국경을 뛰어넘어 유통되고, 투자되고, 이동하는 것을 특징으로 하는 세계화의 결과이다. 세계화가 진전될수록 우리의 대외적 경계는 낮아지고 그만큼 우리 안에 이질적인 것이 들어오고 우리가 이질적인 것 안으로 들어가, 우리가 우리 아닌 타자와 공존하는 상황이 많아지고 있는 것이다. 아니 타자는 더 이상 우리의 경계 밖에서 우연히 마주할 수 있는 것이 아니라 우리 안에서도 항상 마주하는 존재가 되었다. 이 과정에서 우리의 정체성인 한국인의 의미도 혼란을 겪게 되고 새로운 의미가 부가되거나 의미요소에 변화가 일어났다.

다른 한편, 이런 외부적 조건의 영향만으로 한국인이라는 개념의 복잡화는 설명되지 않는 것처럼 보인다. 내부적으로는 우리가 남북분단과 열악한 정치적, 사회적, 경제적 초기조건에도 불구하고, 전후 산업화와 동시에 민주화에서도 성과를 내었다는 사정도 이러한 한국인 개념의 변화 배경으로 고려해야 할 것이다. 타자에 대해 폐쇄적이고 내부적으로 단일하고 균질적인 집단정체성이 이 산업화와 민주화 과정에 중요한 역할을 하였다면, 이 과정이 일정 궤도에 오른 이후 그러한 응집력을 발휘하는 정체성은 자체적으로 변화를 겪게 된다. 정체성 문제에서도 내부에 다양성을 허용하고 포용할 수 있을 정도로 경제적, 민주적 자신감이 성장했다고도 볼 수 있을 것이다. '다문화'라는 개념으로 총괄되는 이질적인 것의 포용이 우리의 화두가 되면서, 한국인이라는 집단정체성도 변화할 수밖에 없었다. 물론 이것은 단순히 규범적인 문제만은 아니다. 오히려 이러한 변화에는 우리가 외국인 노동력과 국제결혼 이주자의 유입이 없이는 더 이상 활력적인 경제와 사회를 유지할 수 없게 되었다는 필요의 논리가 더 크게 작용했을 것이다.

이러한 내·외부적 요인을 통해 변화하고 있는 한국인이라는 정체성은 우리와 제일선에서 경계를 두고 마주하고 있는 북한 및 북한주민과의 관계를 새로이 조명하게 만들고 있다. '우리와 북한은 하나의 민족이므로 통일되어야 한다'는 것은 남북한이 독립적인 국가로 수립될 때부터 공히 국가적 사명으로 제시되었던 것이고, 이에 대해 남·북한 주민 사이에 큰 이견은 없었다. 일정 시기에는 무력에 의한 통일도 정당화될 만큼 남북한의 '민족동질성'은 당연한 것으로 여겨졌다. 다만 사회주의와 자본주의라는 체제에서 차이가 날 뿐이시 민족성제성의 측면에서 남북한은 동일한 민족이라는 것이다. 이처럼 '민족동질성'과 '체제이질성'은 서로가 영향을 주지 않으며 분리될 수 있는 것처럼 보였다. 그러나 '체제이질성'은 시간이 경과할수록 민족정체성에서도 동질성의 침식과 이질성의 균열을 가져오고 있다. 특히 최근 학문적, 저널리즘적 공론장에서 자주 운위되는 이른 바 북한 주민과 독립된 '대한민국 국민정체성'의 형성은 이를 극명하게 보여주고 있다. 이러한 민족동질성의 균열과 대한민국만의 집단정체성 형성은 비록 그것이 아직 맹아적일지라도 기존의 통일에 대한 기본관점과 전략을 새롭게 숙고하게 만들기에 충분한 자극을 주고 있다.

아래의 글은 이러한 배경에서 한국 국민정체성의 성격과 변화를 살펴보고, 기존의 통일론에 대한 비판적 서술을 통해 그것이 남북한 통일에 대해 갖는 함의를 제시하고자 한다. 이 글에서는 우선 한국인 정체성이 일반적인 국민(민족)정체성에 비추어 어떤 성격으로 규정할 수 있는가를 간략히 서술하고 그것이 고착, 고정되어 있는 것이 아니라 변형되고 있음을 보여줄 것이다.[1] 그리고 이러한 변형이 단순한 변화가 아니라 일정하게 규범적 함축을 갖고 있다는 것을 벤하비브가 제시하고 있는 '민주적 반추(democratic iteration)' 개념을 통해 설명해보려 한다. 이어 이렇게 변형되어 왔으며 앞으로 더욱 변형을 겪어갈 한국 국민정체성이 통일에 대해 제기하는 문제점을 기존의 통일관련 논의에 대한 비판적 검토를 통해 살펴보려 한다. 마지막으로, 이를 통해 국민정체성의 측면에서 통일에 대한 바람직한 접근시각을 제시해보고자 한다.

---

[1] 이하에서는 '국민(민족)정체성'이라는 용어로 nation이라는 동일한 사태를 지시하면서 병기하거나 혼용하여 사용하고자 한다. nation에 대한 번역어로 '국민'과 '민족'이 근대 초엽 도입된 이래 시대적 변천과 과제에 따라 두 번역어는 경쟁하면서 사용되어왔다. 이에 반해 '민족'과 '국민'은 이제 우리말에서 동일한 지시체를 지칭하는 것이 아니라 서로 상이한 지시체를 지칭하며 nation에 대해서는 '국민'이란 용어를 사용해야 한다는 주장이 제기되고 있다(진태원, 「어떤 상상의 공동체? 민족, 국민 그리고 그 너머」, 『역사비평』, 2011, 가을호). 이하에서 국민(민족)정체성의 성격, 변화 및 통일과 관련한 논의 속에서 이러한 주장에 동의하지 않는 이유를 밝힐 것이다.

Ⅱ. 한국 국민정체성의 성격과 변형

1. 자유주의의 국민정체성과 '민주적 반추'

근대 국민국가는 개인이 자신의 자유와 기본적 권리를 향유하면서 살아가기 위해 필요한 최소한의 울타리이자 공동체일 것이다. 이러한 울타리가 없다면 개인도, 그의 인권도 성립될 수 없고 보장될 수도 없을 것이다. 근대 국민국가가 그 형성의 도정에서 개인에 대한 억압과 배제를 초래한 경우가 있다고 해서 근대 국민국가 자체를 전체주의적 국가와 동일시해서는 안 될 것이다. 최근 민족주의에 대한 근원적 비판과 극복을 시도하는 일부 탈민족주의론, 탈국가주의론의 밑바탕에 깔려 있는 이런 동일시는 국민국가의 내부동학과 구체적인 역사적 전개를 사상하고 있다.[2] 중요한 문제는 근대 국민국가가 어떤 내부의 긴장과 진통 속에서 민주적 공동체로 전개되어왔는가에 대한 정밀한 접근일 것이다. 국민국가를 안민낙토의 공동체로 봐서도 안 되겠지만, 그렇다고 모든 근대적 병리현상의 원흉인 괴물로 치부해서도 안 될 것이다.

근대 국민국가의 구성원들이 갖는 소속감은 역사상 새로운 집단정체성이다. 그것은 자연적으로 주어져 있고 서로에 대한 면식이 일정 가능했던 친족공동체나 지역공동체를 넘어 국가라는 단위에서 의식적으로 형성된 '추상적 집단정체성'이다. 연고성이나 대면성이 없거나 떨어진다고 해서 이 '추상적 집단정체성'이 허물어지기 쉬운 사상누각이 아닌 것은, 근대 국민국가가 산업화, 근대화에서

---

2 진태원, 「국민이라는 노예? 전체주의적 국민국가론에 대한 비판적 고찰」, 『민족문화연구』, 제51호, 나종석, 「탈민족주의 담론에 대한 비판적 성찰 -탈근대적 민족주의 비판을 중심으로-」, 『인문연구』, 제57호, 2009 참조.

보여준 엄청난 대중동원력이 웅변하고 있다. 이 집단정체성으로부터 나온 새로운 종류의 연대성이 일상적 제도로 대표적으로 표현되고 있는 것이 근대적 조세와 병역제도임은 주지의 사실이다.

추상적이지만 강력한 연대성과 소속감을 가져다 준 국민(민족)정체성은 그러나 고정된 것이 아니라 유동적이다. 그것이 의식적으로 형성된 것인 만큼 그것은 언제든 성격과 범위에서 변화할 수 있는 것이다. 그것은 이웃을 병합하여 팽창해 갈 수도 있으며, 아니면 떨어져나가는 분리주의적 힘으로 분출할 수도 있다. 이러한 팽창과 분리 과정에서 그것의 성격도 변화해왔다. 마찬가지로, 근대 국민국가의 국민(민족)정체성의 원리들도 상호 중첩되어 있으며, 변화되어왔다.

일반적으로 국민(민족)정체성을 구성하는 두 원리로 '데모스'(demos)와 '에트노스'(ethnos), 지연공동체적 원리와 종족공동체적 원리를 말할 수 있다. 국민(민족)국가를 건설하면서 출발조건에 따라 두 원리 중의 하나가 중심적인 국민(민족)정체성을 형성한다. 근대 시민혁명을 경험했거나 처음부터 이민국가로 출발한 나라들이 전자의 원리가 지배적인 국민(민족)정체성을 형성했다면, 시민혁명을 통해 근대국가를 형성하기보다는 소수 엘리트로부터 조직된 후발 국민(민족)국가와 2차 세계대전이후 독립한 나라들은 후자의 원리가 지배적인 정체성을 형성했다.

에트노스에 기초한 '종족적 국민(민족)', 혹은 '종족적 민족주의(die ethnische Nation, der ethnische Nationalismus)'에서 중심 개념은 '종족(das Volk)'이다. 이것은 혈통에 근거한 문화적, 정치적 공동체로서 역사의 주체로 상정된다. 그리고 국민(민족)(Nation)은 '자신의 국가를 갖게 된 종족'(Volk)을 의미한다. 이러한 종족적 국민(민족)에서 어떤 특정한 국민(민족) 구성원이라는 것은 곧 법적으로도 그 공동체의 구성원이 될 수 있다는 것, 즉 국적을 보유할 수 있다는 것을 의미한다. 이에 반해, 데모스에 기초한 '정치적 국민(민족)(die politische Nation)'에서 국민(민족)은 가치관, 제도, 정치적 신념의 공통성에 기초한다. 프랑스에서 nation 이라는 말이 왕에 대항하여 귀족계층이 정당한 지배를 요구하거나 아니면 제3신분이 봉건세력에 대항하여 정당한 정치적 지배를 요구할 때 등장하였듯이, 그것은 정치적 의지의 통일을 통한 정당한 지배와 연관되어 있다. 따라서, 여기서 국민(민족)은 국가 외부와 경계 긋기를 위한 개념이라기보다는 '사회내부적 개념'이라 할 수 있다. 여기서 외부로부터 오는 이주자의 최소한 법적 국적취득은 '종족적 국민(민족)에서보다 용이하다.3

그러나 각각의 유형의 국민(민족)에서 두 원리 중 하나가 지배적이라고 말할 수 있을 뿐, 모든 근대적 국민(민족)국가는 두 원리를 포함하고 있다. 종족적 국민(민족)국가에서도 내부적으로 민주주의가 심화되고 정착되어감에 따라 정치적 국민(민족)의 요소가 확대된다. 역으로, 보편적인 자유민주주의적 헌법원리에 대한 충성만으로 형성되는 민주적 집단정체성으로서 순수한 '시민적 국민(민족)'(civic nation)은 비현실적이다. '시민적 국민'정체성의 대표적 사례의 하나로 여겨지는 미국의 경우를 봐도 그것이 문화적 요소, 비록 혈통에 근거한 것은 아니지만 '에트노스'의 측면을 가지고 있다는 것은 분명하다. 우리는 민주적 집단정체성의 문제를 '종족적 국민(민족)'이냐 '시민적 국민(민족)'이냐의 양자 택일의 관점에서는 해결할 수 없다.

우리는 언제나 특수한 역사적, 문화적 공동체의 구성원으로서 민주적 정치공동

---

3 이상의 논의는 Friedrich Heckmann, "Nationalstaat, multikuturelle Gesellschaft und ethnische Minderheitenpolitik", Forschungsinstitut der Friedrich-Ebert-Stiftung (Hrsg.), *Partizipationschancen ethnischer Minderheiten*, Bonn, 1993, 7쪽 이하 참조. 이렇게 서양어에서조차 나타나는 nation이라는 지시체의 다의성을 고려할 때 nation에 대한 번역어를 국민으로 제한하기보다는 국민과 민족의 혼용이 적절한 것으로 판단된다. 다시 말해, 맥락에 따라 '종족적 네이션'에 대해서는 민족이라는 번역어를, '정치적 네이션'에 대해서는 국민이라는 번역어를 사용하거나 국민(민족), 혹은 민족(국민)으로 병기해도 무방하다고 생각한다.

체를 구성할 수밖에 없다. 다만, 이 에트노스가 얼마나 두껍거나 얇은가의 차이가 있을 뿐이다. 사실적 근거는 희박하지만 강한 혈통적 전통이 유지되고 있다는 믿음, 고유한 습속과 관습의 고수 등이 강력히 작동하고 있다면 그것은 '두꺼운' 에트노스일 것이다. 반면, 공용어와 공용어 사용을 통해 형성된 공동의 제도에 의한 결속 정도라면 그것은 '얇은' 에트노스라 할 수 있을 것이다. 이것이 바로 '자유주의적 민족주의(liberal nationalism)'에서 말하는 '사회적 문화(societal culture)'를 통해 형성된 국민(민족)정체성이라 할 수 있다.

따라서, '두꺼운' 에트노스로부터 '얇은' 에트노스로의 정체성의 변형과정은 국민(민족)정체성의 측면에서 본 근대화와 자유화 과정 자체라 할 수 있을 것이다. 근대화와 자유화는 자신의 전통과의 단절이 아니라 그것에 대해 일정한 거리를 두고 반성적 태도를 취할 수 있는 공간을 제공한다. 이것은 바로 한 국민의 문화적 정체성이 얇아진다는 것을 의미하고, 내부적으로는 좋은 삶에 대한 관점의 다양성이 높아지고, 외부적으로는 다른 자유주의적 문화와 공유하는 가치가 증가함을 뜻한다. "한 문화가 자유화되면 -그리고 그리하여 구성원들에게 전통적인 삶의 방식에 의문을 제기하거나 거부하도록 허용된다면- 결과적으로 도출되는 문화적 정체성은 '더 얇아'지고 덜 독특해질 것이다." 반면, 대외적으로는 다른 자유주의 문화의 구성원들이 갖는 가치와 공통점이 증가하게 된다. "서구의 근대화와 자유화는 각 민족 문화 내부에서는 보다 적은 공통성으로, 문화들 상호 간에서는 보다 더 많은 공통성을 낳는 결과를 가져왔다."[4]

마찬가지로 '헌법애국주의(constitutional patriotism)'도 근대 국민(민족)국가에는 "평등한 권리공동체의 보편주의와 역사적 운명공동체의 특수주의 간의 긴장"[5]이 내장되어있다는 사실로부터 출발한다. 중요한 것은 이 긴장 속에서 후자

---

4 윌 킴리카, 『다문화주의 시민권』(*Mulicultural Citizenship*), 장동진 외 옮김, 서울: 동명사, 2010, 180쪽 이하.

에 대한 전자의 우위성, 다시 말해 "'국민들(Staatsbürger)'로 구성된 실재적 민족(Nation)이 동포들로 구성된 가공적 '민족(Nation)'에 대해 지녀야하는 우위성"[6]이 확보되는 방향으로 나아가는 것이다.

벤하비브는 한걸음 더 나아가 '민주적 대의의 논리' 자체가 대의체의 '닫힘'(closure)을 함축하고 있다고 본다. 민주주의가 제정한 법은 그것을 만든 사람들에만 한정되어야 하기 때문이다. 만약 한정되지 않은 전지구적 정치체가 있다면 그것은 민주적일 수 없을 것이다. 민주적 대의는 대의체들이 비록 필연적으로 국민국가의 형태를 취할 필요는 없지만, 적어도 그것들이 서로 구획, 분리되어야 할 것을 요구한다.[7]

문제는 이러한 한정, 구획이 규범적으로 정당한 기준에 따른 것인가의 여부인 것이다. 구획의 기준은 결국 이방인을 어떤 기준으로 성원으로 받아들이거나 배제하는가로 귀착된다. 한 유형의 기준들은 인종, 성(性), 피부색, 종족성(ethnicity), 언어공동체, 종교 등과 같은 귀속적 기준들이다. 이러한 기준들에 따라 수용하거나 배제하는 것은 규범적으로 정당화될 수 없다. 우선 인종, 성, 피부색은 말 그대로 타고난 것으로, 자유의지에 따른 행위에 대해서와 같이 그것에 대해 도덕적 책임을 물을 수 없는 성질의 것이다. 반면, 종족성, 언어공동체, 종교와 같은 기준들은

---

5 위르겐 하버마스, 『이질성의 포용. 정치이론 연구』(*Die Einbeziehung des Anderen*), 황태연 옮김, 서울: 나남출판. 2000, 145쪽. '자유주의적 민족주의'가 민주적 정치공동체와 특수한 문화공동체의 결합이 필수적이라 보는 반면, '헌법애국주의'는 이 양자의 결합을 역사적 우연으로 간주한다. 그러나 후사가 헌법 원칙에 대한 충성만으로 결속력 있는 정체성이 형성될 수 있다고 보지는 않는다는 점에서, 이러한 결합은 후자에서도 단지 역사적 우연에 머물지는 않는다. '자유주의적 민족주의'와 '헌법애국주의'의 유사점과 차이에 대한 논의는 한승완, 「'자유주의적 민족주의'와 '헌법애국주의' -한국 민족(국민)정체성의 변형과 관련하여-」, 『사회와철학』, 제20호, 2010, 참조.

6 위르겐 하버마스, 위의 책, 149쪽.

7 Seyla Benhabib, "Democratic Exclusions and Democratic Iterations: Dilemmas of 'Just Membership' and Prospects of Cosmopolitan Federalism", *European Journal of Political Theory*, 2007, 6, 448쪽 참조.

타고났다 하더라도 장기간에 걸쳐 변형이 가능하지만, 만약 그것의 특정한 종류를 이유로 배제한다면 이는 비차별의 원리에 저촉되어 규범적으로 정당화될 수 없다. 다른 유형의 기준들은 체류기간, 언어능력, 시민적 문해능력의 증명, 물적 자원의 입증, 시장적 기술 등과 같은 비귀속적인 성격의 기준들이다. 외국인의 국적 취득, 즉 귀화에 있어 이 기준들은 첫 번째 유형의 기준들처럼 그것이 규범적으로 부당한 것은 아니다. 이러한 기준들은 한 정치공동체의 구성원들이 그에 대해 민주적으로 결정할 수 있는 정당한 권한을 가지고 있는 기준들이다.

벤하비브는 기본적으로 '담론이론(Diskurstheorie)'에 기초하여 '성원권(human right to membership)'에 대한 논의를 전개한다. '담론이론'에서 출발점은 "가능한 모든 관련 당사자들이 합리적 담론의 참여자로서 동의할 수 있는 행동규범만 타당하다"는 담론원리이다.[8] 이 원리를 시민권과 귀화에 적용하면 도출되는 것이 성원권이다. 그것이 의미하는 것은 "어떤 민주적 정체도 타자가 영원히 성원에서 제외되도록 하는 귀화조건을 규정해서는 안 된다"는 것이다.[9] 왜냐하면 어떤 행위와 행위 결과에 의해 어떤 방식으로든 영향을 받을 관련 당사자는 일정한 국경 범위 내에 한정되지 않기 때문이다.

'민주적 반추'는 이 '성원권'을 지속적인 공론화와 토론, 그리고 최종적으로 법 개정을 통해 실현시켜가는 것이라 할 수 있다. 이는 구체적으로 앞서 살펴본 규범적으로 정당화될 수 없는 귀속적 기준들을 폐기하거나 수정하는 과정이다. 벤하비브에 따르면, '민주적 반추'는 "보편주의적 권리 요구와 원칙들이 법적, 정치적 제도에서 뿐 아니라 시민사회적 친교에서 경합되고, 맥락화되며, 행사되거나 취소되고, 가정되거나 정립되는 그런 공공적인 복합적 토론 과정, 숙고, 의

---

8 위르겐 하버마스, 『사실성과 타당성』(*Faktizität und Geltung*), 한상진, 박영도 옮김, 서울: 나남출판, 2000, 147쪽.

9 Seyla Benhabib, 2007, 위의 논문, 446쪽.

견 교환 과정을 총칭한다." 따라서, 그것은 "공공적인 법제기구나 사법기구, 집행기구 차원에서 '강하게' 이루어질 수도 있고, 비형식적으로 시민사회적 친교와 언론 등의 '약한' 공공성 속에서 이루어질 수도 있다."**10**

이러한 제도화와 입법화로 표현되는 '강한' 민주적 반추와 시민사회적 공론장의 토의라 할 수 있는 '약한' 민주적 반추의 상호 교호 속에서 성원권이 각 국민(민족)국가 단위에서 실현되어가는 과정은 우리가 앞서 '두꺼운' 에트노스로부터 '얇은' 에트노스로 국민(민족)정체성의 변형이라 서술한 과정에 상응한다고 할 수 있다. '민주적 반추'의 과정은 바로 '두꺼운' 에트노스를 구성하는 귀속적 기준들의 폐기, 완화, 수정 과정이기 때문이다. 따라서, 가령 이스라엘에서와 같이 같은 혈통을 가진 사람을 특별 우대하고 외국인의 귀화를 사실상 영구히 금지하는 것은 자유민주주의와 양립할 수 없다. 이스라엘에서 논의되는 '종족적 민주주의(ethnic democracy)'는 규범적으로 정당하지 못하며 성립할 수 없는 것이다.**11** 반면, 귀화에서 같은 혈통 소유자에게 마찬가지로 특별우대 정책을 펼쳤던 독일은 국내에서 치열하게 전개되었던 민주적 반추를 통해 '강한' 에트노스를 더 이상 '데모스'와 일치시키지 않는 방향으로 법과 제도를 개정해가고 있다.**12**

그러나 민주적 반추를 통해 국민정체성이 변형되는 과정은 어떤 종결지점을 갖지는 않는다. 그것은 지속적으로 진행되는 과정이다. 민주적 국민정체성의 형성과 변형은 "입헌적 자기창조의 진행형적 과정"이다.**13**

---

10 세일라 벤하비브, 『타자의 권리 - 외국인, 거류민, 그리고 시민』(*The Rights of Others. Aliens, Residents, and Citizens*), 이상훈 옮김, 서울: 철학과현실사, 2008, 209쪽.

11 위의 책, 173쪽 참조.

12 위의 책, 236쪽 이하 참조.

13 위의 책, 208쪽. 그가 주장하고자 하는 것은 이 지속적 과정의 결과 궁극적으로 국경을 없애자는 것이 아니라 그것의 수용성을 높이자는 것이다. 민주적 대의의 논리상 대의체의 구획은 불가피하기 때문이다.

2. 한국 국민정체성의 성격과 변형

이러한 자유주의의 국민(민족)정체성의 내적 긴장과 민주적 반추를 통한 변형에 관한 일반적 논의를 배경으로 한국 상황을 고찰하면, 한국 국민정체성도 이러한 이론적 틀에서 크게 벗어나지 않는 것처럼 보인다. 한국이 '강한' 에트노스에 기반해 국민(민족)국가를 건설해왔다는 것은 주지의 사실이며, 그런 한에서 데모스적 원리는 부차적 역할을 하였다고 할 수 있다. 즉 우리는 강한 문화공동체적 결속을 통해 집단정체성을 형성해왔으며, 이런 점에서 개인적 시민권을 기반으로 한 공화주의적 요소는 우리에게 처음에는 부차적이었다고 할 수 있다.

우리가 민주적 공동체의 정체성을 형성한다는 것이 무(無)에서 시작할 수 없는 것이라면, 우리의 출발조건이었던 '강한' 에트노스를 끊임없이 변경, 변형해감으로써 민주적 공동체를 형성해가는 길이 대안일 수밖에 없을 것이다. 이는 곧 기존의 한국 정치공동체가 법적, 제도적으로 구현하고 있는 인권, 정의 등에 대한 재서술, 재해석, 재구성을 통해 이루어 질 수 있다. 이러한 재서술, 재해석, 재구성을 통해 우리는 점진적으로 한국 정치공동체의 변경을, 정체성의 측면에서 보면 한국인이라는 정체성의 변경을 가져올 수 있었고, 이는 다시 그것의 출발조건이었던 에트노스의 변형, 한민족의 변형을 가져올 수 있을 것이다.

우리가 이러한 한국 정치공동체를 민주적으로 변화시키는 과정은 그간 개인의 자유, 인권, 정의 등의 보편적 가치가 실현되고 보장될 수 있도록 법적, 제도적 장치를 개선하는 과정이었다. 대한민국이 민주공화국이라는 헌법적 기초를 가지고 있는 한, 그것은 "이미 인권과 인민주권 원리의 더 완전하고 제대로 된 실현, 곧 민주화를 위한 내적 동학을 가동시킬 수밖에 없게 하는 그런 정치적 구조틀을 형성하고 있었다"고 할 수 있다.[14] 이러한 민주화를 위한 동학의 압력을 통해 비민주적 법과 제도가 철폐되고 인권과 정의가 실현될 수 있는 법과 제도들은 보완, 신설되어 왔다. 이 동학이 일반적으로 작동하는 방식은 우선 시민사회와 언론의 '약한' 민주적 반추에 의해 국민정체성의 개방이 공론화되고 새로운 수정이 제안되고, 이와 교호하면서 입법, 행정, 사법부분에서 법과 제도가 정비되는 방식이었다.

이 과정의 대표적 결실은 비록 설립시 기대했던 그 역할을 충분히 수행하고 있지는 못하지만, 헌법재판소나 국가인권위원회와 같은 기관일 것이다. 다른 한편, 이러한 변형이 직접적으로 영향을 미치는 집단은 사회적 약자와 소수자 집단이다. 그간의 대한민국 정치공동체의 발전적 변형을 가늠하는 척도는 이들의 인간적 존엄, 인권, 정의가 얼마나 어떻게 더 보장되었는가에 있다고 할 수 있다. 이들이 얼마나 배제되지 않고 인간적 품위를 갖고 사회의 일원으로 대접받고 살아갈 수 있는가는 곧 우리 민주공동체의 민주성을 확인해주는 바로미터라고 할 수 있다.

경제적으로 성장한 한국 사회가 국경을 넘나드는 이주의 증가라는 국제적 흐름 속에서 국내에 거주하는 외국인의 증가를 마주할 수밖에 없게 된 것도 정치공동체의 변화와 관련하여 중요한 계기이다. 한국인으로서 우리가 사는 공동체의 경계 안에 우리라고 볼 수 없는 사람들과 함께 살아가야하는 것이다.

특히, 외국인의 포용, 귀화조건에서의 변화는 우리의 국민(민족)정체성의 변형을 보여주는 결정적인 척도이다. 이런 맥락에서 한국이 2005년부터 아시아에서는 최초로 외국인에게 비록 제한적이나마 참정권을 인정하기 시작했다는 사실이 주목을 요한다. 현재 우리는 일성한 요건을 갖춘 외국인에게 지방선거 선거권, 주민투표 투표권, 주민소환 투표권을 부여하고 있다. 비록 피선거권은 포함되어 있지 않은 한정적 참정권이며, 대선, 총선, 국민투표 등에서도 참정권은 보

---

14 장은주, 「대한민국을 사랑한다는 것. '민주적 애국주의'의 가능성과 필요」, 『시민과 세계』, 제15호, 2009, 275쪽.

장하지 못하고 있지만, 적어도 이해 당사자가 기초적인 민주적 의사결정과정에 참여할 수 있도록 길을 열었다는 점에서 우리의 민주적 정체성 형성에 중요한 일보라 할 수 있다. 이방인일지라도 법과 행정적 조치의 수신인인 이상 이들도 해당 법이나 행정 행위의 결정에 참여할 권리를 갖는다는 담론이론적 ‘성원권’의 일부가 인정된 것이라 평가할 수 있다. 앞으로, ‘민주적 반추’를 통해 참정권의 확대, 사회권의 인정, 귀화조건의 완화 등이 이루어져 우리 국민정체성의 에트노스가 더욱 얇아지는 과정이 진행되리라 기대할 수 있다. 물론 이는 일직선적 과정은 아닐 것이며, 그것의 부작용에 따른 반론과 반대의 고조도 충분히 예상할 수 있는 일이다. 다만, 장기적 관점에서 귀화조건의 완화를 요구하는 규범적 목소리가 높아지고 그에 따른 공론화와 법 개정의 요구도 높아질 것으로 전망된다.

건국 이후 대한민국 정치공동체의 민주화과정은 정체성의 측면에서 보면, 이미 ‘두꺼운’ 에트노스의 약화 혹은 변형으로 읽을 수 있는 측면이 나타나고 있다. ‘진정한 한국인이 되기 위해 어떤 조건이 중요한가’라는 물음에 대한 최근의 조사결과를 보면, ‘대한민국 국적 유지’(88.2%), ‘한국어의 사용’(87%), ‘전통, 관습 준수’(82.1%), ‘대한민국에서 출생’(81.9%), ‘한국인의 혈통’(80.9%), ‘대한민국의 정치제도, 법 준수’(77.5%), ‘생애 대부분을 한국에서 거주’(64.6%)로 나타났다. 여기서 주목되는 것은 한국인의 혈통이라는 조건보다 대한민국 국적 유지와 한국어의 사용 등이 더 높게 나왔다는 점이다. 이들 조건이 이미 높은 수준에서 중요하다고 여겨지고 그들 간의 차이도 7~8%로 작지만, 주목할 것은 “혈연공동체”보다 “대한민국이라는 정치공동체의 소속감”을 더 중요한 조건이라 보았다는 점이다.[15] 혈통적 결속의 중요성이 다른 조건보다 낮다는 것은 ‘두꺼운’ 에트노스의 핵심이 적어도 흔들리고 있다는 것으로 볼 수 있을 것이다.

---

15 강원택, 「한국인의 국가정체성과 민족정체성. 대한민국 민족주의」, 강원택 편, 『한국인의 국가정체성과 한국정치』, 서울: 동아시아연구원, 2007, 21쪽 이하.

최소한 규범적 의미에서 정당화하기 어려운 혈통이라는 기준보다 더 중시하는, 다른 자유주의 국가와 유사한 기준들이 등장하고 있다. 그러나 이것이 곧 '두꺼운' 에트노스로부터 '얇은' 에트노스로 이미 변형되었다는 것을 보증하는 것이 아니다.

한국인의 경계에 대한 의식을 보면, 이러한 변형이 쉽지 않음을 알 수 있다. '누구까지를 한국인(한국민족)으로 봐야 하는가?'라는 물음에 대해 '북한주민'(79.7%), '해외동포 1세'(71.7%), '해외동포 2,3세'(34.2%), '해외입양아'(57.9%), '한국국적 포기'(9.1%), '한국국적 취득 외국인' (28.1%)으로 답하고 있다. 여기서 강원택은 '한국국적 포기자'보다 '한국국적 취득 외국인'을 더 한국인으로 봐야 한다는 결과에 주목하지만, 이는 균형 잡힌 시각이 되지 못한다. 이런 점에서 이건지의 지적은 중요한 지점을 포착하고 있다. "가장 중요한 것은 '국적'이라고 대답하면서도 그 '국적'을 취득한 외국인을 '한국인'으로 간주하지 않는다는 것이다."[16] 이건지는 앞서 대한민국 국적이 가장 중요한 조건이라고 보는 동시에 국적을 취득한 외국인을 한국인으로 본다는 응답이 매우 낮은 것에 주목한다. 나는 여기에 더해 '한국국적 취득 외국인'의 거의 2배에 달하는 비중으로 '해외입양아'를 한국인으로 본다는 응답도 시사적이라고 생각한다. 한국어를 못하고 한국 문화에도 생소한 사람을 한국어와 한국 문화에 익숙한 사람보다 더 단지 그가 한국 혈통이라는 이유로 한국인으로 보겠다는 것이기 때문이다. 아직 '두꺼운' 에트노스는 강력히 잔존하고 있는 것이다. 다만 그것은 과거와 같이 디 이상 확고부동한 자리를 차지하지는 못하고 있는 것이다.

---

16 이건지, 『한일 내셔널리즘의 해체. 복수의 아이덴티티로 살아가는 사상』, 김학동 옮김, 서울: 심산, 2008, 165쪽. 법적으로 한국인임에도 불구하고 누구를 한국인이 아니라고 생각하는가는 중요한 물음인 것처럼 보인다. 무엇으로 한국인을 규정하는가라는 적극적인 물음에 대한 태도에서보다는 오히려 누구를 한국인으로부터 배제하는가라는 소극적 물음에 대한 답변에서 한국인에 대한 경계는 보다 분명하게 드러나는 것처럼 보인다.

앞서 나는 우리가 민주공동체의 민주성을 강화시켜갈수록 우리의 두꺼운 에트노스도 변형될 것이라고 보았다. 이와 관련하여 흥미로운 조사연구가 제시되었는데, 그것은 "민주적 시민성(democratic citizenship)의 성장이 민족정체성(national identity)을 강화시키는가 혹은 약화시키는가"라는 물음에 대한 연구이다. 한국인의 의식조사를 이러한 시각에서 분석해보면, 한국에서는 '민주적 시민성의 성장이 민족정체성의 약화를 가져온다'는 세계시민주의의 입장이 확인되지 않는다고 한다.[17] 그러나 나는 민주적 시민성의 성장과 민족정체성의 강화 혹은 약화라는 단순 상관관계보다 전자가 후자 자체의 성격을 변화시키는가의 여부를 보는 것이 더 복합적인 함축을 끌어올 수 있는 것처럼 보인다. 보편적 인권과 민주주의적 가치의 실현은 불가피하게 국경을 경계로 하여 형성된 국민정체성을 초월하여 그것을 대체하는 세계시민으로서의 시민성을 가져올 것이라는 급진적 세계시민주의의 입장은 정치철학적 이론으로도 지지되기 어려운 것으로 보인다. 대신에 앞서 벤하비브에 기대어 살펴본 바와 같이 대의적 민주주의가 실행되는 한 대의체들 간의 구획은 불가피할 것이라고 보아야 할 것이다. 다만 그것이 기존의 국민(민족)정체성과 동일한 형태로 유지될 것인가는 열린 문제이며, 장차 보편적 인권과 영토적 주권원칙 간의 딜레마를 해결하는 다양한 형태의 새로운 국민정체성과 시민권의 출현을 생각해볼 수 있다.

민주적 시민성의 성장이 민족정체성 자체의 변형을 가져오는가가 보다 더 흥미로운 접근일 수 있을 것이다. 이런 점에서 본다면 위의 연구는 유의미한 점을 보여주고 있다. 즉, 민주적 시민성이 높은 집단이 아직 민족구성원의 자격에 대한 태도에서 큰 변화를 보여주고 있지는 못하지만, 적어도 외국자본이나 외국인 노동력의 유입과 같은 외부위협 요인들에 대해 더 관용적 태도를 보이고 있다는

---

17 정한울, 정원철, 「민주적 시민성 성장과 민족정체성」, 강원택 편, 『한국인의 국가정체성과 한국정치』, 서울: 동아시아연구원, 2007, 113쪽 이하.

것이다.[18] 이는 아직 정치공동체의 경계에 대한 생각의 변화를 가져온 것은 아니지만 적어도 그 가능성을 함축하고 있는 것처럼 보인다. 강조하고 싶은 것은 우리의 민족(국민)정체성이 고정된 것이 아니라 변형되고 있다는 점에 주목하자는 것이고, 그 변형의 방향은 '두꺼운' 에트노스로부터 '얇은' 에트노스로 진행되고 있다는 점이다.

Ⅲ. 한국의 정체성 변형과 통일 문제

1. 정체성 변형과 통일 의식의 변화

이상으로 세계화에 따른 전세계적 이주의 증가와 다문화 현상의 확산을 배경으로 시민권에 대한 새로운 논의의 일단에 기초하여 국민정체성의 성격과 변형에 대해 살펴보았다. 이에 비추어보면, 한국이 경험했던 국민정체성의 형성과 변화의 윤곽과 방향성은 보다 뚜렷이 드러나는 것처럼 보인다. 그렇다면 한반도의 남과 북에서 각기 독립적인 정치체가 수립되고 반세기 이상이 경과한 지금 과연 남북한은 동일한 민족(국민)정체성을 가지고 있다고 말할 수 있을까? 분단과 건국 초기 남북한은 체제의 이질성을 제외한다면 정체성의 측면에서 단일한 공동체를 형성하고 있었다고 말할 수 있을 것이다. 그러나 이후 한국이 근대화와 자

---

18 마찬가지로, 다문화수용성, 국민정체성, 시민성에 대한 태도의 연관관계를 분석한 황정미도 유사한 결론에 도달하고 있다. "약자를 지원하는 적극적인 시민활동을 지원하는 사람들이 이주민에 대한 부정적 낙인이나 경계심은 덜 갖고 있지만, 이주민을 한국 사회의 구성원으로 동등하게 수용하는 데 매우 적극적인 태도를 보이지 않는다는 해석을 할 수 있다." 황정미, 「한국인의 다문화 수용성 분석. 새로운 성원권의 정치학(politics of membership) 관점에서」, 『아세아연구』, 제53권 4호, 2010, 180쪽.

유화 과정을 거치면서 자신의 문화적 전통에 비판적 거리를 취하게 되고 국민정체성에서 비록 맹아적이나마 '얇은' 에트노스로 변형되고 있는 상황에서 한국과 북한이 동일한 '사회적 문화'를 가지고 있다고 말하기는 어려운 것으로 보인다.

이러한 한국의 변화는 '강한' 에트노스를 기반으로 '민족제일주의'를 내세우는 북한으로서는 받아들이기 어려운 것이라 충분히 예상할 수 있으며, 이미 2006년 북한은 '로동신문'의 사설을 통해 공식적 반응을 내놓고 있다. 이에 따르면, 중고등학교 교과서에서 다문화관련 교과 내용의 수정을 하겠다는 한국의 발표에 대해 한국의 "'다민족, 다인종사회'론은 민족의 단일성을 부정하고 남조선을 이민족화, 잡탕화, 미국화하려는 용납 못할 민족말살론이다"고 비난하고 있다. 이어 사설은 "역사적으로 형성된 사회생활 단위이고 운명공동체"라는 예의 북한식 '민족'에 대한 정의를 되풀이 하고, "단일성은 세상 어느 민족에게도 없는 우리 민족의 자랑이며 민족의 영원무궁한 발전과 번영을 위한 투쟁에서 필수적인 단합의 정신적인 원천으로 된다"고 주장한다. 결론은 "민족의 구조적인 단일성을 확립해가는 자주통일시대"에 "우리 민족제일주의와 '우리 민족끼리'의 기치를 더욱 높이 들고 민족을 지키고 통일을 이룩하기 위한 애국투쟁에 적극 떨쳐나서야" 한다는 것이다.[19]

한국의 '얇은' 에트노스에 기반한 국민정체성으로의 변화는 '강한' 에트노스의 '단일성'을 고수하려는 북한에게 '민족부정론'이자 '민족말살론'과 같은 것으로 비난의 대상이 된다. '민족의 구조적인 단일성'을 확립하는 것을 시대적 과제로 내세우는 북한과 이방인에게도 제한적이지만 참정권을 부여하기 시작한 한국은 비록 언어적 동질성을 유지하고 있지만 이미 동일한 하나의 '사회적 문화'를 가지고 있다고 보기 어려운 것으로 보인다.

---

19 『로동신문』, 2006. 4. 27일자 사설.

이러한 한국 국민정체성의 변화와 민족정체성에서 남북한의 이질성 심화는 북한 및 통일이라는 문제와 관련하여 새로운 국면을 야기한다. 혹자에게는 그것이 환영할 일이지만 다른 이에게는 곤혹스러운 사태로 다가오는 것처럼 보인다. 이러한 변화의 핵심은 결국 한반도 남쪽에만 국한되는 '한국인 정체성'이 형성되고 있다는 것이다.

2010년 서울대 통일평화연구소의 통일의식조사에 따르면, '통일이 필요하다'는 의견에 19~29세는 48.8%, 30대는 55.4%, 40대는 65.2%, 50대 이상은 67.3%가 동의하고 있다. '통일이 필요하다'고 보는 청년세대가 절반에도 미치지 못하고, 심지어 이들 세대의 27.4%는 '통일이 필요하지 않다'고 답하고 있다. 강원택은 이를 청년세대에게서 "'우리나라'의 범주 속에 북한의 존재가 조금씩 희미해져 가는 것을 말해주는 것으로" 본다. "한반도 남쪽만의 정치공동체가 나에게 정체성을 부여해주는 '국가'의 의미를 지니게 된 것이다."[20] 통일은 선(善)이요 꿈에도 소원은 통일이었던 기성세대와 달리 대한민국에 국한된 소속감과 정체성을 갖게 된 청년세대에게 북한은 점차 별개의 공동체로 인식되기 시작하고 있다는 것이다. 이는 심각한 변화라고 할 수 있다.

남·북한에서 각기 통일은 건국에서부터 하나의 헌법적 가치로 제시되어왔다. 대한민국의 헌법 제4조가 "대한민국은 통일을 지향하며 자유민주적 기본질서에 입각한 평화적 통일정책을 수립하고 추진한다"고 규정하고 있다. 북한헌법 제9조는 "조선인민민주주의공화국은 북반부에서 … 사회주의의 완전한 승리를 이룩하며, 자주, 평화통일, 민족내단결의 원칙에서 조국통일을 실현하기 위해 부쟁한다"는 내용으로 되어 있다. 이러한 헌법상의 규정에 따를 때, 남·북한의 국가는 각기 저마다 체제상 "한반도 내에서 독점성과 배타성"을 주장하는 동시에

---

20 강원택, 「현대 젊은 세대의 국가관」, 『철학과 현실』, 제87호, 2010, 77쪽.

다른 쪽의 "국가성을 부인"하는 방식으로 통일을 추구한다.[21] 헌법체제상 하나는 다른 하나의 국가로서의 존립 자체를 인정하지 않으며, 다른 하나의 지역에서도 자신의 헌법원리가 관철될 것을 지향하는 구조인 것이다.

그동안 이러한 헌법규정과 남북한 국민들의 의식 사이에 심각한 균열은 없었다고 말할 수 있다. 강한 민족동질성에 기반하고 있는 만큼 상대지역에 자신들 체제에 기초한 통일국가를 건설해야 한다는 것은 국가목표이자 국민들의 염원이었다. 그러나 최근의 '한국인 정체성'의 형성은 여기에 균열을 가져오고 있다. 이 균열은 한편으로 민족동질성에 대한 의식의 약화와 그에 따른 통일에 대한 의지의 약화로 나타날 수 있다. 다른 한편으로, 그것은 대한민국의 국민정체성에 근거하여 통일되어야 한다는 의식으로 나타날 수 있다. 그러나 이러한 균열 속에서 등장하는 북한과 통일을 바라보는 새로운 시각은 일부에서 보듯 우려할 사태라기보다는 우리가 '민주적 반추' 과정을 통해 우리의 민주공동체를 심화시킬수록 피할 수 없는 귀결이며 궁극적으로는 바람직한 것처럼 보인다.

2. 기존 통일논의의 문제점

한국의 '얇은' 에트노스에 기반한 국민(민족)정체성의 형성이 기존의 통일에 관한 논의에 새로운 숙고의 필요를 제공하고 있고, 이미 이에 대한 여러 의견이 제출되고 있다. 나는 그동안 '민족', '국민', '시민' 등에 대한 개념사를 천착해왔으며, 이를 북한문제와 연계시켜 고민해온 박명규의 의견에 대한 비평을 통해

---

21 박명림, 「남한과 북한의 헌법제정과 국가정체성 연구: 국가 및 헌법 특성의 비교적 관계적 해석」, 『국제정치논총』, 제49집 4호, 2009, 247쪽.

기존 통일론의 문제점을 제시하고자 한다.**22**

　　우선 좀 길지만, 다음과 같은 그의 입장은 우리 학계에서 상당수가 공유하는 의견인 것처럼 보인다. 그는 "현실적으로 한국 사회에서 국민적인 아이덴티티와 민족적 아이덴티티가 일치하지 못하며", "국민과 민족 어느 쪽을 중시하는가가 역사해석에 있어서나 정치적 지향에 있어서 결정적인 차이를 가져"온다고 서술한 이후 다음과 같은 입장을 제시하고 있다. "대한민국 '국민' 아이덴티티에 근거하여 통일논의를 이끌어가는 것은 적지 않은 어려움도 내포한다. 우선 대한민국 헌법에 기초한 국민정체성을 근거로 할 때 불가피하게 흡수통일론으로 귀결될 수밖에 없는 문제를 어떻게 할 것인가는 중요하다. 대한민국의 공동체적 가치와 정체성이 확산되는 방식으로 통일이 이루어져야 한다는 관점이 북한으로부터 수용될 수 없다는 점에서 이런 시각은 불가피하게 남북 간에 근본적인 불화, 대립, 긴장을 동반할 수밖에 없다. 평화라든지 공존과 같은 논리가 적용되기 어려운 것이다. 실질적으로 북한이 전혀 동의할 수 없는 상황, 남북이 공유할 수 있는 고리를 만들어내기 어려운 한계가 있다."**23**

　　우선 한국의 국민정체성을 근거로 한 통일논의가 필연적으로 흡수통일론으로 귀착되는지 의심스럽다. 우리가 장기적으로 한국의 정치공동체의 민주적 성격을 강화시켜가고, 이로써 북한이 여기에 유인되어 변화하는 방식도 충분히 고려할 수 있을 것이다. 그것도 역시 흡수통일론과 다름없다고 반박할 수도 있겠지만, 적어도 그것이 저항하는 북한 체제를 강압적 방식으로 통합시키는 흡수통일이 아님은 분명할 것이다. 다음으로 '북한이 수용하거나 동의하는 통일'이란 사실상

---

22 백낙청의 '분단체제론'과 '복합국가론'이 또한 중요한 검토 대상일 것이다. 그러나 '분단체제론' 자체가 별도의 논의를 필요로 하는 한편, '복합국가론'이 아직 세부적으로 제시되지 못한 이유로 이를 후속 연구를 통해 다루고자 한다.

23 박명규, 「한국 내셔널 담론의 의미구조와 정치적 지향」, 『한국문화』, 41, 2008, 254쪽.

북한 헌법이 규정하고 있는 방식의 통일밖에 없다. 우리가 북한과 평화 공존하는 것과 북한과 통일하는 것은 근본적으로 다른 차원이다. 우리는 내부적으로 부정의한 비민주적 체제와 공존할 수 있으며, 그것도 평화적인 방식으로 공존할 수 있다. 그러나 그런 체제와 통일할 수는 없는 것이다. 우리의 논의 맥락에서 보면 북한이 국민(민족)정체성의 측면에서 민주적 변형을 겪지 않는 한 '북한이 수용하거나 동의하는 통일'이란 설사 그것이 가능하다 하여도 퇴행적 통일이 될 수밖에 없을 것이다.

통일이 무조건적 과제이자 목표가 되기보다는 민주적 정치공동체의 발전과 민주적 정체성의 형성을 저해하는 조건을 제거하는 한 과정으로 이해되어야 할 것이다. 즉, 통일은 우리가 사는 민주공동체의 민주적 변형에 기여하는 한에서 유의미하다. 만약 통일이 민주공동체의 정체성을 퇴행시키는 결과를 가져온다면, 그것은 우리가 피해야 할 것이다. 따라서, 관건은 통일 자체보다는 어떤 통일이냐의 문제가 된다.

나아가 박명규는 '민족'과 '국민'의 창조적 결합을 사고하는 정치사회학을 주장하고 있다. 그가 보기에 "국민적인 것과 민족적인 것의 독특한 조합구조"는 '네이션'에 관한 일반이론으로부터 얻어질 수 있는 것이 아니라 한국에 특유한 것이다. 따라서, "국민이나 민족 중 어느 하나만을 강조하거나 비판하는 것은 이론적으로나 실천적으로 적절치 않으며 오히려 양자의 긴장을 창조적으로 활용하는 것이 필요하다. 국민 범주가 내포하고 있는 헌법적 속성, 시민권적 자격, 정치공동체의 가치체계 등을 민족 범주가 강조하는 문화적 동질감과 심리적 자긍심 등에 연결시키는 작업이 필요하기 때문이다." 바로 이러한 작업이 "민족적인 것과 국민적인 것의 창조적 결합을 사고하는 정치사회학"의 작업이라는 것이다.[24]

---

24 박명규, 「네이션과 민족: 개념사로 본 의미의 간격」, 『동방학지』, 2009, 52쪽.

그러나 이렇게 '민족정체성'과 '국민정체성'을 분리시키고 나서 이후 통일을 사고하면서 이를 다시 '창조적으로 결합하는' 방식은 규범적 의미에서 정당한 통일에 오히려 저해가 될 수도 있다. 이렇게 분리해 놓고 나면 '민족정체성'의 내용이란 "문화적 동질감과 심리적 자긍심"이외에 다른 아무것도 아니다. 이후에 통일시 새로이 형성되고 있는 한국 국민정체성을 이 '두꺼운' 에트노스의 원리에 기초한 통일과 아무리 '창조적으로 결합'시킨다하여도, 그 결과가 민주적 정당성을 확대한 한국 국민정체성의 퇴행을 가져올 여지는 매우 높다.[25]

나는 대신에 '민족정체성'과 '국민정체성'을 분리시키지 말고 동일한 정체성의 변형이라는 관점에서 사태에 접근하는 것이 적절하다고 생각한다. '민주적 반추'를 통해 '얇은 에트노스'로 변형되고 있는 한국의 민주적 정체성을 단일한 원리적 기초로 삼는 통일이 규범적으로 정당한 것으로 보인다.

Ⅳ. 나가는 말

이 글이 시도하고자 했던 것은 통일논의와는 상관없이 진행되어왔던 세계화 담론, 다문화담론의 맥락 속에서 전개된 국민(민족)정체성에서의 변화를 통일론과 결부시켜 사고해보자는 것이었다. 그 결과, 한국 국민정체성의 성격은 아직도 여전히 '두꺼운' 에트노스의 원리에 기초하고 있지만, 동시에 앞에서 보았듯이 균열과 변형이 일어나고 있는 것을 확인할 수 있었다. 그리고 이러한 균열과 변형이 비록 맹아적 형태이긴 하지만 보다 규범적으로 정당하고 비차별적인 방향

---

25 앞서 nation에 대한 번역어로 국민만을 사용하고 민족은 ethnicity에 대한 번역어로 한정하자고 제안한 진태원도 마찬가지로 '민족'과 '국민'의 분리를 주장하는데, 나는 위와 동일한 이유로 또한 그의 의견에 반대한다.

으로 진행되고 있음도 살펴보았다.

외부로부터의 영향과 내부의 민주역량의 성숙이 가져온 한국 국민정체성의 '민주적 반추'가 지속될수록 우리는 보편적 인권을 체현하는 민주적 한국 국민정체성을 형성해갈 수 있을 것이다. 그러나 이는 남·북한의 통일에서 그 기반이 되는 남·북간 정체성에서의 동질성이 점차 상실되는 결과를 가져올 것이다. 우리는 그것의 단서가 이미 의식적 차원에서 나타나고 있음도 확인할 수 있었다. 이런 상황에서 단순히 '민족 동질성'을 통일의 기본원리로 고수하는 전략은 그것의 실현 가능성 측면에서 문제가 있을 뿐만 아니라 규범적 측면에서도 지지하기 어렵다.

결론적으로 내가 제안하고자 하는 것은 남북한 통일에 대한 숙고는 규범적 정당성을 갖고 있는 민주적 한국 국민정체성을 기본원리로 삼아야 한다는 것이다. '민족'과 '국민'을 분리시키고 통일시 이를 다시 결합시키는 방식의 사고실험은 자칫 퇴행적 통일에 대해 무방비한 통일론으로 귀착될 위험이 있다는 것이다.

| 참고문헌 |

강원택, 「현대 젊은 세대의 국가관」, 『철학과현실』, 제87호, 2010.

강원택, 「한국인의 국가정체성과 민족정체성. 대한민국 민족주의」, 강원택 편, 『한국인의 국가정체성과 한국정치』, 서울: 동아시아연구원, 2007.

나종석, 「탈민족주의 담론에 대한 비판적 성찰 -탈근대적 민족주의 비판을 중심으로-」, 『인문연구』, 제57호, 2009.

박명규, 「한국 내셔널 담론의 의미구조와 정치적 지향」, 『한국문화』, 41, 2008.

박명규, 「네이션과 민족: 개념사로 본 의미의 간격」, 『동방학지』, 2009.

박명림, 「남한과 북한의 헌법제정과 국가정체성 연구: 국가 및 헌법 특성의 비교적 관계적 해석」, 『국제정치논총』, 제49집 4호, 2009.

벤하비브, 세일라, 『타자의 권리 -외국인, 거류민, 그리고 시민』(*The Rights of Others. Aliens, Residents, and Citizens*), 이상훈 옮김, 서울: 철학과현실사, 2008.

이건지, 『한일 내셔널리즘의 해체. 복수의 아이덴티티로 살아가는 사상』, 김학동 옮김, 서울: 심산, 2008.

장은주, 「대한민국을 사랑한다는 것. '민주적 애국주의'의 가능성과 필요」, 『시민과 세계』, 제15호, 2009.

정한울, 정원철, 「민주적 시민성의 성장과 민족정체성」, 강원택 편, 『한국인의 국가정체성과 한국정치』, 서울: 동아시아연구원, 2007.

진태원, 「국민이라는 노예? 전체주의적 국민국가론에 대한 비판적 고찰」, 『민족문화연구』, 제51호, 2009.

진태원, 「어떤 상상의 공동체? 민족, 국민 그리고 그 너머」, 『역사비평』, 2011 가을호.

킴리카, 윌, 『다문화주의 시민권』(*Mulicultural Citizenship*), 장동진 외 옮김, 서울: 동명사, 2010.

하버마스, 위르겐, 『이질성의 포용. 정치이론 연구』(*Die Einbeziehung des Anderen*), 황태연 옮김, 서울: 나남출판, 2000.

하버마스, 위르겐, 『사실성과 타당성』(*Faktizität und Geltung*), 한상진, 박영도 옮김, 서울: 나남출판, 2000.

한승완, 「'자유주의적 민족주의'와 '헌법애국주의' -한국 민족(국민)정체성의 변형과 관련하여-」, 『사회와철학』, 제20호, 2010.

황정미, 「한국인의 다문화 수용성 분석. 새로운 성원권의 정치학(politics of membership) 관점에서」, 『아세아연구』, 제53권 4호, 2010.

Seyla Benhabib, "Democratic Exclusions and Democratic Iterations: Dilemmas of 'Just Membership' and Prospects of Cosmopolitan Federalism", *European Journal of Political Theory*, 2007, 6.

Friedrich Heckmann, "Nationalstaat, multikuturelle Gesellschaft und ethnische Minderheitenpolitik", Forschungsinstitut der Friedrich-Ebert-Stiftung (Hrsg.), *Partizipationschancen ethnischer Minderheiten*, Bonn, 1993.

〈부록 1〉 한국에서의 화교 가족 면접 사례

사례	성별	연령	출생지	성장지	현거주지	세대	직업
1	여	40세	천안	서울	서울	2세대	자영업(인터넷 쇼핑몰)
3	여	35세	서울	서울	서울	3세대	초등교사
2	남	56세	서울	서울	서울	2세대	교수
4	남	49세	전주	전주	서울	2세대	한의사
5	남	45세	서울	서울	서울	2세대	한의사
6	여	40세	대구	홍천,인천	서울	3세대	교수
7	여	44세	대구	인천	서울	3세대	간호사
9	남	53세	인천	인천	인천	2세대	요식업
15	여	42세	서울	서울	서울	2세대	대학중국어강사
8	여	21세	군산	서울	서울	3세대	학생
13	남	60세	황간	대구	서울	3세대	한의사
16	여	47세	부산	부산	서울	한국인	주부
19	남	46세	서울	서울	서울	한국인	대학직원
18	남	26세	서울	서울	서울	3세대	학생
17	남	42세	수원	의정부	용인	3세대	의사
10	남	65세	춘천	대구	서울	3세대	화교협회
11	남	55세	강릉	강릉, 인천	서울	2세대	요식업
20	여	52세	서울	서울	서울	2세대	초등교사
14	남	54세	서울	서울	서울	2세대	중등교사
12	여	51세	서울	서울	서울	2세대	요식업

<부록 2> 중국에서의 조선족 가족 면접 사례

사례	성별	연령	출생지	세대	직업
1	여	44세	연길	3세대	개인사업
2	여	46세	연길	3세대	개인사업
3	여	28세	매화	4세대	회사원
4	여	21세	연길	4세대	학생
5	여	28세	연길	4세대	회사원
6	여	37세	연길	4세대	회사원
7	남	27세	길림	4세대	회사원
8	남	22세	화룡	4세대	회사원
9	남	28세	연길	4세대	호텔리어
10	남	22세	연길	4세대	학생
11	남	24세	심양	4세대	학생
12	남	26세	연길	4세대	무직
13	여	29세	매화	4세대	회사원
14	여	31세	길림	4세대	회사원
15	여	24세	룡정	4세대	회사원
16	여	55세	길림	3세대	사업
17	여	52세	연길	3세대	가정보모
18	여	52세	돈화	3세대	서비스직
19	여	21세	훈춘	4세대	회사원
20	여	50세	밀산	3세대	개인사업
21	남	55세	류하	3세대	공장
22	여	53세	화룡	3세대	개인사업

〈부록 3〉 일본에서의 재일 코리안 가족 면접 사례

사례	성별	연령	출생지	세대	직업
1	여	86세	경남/진주	1세대	무직
2	여	83세	전남/화순	1세대	무직
3	남	57세	일본 동경	2세대	개인사업가(NGO활동가)
4	여	49세	일본 동경	2세대	주부
5	여	28세	일본 동경	4세대	재일동포 청년연합회 임원
6	남	35세	일본 고산	3세대	재일동포 청년연합회 임원
7	여	42세	일본 동경	3세대	주부
8	여	85세	일본 교토	2세대	무직
9	여	53세	일본 희로	2세대	주부
10	남	50세	일본 대판	3세대	민단 근무
11	여	29세	일본 천기	3세대	회사원
12	여	58세	일본 산구	3세대	주부
13	여	41세	일본 동경	4세대	주부
14	여	46세	일본 천엽	3세대	회사원
15	여	56세	일본 대판	3세대	주부
16	여	36세	일본 대판	3세대	주부
17	여	35세	일본 계시	3세대	주부
18	여	63세	일본 교토	2세대	건설업
19	여	47세	일본 대판	3세대	주부
20	여	61세	일본 대판	2세대	식당 경영